현대신서
28

상상력의 세계사

뤼시앵 보이아

김웅권 옮김

東文選

상상력의 세계사

Lucian Boia

Pour une Histoire de L'Imaginaire

This edition was published by arrangement
with Société d'édition Les Belles Lettres, Paris
through Sibylle Books, Seoul

Ouvrage publié avec le concours du Ministère
Français de la Culture, Centre National des Lettres
본서는 프랑스 문화부 문예국의 협력을 받아 출간되었습니다.

차 례

서 문

　상상력의 세계가 부상하고 있는 측면은, 오늘날의 역사적 감성이 드러내는 가장 현저한 특징 가운데 하나이다. 정신현상〔하나의 인간집단이 사유하는 습관적 방식을 뜻하며, 앞으로 이 용어는 이와 같은 의미로 사용할 것이다〕의 역사를 위하기라도 한 것처럼, 프랑스는 이 분야에서 우선권을 확보하고 있다. 왜냐하면 정신현상(mentalité)과 상상력의 세계(imaginaire)라는 말은 프랑스어 낱말들이기 때문이다. 그러나 적어도 역사기술적 관점에서 보면, 그러한 비유는 여기서 멈춘다. 정신현상의 영역은 역사학자들에 의해 개척되고 발전되었다. 반면에 상상력의 세계가 지닌 구조들을 드러낸 것은 철학자들과 인류학자들이다. 역사학자들 또한 이 임무에 전념하였다. 그들의 기여는 이제 일일이 열거할 필요가 없다. 그렇지만 그들은 다른 사람들에 의해 확립된 게임의 법칙에 여전히 낯설어하고 있다. 그들은 또한 특별한 역사적 이론을 구축하고 싶은 생각도 없는 듯하다.

　그동안 여러 인물들이 매혹적인 연구 여정에 뚜렷한 이정표들을 남겼다. 조르주 뒤비는 성당의 돌들과 이미지들을 탐구하였고, 자크 르 고프는 연옥의 탄생을 추적하였다. 장 들뤼모는 서양의 신화적인 두려움과 희망을 밝혀냈으며, 조르주 미노아는 지옥의 어둠과 미래의 지평을 탐색하였다. 알랭 코르뱅은 현대에 바다의 신화가 다시 개발되고 있음에 주목하였다……[1] 각각의 역사학자는 자신이 다루는 특별한 일련의 문제점들을 섬세하게 파헤치고 있는데, 이것은 매우 당연한 것이다. 시대들과 문화들을 연결해 주는 다리는 드물고, 다양한 연구의 중심축들을 연결해 주는 다리는 더욱더 드물다. 상상력의 세계사(상상력의 세계를 다루는 학문으로서의 역사를 말하며, 본 역서에서는 이러한 의미로 사용할 것이다)가 존재한다기보다는 역사적으로 나타난 상상력의 세계들이 존재하는 것이다.

우리가 갑작스럽게 그러한 역사를 창조해 내려고 하는 것은 아니다. 그러나 현재 명백하게 드러난 하나의 분야에, 최소한의 논리정연함을 부여할 수 있는 어떤 구조들과 방법들을 확인하려는 시도는 정당하다고 생각된다. 우리는 어떤 진영은 찬성하고, 다른 어떤 진영은 반대하는 식의 방침을 정하는 것이 시의적절하다고 보지 않는다. 우리는 인류학자들의 구조주의와 역사학자들의 역사주의 사이에는, 다시 말해 상상력의 세계가 지닌 항구성과 이 세계가 사회적인 맥락에 맞게 적응되어 변화하는 모습들 사이에는 대립관계보다는 보완관계가 존재한다고 생각하는 것이다.

우리는 입문서나 결산, 완전한 종합도 제안하는 것이 아니다. 그러나 한 역사가가 다양하게 나타난 상상력의 세계를 하나의 파노라마로 결집시켜, 이로부터 몇몇 이론적인 원리들을 도출해 내려는 시도는 처음 있는 일이다. 요컨대 그동안에 이룩된 폭넓은 기여를 고려하면서도 우리 자신의 연구에 대부분 토대를 두는 시도인 것이다. 독자는 경우에 따라서, 우리가 특별히 선호하는 다음과 같은 주제들을 알아볼 수 있을 것이다. 과학적 상상력의 세계, 공간, 다른 인류들, 종말론적 비전, 천복년설(천년왕국설), 건국 신화, 전체주의의 신화[2] 등을 말이다. 본서의 저자는 지난 세기들에 익숙하므로 균형을 맞추기 위해 때때로 근대와 현대 쪽에 무게를 실었다. 어쨌든 저자의 의도는 처음부터 끝까지 역사적 시간을 탐색하는 것이었다.

사실 완벽한 조사를 하는 것이 문제는 아니었다. 더구나 그것은 가능하지도 않았을 것이다. 당연히 우리는 정의를 찾는 작업부터 시작했다. 이 작업은 우리로 하여금 연구 영역의 범위를 정하고, 보다 큰 구조들을 확인하며, 본질적인 근원과 방법들을 검토하게 해주었다. 다음으로 우리는 전통적 상상력의 세계와 현대의 기술공학적 사회를 특징짓는 상상력의 세계 사이의 관계라는 까다로운 문제에 접근했다. 과학은 우리에게 계시자의 역할을 했다. 과학적 태도에서 상상력의 세계가 지닌 무게, 그리고 과학이 분출해 낸 진정한 신화의 출현은 원형적 구조들의 지속성과 변모를 입증하고, 상상력의 세계가 지닌 총체적 자산의 영속성을 입증하고 있는 것이다. 우리는 메커니즘의 기능작용을 보다 세밀하게 고찰하기 위해 근본적인 몇몇 구조들을 분리시키면서 탐구의 여정을 계속해 나갔다. 지옥-천국이라는 양극적인 도식은 내세에 매우 현세적인 환상들을 투영하고, 이타성의 게임은 타자의 변질, 타자의 창안으로 나아가며, 탈주는 총체적 전략으로서 현실의 역사를 버리고 다른 운명을 갖다 놓으려는 것을 목표로 하고 있다. 이 모든 것들은 상상력의 세계가 지닌 논리에 대해 어떤 빛을 던져 줄 수 있다고 생각된다. 끝으로 마지막 두 장에서 우리는 다른 접근 유형을 제안하는데, 이는 역사와 정치로 형성된 두 개의 영역 내에서 상상력의 세계가 드러내는 구조와 발현, 다시 말해 문제의 영역이 지닌 신화적 차원을 분명히 밝혀내고자 한 것이다.

우리는 끝없는 공간의 세계에서 몇몇 부문들만을 답사했지만, 어디서나 동일한 구성 요소들과 유사한 행동을 발견할 수 있었다. 정치·과학과 같이 전혀 다른 영역에서도 상상력의 세계는 온전히 나타난다. 그것은 이미 질베르 뒤랑이 주목했듯이[3] 역사가 구획된 모든 부분에서, 모든 시대에서, 그리고 모든 문화에서 온전히 나타난다는 것을 의미한다. 그것은 온전히 나타나지만 언제나 특별한 성좌들로 배열되어 나타난다. 구조들의 영속성과 역동적 움직임이 분명한 법칙을 따르지는 않는다고 하더라도, 어쨌든 어떤 논리를 따르고 있다. 상상력의 세계에 대한 역사적 이론은 이와 같은 특별한 논리를 포착하려고 노력해야 할 것이며, 이것이 바로 우리의 저술이 지닌 의미인 것이다.

모든 것은 종국적으로 인간에 대한 보다 나은 이해에 기여할 것이다. 상상력의 세계를 다루는 역사는 인간 정신의 깊이를 향한 가장 확실한 접근로들 가운데 하나로 나타나고 있다.

1

구조와 방법

애매한 조건

그런데 만약 상상력의 세계사가 존재하지 않는다면? 모든 역설을 넘어서 이와 같은 질문은 제기될 만한 가치가 있다. 많은 파란 속에 모순적인 변화를 거친 후, 이 분야는 이론적 · 방법론적인 어려움에 부딪히고 있다.

우리가 받은 유산은 솔직히 애매하다. 우주에 대한 각각의 이데올로기나 비전은 대립되는 선택적 형태들의 가치를 평가절하하면서, 그것들이 지닌 고유한 상상력의 세계 부분을 절대화하려고 애썼다. 특히 신학의 경우가 그러하며, 현대의 합리주의는 더욱 그러하고, 전체주의적 이데올로기들은 두말할 필요도 없다. 결과는 때때로 왜곡되어 있다. 롤랑 바르트는 1957년 (《신화학》에서) 이렇게 선언하고 있다. "좌파, 특히 혁명적 좌파의 특징은 신화적인 술책을 불필요하게 만들어 버린 솔직한 말투에 있으므로 현대의 신화는 우파이다."[4] 이 작가는 분극화라는 매우 일반적인 유형의 함정을 벗어날 수 없었다. 진리는 우리의 몫이고 괴벽, 나아가 어리석음은 다른 사람들의 몫이라는 것이다. 이러한 배열 자체가 상상력의 세계가 지닌 본질적인 형태들 가운데 하나이다!

그렇다고 이와 같은 편견들이 특별한 주제들을 다양화시키는 것을 막지는 못했다. 그리스의 역사가들이 자신들의 신화를 해석하거나 이방인의 풍습을 신기한 눈으로 바라보기 시작한 시대부터, 현상의 보이지 않는 측면에 그토록 유혹을 받은 20세기말에 이르기까지 말이다. 그러나 종합은 이루어야 할 과제로 여전히 남아 있으며, 그로부터 오늘날 성공할 수 있는 몇몇 수단들을 얻을 수 있다. 상상력의 세계가 겪은 소외현상은 특히 지난 세기들이 보여 준 과학만능주의적이고 합리적이며 유물론적인 경향에서 비롯되었는데, 이것은 이미 과거에 속하게 되었다. 오늘날 사람들은 역사가 무엇보다도 정신의 모험을 의미한다는 사실을 발견하고 있는 중이다. 상상력의 세계는 모든 분야에 침투하고 있다. 사람들이 과학적 탐구나 정치적 계획들이 예술창작이나 신비주의적인 황홀경에 못지않게 그것과 관련되어 있음을 이해하기 시작한 것이다. 다른 한편 이데올로기의 퇴조, 그리고 가치의 다양성과 상대성에 대한 자각은 일부 모순들을 완화시켜 줄 수 있는 것처럼 보인다. 신화의 세계는 우파와 좌파, 신자들과 무신론자들, 서양인들과 다른 문명권의 사람들 모두에게서 똑같이 발견되는 것이다!

그러나 전제로부터 완성에 이르기까지 가야 할 길이 멀다. 현재는 역사가들이 단편적인 부문들과 명확한 문제들에 대해서 연구하고 있다. 우리가 상상력의 세계를 다룬 무수한 역사들(복수로서)과 만나는 것은 그들 덕분이지만, 상상력의 세계를 다룬 역사(단수로서)는 아직 어떤 것도 만나지 못하고 있다. 이는 주의깊게 분절되고 조심스럽게 지켜진 자율적 분야로 인식된, 정신현상의 역사와는 매우 인상적인 대조를 이룬다. 이 역사는 아날학파나 프랑스 신역사학파의 가장 특별한 기여 가운데 하나였다. 상상력의 세계를 선용하는 것을 목표로 한 유사한 활동은 결국 진척이 안 되고 있다. 1978년에 신역사학파는——《새로운 역사》라는 동일한 제목으로——자크 르 고프(그리고 로제 샤르티에 및 자크 르벨)의 책임하에 출간된 백과전서적인 저술로 결산서를 제시했다. 르 고프는 중세에 나타난 상상력의 세계에 관한 연구에 괄목할 만한 기여를 했는데, 역사의 차원에 특별한 자리를 부여했다. 에블린 파틀라장은 상상력의 세계사를 다루는 에세이[5] 20페이지를 집필했는데, 그는 여기에서 이 분야를 아날학파의 흐름을 가장 특징적으로 나타내는 10개의 핵심 개념들(역사인류학 외에 물질문화, 새로운 역사, 직접적 역사, 장기적인 지속 기간, 소외된 자들의 역사, 마르크시즘, 정신현상의 역사, 역사적 구조) 가운데 하나로 집어넣고 있다. 놀라운 일은 몇 년 후에 발생한다. 앙드레 뷔르기에르가 (아날학파와 사회과학고등연구학교에 동일하게 집중되어 있던 역사기술의 경향을 내세워) 출간한 《역사과학사전》(1986)에 상상력의 세계가 빠져 있는 것이 눈에 띈 것이다. 이때는 그것이 여러 부문별로 구획되어[6] 연구가 다양화되고 있던 때였는데 말이다. 그 이후로 상상력의 세계를 내세우는 연구들 및 저서들의 다양성과, 역사기록에 관한 인정된 위상을 확보하고 있는 포괄적이고 논리정연한 분야의 부재가 드러내는 대비는 두드러지기만 했다. 그러므로 오늘날 우리는 몰리에르의 작품에서 부르주아가 산문에 접근하듯이, 경험적인 방식으로 상상력의 세계에 접근해야 하는 상황에 처해 있다. 여러 가지 이유를 댈 수 있는 실패나 망설임(전통적인 저항은 제외하고) 때문이라 할 수 있으리라. 분야와 범위가 넓고, 외관상 드러나는 이질성 때문에 종합이 용이하지 않은 것이다. 본질 자체상 상상력의 세계는 오래 전부터 일반적으로 역사기록과 지적 삶에서 시민권을 가지고 있는 여러 학문 사이에서 갈팡질팡하고 있다. 종교사와 예술·문학사, 과학사와 이데올로기사, 정신현상의 역사 또는 보다 최근의 역사인류학(이와 같은 몇몇 예들에 한정하겠다) 등의 학문들은 '식민지적 상태의 해소'를 위한 어떤 시도도 좌절시키면서 상상력의 세계라는 광대한 영역을 공유하고 있다. 정신현상들을 다룬 연구들이 성공한 것 자체가 상상력의 세계를 미묘한 위치에 놓이게 했다. 왜냐하면 이 현상들의 많은 접촉지대가 상상력의 세계와 거의 동일한 실체 같다는 인상을 남길 수 있기 때문이다. 이미 형성된 분야를 되풀이하는 것이 무슨 소용이 있겠는가?

역사 연구의 전문화 또한 문제가 되고 있다. 상상력의 세계에 대한 일반적 이론은 시대들과 문화들을 넘어선 이해를 전제하는데, 이것은 역사가의 전통적인 수련을 훨씬 초월하는 것이다. 현재 사용되는 시대적 재단(이것은 분명 그 나름의 효용이 있다)에 따라서, 중세 연구가는 중세가 나타낸 상상력의 세계를 다루고, 그리스 연구가는 고대 그리스 시대가 드러낸 상상력의 세계를 다루며, 중국 연구가는 중국 문화가 지닌 상상력의 세계를 다루고, 현대사 전문가는(그가 이제 사회학자를 위해 단념하는 것이 시의적절하다고 판단하지 않는다면) 아마 현대에 나타나는 상상력의 세계를 다룰 것이다.

그러나 상상력의 세계가 지닌 고유한 특성은 바로 보편적이고, 이를테면 초역사적인 성격이다. 심리학자·인류학자·철학자는 그 속에서 그들 나름의 이득을 본다. 그들은 역사학자들이 드러내는 파열된 상상력의 세계에 포괄적인 상상력의 세계를 대립시킨다. 그들은 또한 화석화된 상상력의 세계를 대립시키는데, 이것은 역사학자들이 여기저기서 그 깊이를 탐색하는 유동적인 상상력의 세계와는 매우 다르다. 어쨌든 그들이 대립시키는 상상력의 세계는 보다 잘 포착될 수 있는 것이고, 단단하고 지속적인 구조를 갖춘, 번호가 매겨진 간막이 속에 고정될 수 있는 것이다.

인류학자들·철학자들 그리고 사회학자들은 아마 역사학자들보다는 상상력의 세계에 대해 글을 적게 썼을 것이지만, 그들은 보다 많이 이론화시켰다고 할 것이다. 대부분의 역사학자들과는 달리, 그들은 상상력의 세계를 하나의 독특한 분야로 생각했다.

상상력의 세계를 탐구하는 수십 개의 연구소들이[7] 질베르 뒤랑의 영향 아래 설립되었다. 질베르 뒤랑은 상상력의 세계의 대철학 자인 가스통 바슐라르(1884-1962)의 제자이다. 토론회와 출간이 철학자들·심리학자들·정신분석학자들·사회학자들·인류학자 들을 규합시키고 있다. 역사학자 한 사람의 우연한 참석은 이러 한 만남에 때때로 어떤 이국 정취적인 색조를 불어넣는다. 제도 적인 차원에서조차 상상력의 세계는 둘로 나누어져 있다. 한편으 로는 구조·질서·정연함, 나아가 영속성을 믿는 자들의 세계가 있고, 다른 한편으로는 다양성과 변화에 특권을 부여하는 자들의 세계가 있는 것이다.

하나의 정의를 찾아서

상상력의 세계가 제기하는 첫번째 어려움은 그저 단순히 이 세 계를 정의하는 일이다. 최소한의 설득력 있는 정의도 지니지 못한 학문의 권리를 어떻게 가치 있게 할 수 있겠는가?

에블린 파틀라장에 의하면 "상상력의 세계라는 분야는, 경험적 으로 확인된 사항들과 이것들이 허용하는 연역적인 연결고리들, 이 두 가지 것들이 제기하는 한계를 벗어나는 표상들 전체로 구 성된다"[8]고 한다. 따라서 구체적이고 이의를 제기할 수 없는 현 실, 즉 직접적으로 인식되거나 논리적 연역, 또는 과학적 실험을 통해 인식되는 현실 밖에 위치한 모든 것은 상상력의 세계에 속 한다. 그렇게 되면 상상력의 세계는 거짓과 확인되지 않은 것(아 니면 확인할 수 없는 것)으로 이루어진 영역이 될 것이다.

이러한 정의는 이성적인 내기를 전제한다. 이 내기는 생각해 낼 수 있는 내기들 가운데 가장 나쁜 것은 아니다. (비록 우리가 이성이란 친구를 이성의 부재와 동일한 이유로 경계해야 하지만 말이다. 이성은 비합리주의, 또는 상상력의 세계 탓으로 돌릴 수 있는 괴물들 못지않은 불안한 것들을 탄생시킬 수 있음을 드러냈다.) 그러나 불행하게도 이와 같은 추론의 허약성은 자명하다. 현실과 상상력의 세계 사이의 경계는 어디에 있는가? 개인이나 시대 또는 문화에 따라서 그만큼 더 평가는 달라질 것이다. 각각의 문화는 상상력의 세계에 대해, 그리고 그것과 확실한 현실과의 관계에 대해 고유한 해석을 제시한다. 우리의 지식을 다른 문명권 사람들의 단순한 믿음과 대립시키는 것은 건방지고 신중치 못한 행동일 것이다. 그보다는 세계에 대한 우리의 지식과 이성, 그리고 과학이 그 어떤 '원초적' 미신과 동일한 자격으로 상상력의 세계에서 자양을 얻고 있다는 것을 인정해야 한다. 우주의 최후 본질과 궁극성이 여전히 감추어져 있는 이상, 인간의 모든 계획과 지식이 한계에 이를 때 상상력의 세계라는 영역에 들어간다. 그리하여 이 세계는 어디에나 존재하거나, 또는 아무데도 존재하지 않게 되는 것이다.

자크 르 고프로 말하자면, 그는 《중세에 나타난 상상력의 세계》(1985)를 연구한 자신의 연구집 서문에서 어떤 정의도 피하고 있다. 이 중세 연구의 대가는 '상상력의 세계란 무엇인가' 라는 것보다는 상상력의 세계가 아닌 것을 명확히 하는 데 더 몰두하고 있는 것 같다. 그리하여 피할 수 없는 일치점에도 불구하고, 상상력의 세계는 외적 현실에 대한 표상이나 상징체계·이데올로기와도 일치되어서는 안 된다는 것이다.[9] 이러한 한계 설정은 약간 준엄하다는 생각이 든다. 우선 표상된 대상과 동일한 표상은 존재하지 않는다. 모든 이미지는 아무리 '사실주의적인' 것이라 할지라도 상상력의 세계가 개입하고 있음을 전제한다. 이 개입이 극히 미미하다 할지라도 말이다. 다른 한편, 상징의 세계는 바로 상상력의 세계에 대한 가장 집중적이고 의미 있는 표현을 구성함으로써 이 세계에 완전하게 속한다고 생각된다. 그리고 마지막으로 이데올로기는 당연히 세속화된 신화로 해석될 수 있다.

르 고프는 '경이의 세계' · '기적의 세계' 그리고 '마법의 세계'라는 중세의 범주들(두번째는 신에 준거하고, 세번째는 사탄에 준거하는 반면에 첫번째는 말하자면 중립적이라 할 수 있다) 사이에 흥미 있고 정교한 구분을 제시한다. 그는 공간과 시간의 변모, 꿈·내세 등을 다루고 있다. 이 모든 형상들은 상상력의 세계에 속한다. 그런데 다시 한 번 더 질문하건대, 상상력의 세계란 무엇인가?

해법에 접근하기 위해서는 현실 세계와 상상력의 세계라는 이분법을 초월해야 할 것이다. 또한 이성을 만물의 척도로 사용하는 것을 단념해야 할 것이다. 상상력의 세계는 정신의 산물이다. 그것이 외부에 존재하는 것과 일치하느냐 안하느냐는 부차적인 일이다. 비록 이 부차적인 것이 역사가에게는 중요성이 없진 않지만 말이다. 신성한 것은 분명 상상력의 세계에 속한다. 그러나 신을 믿는다는 사실이 신의 존재에 반대하는 논거는 아니다! 그렇다고 그것이 신의 존재를 지지하는 논거 또한 아니다. 어떤 사람들은 외계를 믿는데, 이것은 현대 상상력의 세계가 드러내는 가장 회화적인 표현 가운데 하나이다. 이러한 믿음은 외계가 존재한다는 것, 또는 존재하지 않는다는 것과는 아무런 관계가 없다. 우주대표단이 방문한다 할지라도 이 믿음이 지닌 순전히 상상적인 성격을 전혀 변화시키지 못할 것이다. 상상력의 세계는 외부 현실과 뒤섞이기도 하고, 대립되기도 한다. 그것은 현실 속에서 근거점들, 또는 반대로 적대적인 사회를 찾아낸다. 그것은 확인될 수도 있고, 아니면 거부될 수도 있다. 그것은 이 세계에 작용하고, 이 세계는 그것에 작용한다. 그러나 그것은 그 본질에서 고유한 구조들과 역동성을 지님으로써 독립적인 실체를 구성한다.

이미지-상상력-상상력의 세계라는 관계가 또한 제기하는 어려움들이 있다. 뷔낭뷔르제에 따르면, "상상력이란 프랑스어에서 감지될 수 있는 표상들을 정신적으로 생산하는 것을 지칭하는 단어로서, 이는 구체적 현실을 감각적으로 인지하는 것과 구분되고, 추상적 관념을 개념화하는 것과도 구분된다"[10]고 한다. 지각과 상상력·개념화라는 이와 같은 세 짝으로부터 제기되는 문제는, 상상력의 세계를 상상력이라는 배타적 지대에 가두어두느냐 아니냐, 그리고 상상력을 이미지들의 배타적 지대에 가두어두느냐 아니냐를 아는 것이라고 할 수 있다.

장 폴 사르트르(1905-1980)는 지각과 이미지 사이의 본질적 차이와, 의식의 투영으로서 이미지의 의도적 성격을 정확하게 파악했다.(《상상력》, 1936;《상상력의 세계》, 1940) 그러나 이 철학자는 이미지를 진정한 인식의 빈곤한 유사물, 변질된 지식, 일종의 '그림자' 또는 '유령'으로 간주함으로써 그것을 평가절하했다. 이러한 측면 때문에 막다른 궁지에 몰리게 되었는데, 우리는 특히 가스통 바슐라르와 그의 제자 질베르 뒤랑의 기여 덕분에 이 궁지로부터 벗어날 수 있었다. 이들은 이미지의 상징적 차원과 상상력이 지닌 조직적인 활력을 분명하게 드러냈던 것이다.

그러므로 이미지는 '그림자' 이상의 것이고, 상상력은 이미지들의 위탁 이상의 것이다. 상상력의 세계에 대해 말하자면, 그것의 생산물은 매우 복잡할 뿐만 아니라 이론적으로도 이의를 제기할 수 없는 엄격함을 지니기조차 한다는 것이 확인된다. 유토피아나 종교보다 더 복잡하고 엄격한 것이 무엇이 있는가? 상상력의 세계(적어도 가장 잘 구조화된 이 세계의 표현들)에 도달하기 위하여, 상상력은 추론을 통해서 더 풍부해져야 한다. 그리하여 상상력의 세계는 감지될 수 있는 표상의 배타적 영역을 벗어난다. 그것은 지각된(그리고 불가피하게 '개작된'——왜냐하면 대상과 일치하는 이미지는 존재하지 않기 때문이다) 이미지들, 개발된 이미지들, 그리고 이것들을 구조화시키는 추상적 관념을 동시에 포함한다.

현재로서는 상상력의 세계가 간직한 실체를 포착할 수 없지만, 우리는 이미 그것의 조건이 드러내는 애매함을 보다 잘 파악할 수 있다. 이 조건은 매우(또는 너무) 제한적이거나, 이와는 반대로 극단적으로 관용적인 해석들 사이에 나누어져 있다. 극단적으로 관용적인 해석은 상상력의 세계에 어떤 것이든 병합시키도록 허용하는 것이다. (우리의 존재 자체가 상상력의 세계에 속하지 않는다고 맹세할 수 있겠는가?)

비상수단으로 이 난문제를 해결하기 위해 우리는 상상력의 세계를 구성하는 요소로서 원형에 의존할 것을 제안한다. 상상력의 세계가 걸어온 역사는 원형의 역사로 정의될 수 있다. 우리는 이 용어——플라톤에 의해 만들어져 C. G. 융에 의해 다시 씌어졌다——가 매우 자주 불신을 받으면서 고려되고, 이의가 제기되기까지 한다는 것을 잘 알고 있다. 그러나 우리는 이 용어에 초월적 의미를 부여하거나, 융처럼 정신분석학적인 정당화를 통해서 막연히 집단 무의식에 적용하려는 것이 아니다. 우리가 단순히 생각하기에 인간은 매우 명확하게 규정된 방식으로 사유하고 느끼며, 꿈을 꾸기 위해 '프로그램화되어' 있다는 것이다. 바로 이 정신적 영속성이 '원형'이라 불릴 수 있는 것 속에 결정화되는 것이다.

따라서 원형을 인간 정신의 불변 요소, 또는 본질적 성향이라 정의하자. 그것은 조직하는 도식이며 거푸집이다. 이 안에 담는 재료는 변하지만 윤곽은 그대로 있는 것이다.

역사가는 언제나 차이들을 찾아내려고 길목을 지키고 있다. 그러나 그가 확인하지 않을 수 없는 것은, 시대들과 문화들을 통해서 인간 존재와 공동체들은 삶·세계·역사 앞에서 다분히 유사한 방식으로 반응한다는 것이다. 시선을 끄는 것은 차이들이다. 그렇지만 그것들은 원형들에 의해 구조화된 정신의 근본적 통일성에 비하면 미미한 것임이 확인된다.

상상력의 세계사는 구조적인 역사이다. 왜냐하면 결국 정신의 구축물 가운데 가장 정교한 것들조차도 단순화되고 해체되어 원형으로 환원될 수 있기 때문이다. 그러나 그것은 또한 매우 역동적인 역사이다. 그 이유는 바로 원형들이 열려진 구조들로서 변화를 하고, 그것들 사이에 서로 결합을 하며, 또 그 내용은 변화하는 사회적 환경에 끊임없이 적응을 하기 때문이다. 구조적이고 역동적인 원형들의 역사, 이 용어들 사이에는 어떠한 모순도 없다. 이 가운데 어느 하나에만 유리하고 다른 하나를 불리하게 하는 균형은, 어떤 것이든 전망을 심각하게 왜곡할 것이다.

이 점에 관해서 순수하고 냉혹한 구조주의자들과 역사적 사실성을 신봉하는 자들 사이에 적대 행위가 시작되고 있다. 싸움은 프랑스에서 상상력의 세계를 이끄는 두 지도자인 질베르 뒤랑과 르 고프에 의해 상징된다. 전자는 자신의 고전적 저서인 《상상력의 세계가 지닌 인류학적 구조》(1960)에서 단도직입적으로 이렇게 주장한다. "신화들에 대한 진화론적이거나 역사적인 모든 설명은 거부되어야 한다고 우리는 생각한다. (……) 역사는 원형적·정신적인 내용을 설명하지 못한다. 역사 자체가 상상력의 세계라는 영역에 속하기 때문이다. 그리고 특히 역사의 각 단계에서 상상력은 이중적이고 대립적인 동기 속에서 아주 온전히 존재하고 있다. 이 동기는 사회적 분위기가 용인하는 이미지들과 원형들을 모방하도록 하고, 그것들이 제국주의적으로 유지되도록 교육하는 것이며, 동시에 환경과 역사적 순간이 이미지의 어떤 체제에 가하는 억압으로부터 비롯되는, 반항에 관한 적대적인 환상들이다." 어쨌든 "큰 '원형들'이 지닌 심적·사회적인 보편성은 의심될 수 없을 것이다. '인간의 상상력에 대한 진보주의적인 개념'은 생각할 수 없는 일일 것이다."[11]

이러한 공격은 그저 단순히 역사를 취소하거나 일화적인 일에만 전념토록 하는 임무를 역사에 맡기는 것이다. 그것은 무엇보다도 구조인류학과 정신분석학의 관점이다. 카를 구스타브 융·클로드 레비 스트로스(《구조인류학》, 1958; 《야만적 사고》, 1962), 또는 질베르 뒤랑은 그들의 분석을 구분시켜 주는 차이에도 불구하고 인간 정신의 불변 요소들에 의해 산출된, 상상력의 세계에 속하는 결정화된 형태들에 분명하게 특권을 부여한다. 어떻게 역사가에게 자신의 세계관을 평가절하시킬 수 있고, 자신의 직업을 꺾어 버릴 수 있는 방법을 신뢰하라고 요구할 수 있겠는가?

그동안 질베르 뒤랑은 1960년의 '반역사적인' 자신의 판단에 뉘앙스를 띠게 했다. 그와 그의 학파는 그들을 역사와 분리시키는 구멍을 부분적으로 메우려고 시도했다.[12] 일반적으로 인류학이 역사적 방법에 더 민감하게 되었다는 것을 말해야 한다. 다른 한편, 역사가들은 '장기적인 지속기간'에 유혹을 느끼면서 보다 집요하게 지속적인 구조들을 검토했다. 그러나 두 방향의 만남은 조만간에 이루어지지 않을 것이다. 첫번째 방향은 원형적인 경향을 단념할 생각이 없는데, 두번째 방향은 역사적으로 결정된 '모델들'을 위해 이 경향을 없애는 방향으로 나아가고 있다. '장기적인 지속기간'은 언제나 시간 속에 들어가며, 그것은 '비시간성'과는 아무런 관계가 없다. 르 고프는 조금도 양보하지 않고 '원형들의 수상쩍은 이데올로기'를 고발하며(그는 질베르 뒤랑을 인용한다), "상상력의 세계를 보여 주는 모델들은 과학에 속하고, 원형들은 기만적인 노작에 속한다"[13]고 분명하게 말한다.

모델들은 원형들에 대립한다. 르 고프에 따르면, 그와 같은 모델은 그가 쓴 저서(《연옥의 탄생》, 1981)에서 연구된 연옥과 같은 것이 될 수 있다는 것이다. 천국에 이 대기실이 생성된 것은 역사적으로 날짜가 확인되고(12세기와 13세기에 결정적으로 확고해짐), 복잡한 사회적·정치적·정신적 변화(상실한 영향력을 내세의 시공 속에서 회복하려고 하는 교회의 세속적 권력이 쇠퇴하거나, 개인적인 책임의 개념에 가치가 부여되는 것 등)와 관련되어 있다. 오늘날 서구 그리스도교권 공간에서 지옥의 소멸은 유사한 방법론으로 접근될 수 있을 것이다. 내세의 구조들은 우리가 사는 세계의 구조들을 따라서 변화한다. (그러나 인정해야 할 것은, 역사적으로 한정된 모델들에만 유일하게 집중해서 상상력의 세계가 해석됨으로써 상상력의 세계가 사회적인 구조들과 물질적인 조건들에 의미 있게 종속되게 되는데, 이것은 아날학파와 특히 자크 르 고프의 방법을 추종하는 것이라는 점이다.)

알랭 코르뱅이 '바다와 관련된 상상력의 세계'를 연구한 자신의 저서(《진공의 영역. 서양과 피안의 욕망, 1750-1840》, 1988)에서 제안한 모델은 더욱더 시간의 특징을 나타내고 있다. 저자는 정신적 구조들을 분석하는 데 있어 어떠한 시간적 개입도 멸시하려는 경향에 대해 단호하게 반대 입장을 표명하면서 방법론적인 논쟁을 불러일으키고 있다. "상상력의 세계가 지닌 인류학적 구조들, 시간의 지속과는 무관한 그 구조들에 대한 믿음에 집착하는 것은 중요하지 않다."[14] 여기서 질베르 뒤랑의 학파에 대한 공격은 분명하다. 그는 '장기적인 지속기간'이란 개념도 역사가인 페르낭 브로델이 만든 것이지만, 결정적인 전환점들을 면밀히 분석하는 데는 충분히 섬세하지 못하다고 생각한다. 시간적으로 최대한 분명하게 '날짜를 추정할 수 있는 메커니즘들'을 찾아서, 알랭 코르뱅은 전혀 새로운 '피안의 욕망'을 위해 바다의 공간이

야기시킨, 옛 혐오를 사라지게 만들었던 변화의 시작을 1660-16
75년경에 위치시키고 있다.

역사적 방법(역사와 인류학에서)은 또한 피상적으로 유사한 것
들이 파놓는 함정을 경계한다. 외관상 불변하는 형태들은 서로 다
른 기능들을 수행할 수 있는 것이다. 그렇다고 역사적·문화적
다양성을 희석시킬 권리가 주어진 것은 아니다. 이것이 그런 유
형의 권위 있는 대가이자 유명한 《황금가지》의 저자인 제임스 조
지 프레이저(1854-1941)에 대해 사람들이 비난했던 것이다. 그
의 '미개인들'은 모두 같으며, 전혀 시간과 공간의 흔적이 남아
있지 않다. 그들은 절대적으로 동일한 방식으로 사유하고 행동한
다. 그러나 이와 같은 획일화에 대한 이유 있는 반응은 때때로
인간이 인간 자신에게 낯설게 되는 분열된 세계로 나아간다.

시간을 거부할 것인가, 아니면 그것에 가치를 부여할 것인가?
공간적인 구획을 거부할 것인가, 아니면 그것에 가치를 부여할 것
인가? 장기적인 지속기간인가, 아니면 다소 제한된 시간적 범위
에 들어간 단절된 양상들인가?

사실 모두가 옳다. 모순적인 주장들은 동시에 설득력 있는 논
거들로 옹호될 수 있다. 모두가 그 속에서 자신의 이득을 발견한
다. 결과적으로 상상력의 세계에 대한 해석이 빈곤해지고 변질
되는 경우를 제외하고는 말이다. 왜냐하면 실로 부동과 운동, 획
일성과 특수성 사이에 선택의 표현으로 문제가 제기되어서는 안
되기 때문이다. 외관상의 모순에도 불구하고, 궁극적으로 대립되
는 원칙들에 동일한 신뢰를 부여해야 할 것이다. 그리하여 연옥
의 모델은 내세의 원형적 시공과 완벽하게 일치하는 것이다. 원
형과 모델, 그리고 특수한 발현은 동일한 구축물의 세 수준에 불
과한 것이다.

현대가 드러내는, 상상력의 세계에서 끌어낸 두 가지 예는 우

리로 하여금 문제를 보다 잘 파악하도록 도움을 줄 것이다. 이러한 간단한 입증을 위해 우리는 세계의 종말과 전체주의적 현상에 도움을 청할 것이다.

아무것도 새롭지 않으면서 모든 것이 새롭다: 역사를 통한 상상력의 세계

우리 시대는 세계를 폭발시킬 수 있는 폭넓은 범위의 수단들을 얻고 있다. 그것들은 현대 사이코 드라마에서 뚜렷한 역할을 하는 위험 요소들(이것들이 현실적이든 추정된 것이든 상관 없다)이다. 그것들이 출현한 날짜는 때때로 매우 명확하게 밝혀질 수가 있다. 다양한 상상의 시나리오를 가진 핵전쟁은 그야말로 현실적인 사건으로 시작된다. 히로시마에 미국이 원자폭탄으로 폭격을 가한 것은 1945년 8월 6일인 것이다. 생태계의 재앙이 임박하고 있다는 것은 1960년대부터 사람들의 의식 속에 강하게 자리잡기 시작한다. 같은 시기에 세계 인구가 급속도로 증가함으로써(좀더 구체적으로 말하면 제3세계의 인구 증가로서, 이는 서양에서의 인구 통계상 정체 내지는 퇴조와 맞물려 있다) 야기된 인구통계학적인 불안이 자리잡는다. 1972년에 로마 클럽은 유명한 보고서에서 하나의 폭발성 혼합물을 이루는 성분들을 확인했다. 내세워진 요소들은 식량・인구・생산・자원, 그리고 오염이었다. 인구는 너무 빠르게 증가했고, 식량과 원자재는 불충분하게 되었으며, 오염은——이것은 잘못 구상된 생산의 톱니바퀴 탓으로 돌릴 수 있다——점점 더 폭력적으로 자연 환경을 공격하고 있다. 혜성이나 운석과의 충돌 같은 우주적인 위험들 또한 작동하고 있다. 공룡 소동——6천5백만 년 전에 '갑자기' 그것들이 사라진 것——

이 1980년경에 일어나서 여전히 주목받고 있다. 지구의 두 지배자인 옛날의 공룡과 오늘날의 인간은 아마 유사한 운명, 즉 세계를 지배하고 힘이 절정에 이르렀을 때 어리석게 소멸하는 운명을 지닐지도 모르는 것이다.

　이런 것들이 이론의 여지없는 현대성을 지닌 것처럼 보이는 해결책들이다. 우리 시대가 지닌 과학적·기술공학적·정치적인 모든 요소들이 그 속에 결집되어 있다. 아무도 지난 세기말 이전에는──고대나 중세에는 더욱──핵전쟁이나 오염에 의해 악화된 환경을 상상할 수 없었을 것이다. 그러나 사람들은 이미 세계의 파멸이라는 동일한 계획을 위한 시나리오들을 상상했다. 가장 오래 되고, 가장 보편적으로 원용되는 것들 가운데 하나는 대홍수이다. 이 신화가 다양한 변형 속에서 이야기하는 것은, 인류가 파멸한 뒤 제한적인 생존자들 그룹 덕분에 다시 태어난다는 것이다. 핵전쟁은 우리 시대의 대홍수이다. 거의 예외 없이 핵전쟁에 바쳐진 시나리오들(전략적인 모의, 과학적인 연구, 문학 또는 영화작품들)은 그것을 대홍수처럼 세계의 불완전한 종말이라는 전망 속에 위치시키고 있다. 대부분의 인류는 사라지고 문명은 붕괴되지만, 인류의 모험은 새로운 역사의 주기로 나아가면서 계속된다. 생태계 파괴도 마찬가지이다. 그것은 문명(오염을 야기시키는 기술공학적 문명)의 종말이지 인간의 종말은 아니라는 것이다. 우리는 여기서 지구의 종말에 관한 매우 오래 된 상상력의 세계와 마주하고 있다. 이 세계는 영원한 회귀(이것은 머시아 엘리아데[1907-1986]가 《영원한 회귀의 신화》, 1949에서 다루고 있다)의 도식에 들어간다. 종말과 재탄생이 주기적인 (우주와 인간의) 역사의 여정 위에서 계속해서 이어진다. 이 원형을 구성하는 요소들은 우주적이고 자연적인 분명한 주기들에서 빌려 온 것이다. 밤과 낮, 달의 단계적 변화, 계절과 식물이 잇달아 계속되는 현상과 같은 것처럼 말이다. 대홍수나 핵전쟁은 세계로부터 비롯되는 이러한 도식과 관련된 이차적이고 파생적인 형태들로 나타난다.

그러나 주기의 원형적 형태는 직선이라는, 역시 원형적 형태와 경쟁관계에 있다. 직선은 인류의 행진에 적용될 때 계속되는 길, 아니면 반대로 갑작스럽고 결정적인 종말을 나타낼 수 있다. 후자의 경우, 죽음의 이미지——이것은 상상력의 세계가 드러내는 가장 영속적인 강박관념들 가운데 하나이다——가 인류의 운명에 투영된다. 개인적인 죽음은 집단적인 죽음, 종의 소멸이 된다. 핵전쟁은, 어떤 시나리오들에 따르면 인류의 절대적인 종말을 의미할 수 있다. 이러한 가능성은 또한 선례가 없지 않다. 〈요한의 묵시록〉을 상기하면 충분하다. 여기서 세계의 종말——그것도 결정적인 종말——은 거대한 대화재에 의해 대대적으로 조직화되고 있다. 그러나 종교적인 묵시록은 지구 존재의 종말을 빛나는 모습의 우주 속에 위치한 새로운 현실과 연결시키고 있다. 이것이 아주 흔히 핵전쟁에 의한 세계 종말(또는 현대의 다른 종말론들)에 결핍되어 있는 것이다. 이 종말은 신성성이 (부분적으로) 상실된 문명을 특징짓는다. 종말이 진정 '총체적'일 때, 그것은 어떠한 보상적 해결도 동반하지 않는 것 같다. 그것은 그저 종말인 것이다.[15]

이런 것들이 새로운 외관의 모습을 하고 나타나는 명백히 오래 된 구조들이다. 그러므로 세계의 종말에 관한 현재의 시나리오들을 원형적인 형식들로 환원시키는 것은 그 어떤 것보다 더 정당화된다. 그러나 다른 한편 역사가는 현상들의 새로움을 강조하고, '현실적인' 역사와 상상력의 세계가 지닌 구조들 사이의 새로운 관계를 강조할 권리가 있다. 현대의 '대공포들'의 특수한 기능, 그리고 그것들이 정치·과학 혹은 종교와 갖는 밀접한 관계를 최소한으로 줄일 수는 없을 것이다. 이러한 기능과 관계는 엄밀하게 종교적이고 신적인 의미를 지닌 대홍수나 묵시록의 시대들과는 현저하게 다르다. 신성성을 상실한 종말, 기술공학적인 불안, 서양의 종말, 그리고 '다른 문명권 사람들'의 부상은 새로운 형태들을 나타낸다. 비록 이 형태들 역시 원형적인 요소들로 해체될 수 있을지라도 말이다.

세계의 종말론이 아주 오래 된 것인 데 비해, 전체주의적 현상은 완전히 20세기를 특징짓는 것 같다. 그것은 다만 아주 막연하게 전통적인 압제에 의해 암시되어 있다. 단지 자코뱅당의 공포만이 '유일 정당' 시스템, 이데올로기화와 총동원 작업, 그리고 진압의 '산업적인' 조직화를 통해서 그것을 앞질러 드러내고 있다. 하지만 이는 우리 시대에 완성된 전체주의 모델에 비하면 불완전하고 일시적인 경험이다. 전체주의의 완벽에 가까움은 이전 시대들에는 없었던 조직·선전·감시·진압의 물리적 능력뿐만 아니라, 극도로 위험한 '전체주의적인 상상력의 세계'에 의해 설명된다. 20세기——금세기는 문명사에 나타난 가장 심층적 단층 가운데 하나이다——의 위기, 기술공학적 문명의 난관 봉착, 그리고 이 문명이 지닌 현실적 또는 추정된 잠재력은 새로운 세계와 새로운 인간 존재의 창조를 통해서 역사를 뛰어넘는다는 이상 속에 승화되었다. 파시즘과 나치즘 그리고 공산주의는 어떤 것이 되었든 평범한 압제에 따라 인간들을 통제한다는 계획을 세웠을 뿐 아니라, 무엇보다도 역사의 흐름을 바꾸고 인간성을 수정한다는 계획을 세웠다.

전체주의적 경험이 본질적으로 최근의 역사에 속한다면, 그것의 구성 요소들은 아주 오래 된 것이다. 완벽한 검토를 하려는 생각을 버리고, 원형적인 몇몇 요소들에 신속하게 주목해 보자.

역사의 거부, 그리고 역사의 고유한 조건으로부터 벗어나고자 하는 욕망은 바로 역사와 인간 조건의 한계에 직면한 인간의 보편적 반응을 정의하는 것 같다. 그것은 소란스럽고 예측 불가능한 공간으로부터 탈주하고, 조화와 행복을 보장해 줄 수 있는 보호된 구역으로 피신하는 것을 목표로 하는 계획이다. 행복은 가장 기본적인 수준에서 섬이나 동굴(그리고 보다 기본적으로는 또한 어머니의 가슴)과 같은 원형적 이미지들에 의해 상징된다. 그것은 카를 포퍼(1902-1994)가 《열린 사회와 그 적들》(1945)에서 표현한 잘 알려진 이론을 참조하면, 부족적인 유형의 닫혀진 사회에 대한 반복적인 꿈이다. 종교적인 차원에서 볼 때, 현실 세계와 역사에 대항하는 이와 같은 싸움은 천복년설의 이데올로기와 운동들(이것들은 메시아가 나타나 1천 년 동안 다스리는 왕국이 건설된다고 설파한다)을 통해 나타났다. (그리고 계속해서 나타나고 있다.) 20세기의 전체주의적인 해결책들——그리고 특히 나치즘과 공산주의——은, 이를테면 세속화된 천복년설에 불과한 것들이다. 카리스마가 강한 지도자(무솔리니·히틀러·레닌·스탈린·마오쩌둥 등)는 전체주의적인 제도와 상상력의 세계에서 빼놓을 수 없는 인물로서, 그 역시 메시아나 구제자(아니면 반대자들에게는 반그리스도) 안에 인격화된 원형 계통에 속한다. 그리하여 우리는 속되고 유물론적이며 과학적인 모습에도 불구하고 성스러운 세계에 접근한다. 이 성스러운 세계는 변형되고 부패했지만 진짜 종교들처럼 구조화된 이데올로기들(선과 악의 이분법, 어떤 절대적 진리의 승리, 인간 정신의 개화, 보편적인 것의 조화) 속에 현존하고, 지도자의 숭배나 의식의 거행 속에 존재하는 것이다. 타자(공산주의 제도에서는 계급적인 적이고, 나치의 독트린에 따르면 생물학적으로 불순한 존재와 같은)의 거부, 그리고 달갑지 않은 요소들로부터 해방된 공동체의 응집력 역시 원형적인 구조들에 속한다. 이 구조들은 통일성의 추구이고, 우리와 타자들의 관계가 드러내는 변증법이다.[16]

새로운 구축이지만 오래 된 재료, 또는 오래 된 재료이지만 새로운 구축이라고 말할 수 있다. 피륙같이 짜여진 구조는 역사의 길에서 인류가 전진함에 따라 끊임없이 변화하고, 일반적으로 보다 복잡해진다. 그러나 구성하는 분자들은 여전히 같은 것들이다. 오늘날 세계의 종말은 가장 많이 통용되고 있는 전통적인 두 개의 해결책을 인용한다면, 세계적인 대홍수나 대화재보다 비교할 수 없이 더 다양화되고, 더 정교해지고 있다. 현대의 전체주의적인 제도들은 그 복잡성으로 인해 전통적인 천복년설들이나 유토피아(매우 오래 된 상징에 대해선 말할 필요도 없다)의 단순한 도식을 훨씬 초월한다. 그러나 우리가 본질만을 고려하고자 한다면 세계의 종말은 여전히 동일한 종말이고, 역사로부터의 탈주는 시대가 바뀌어도 동일한 환상에서 착상된다.

〈전도서〉에 나오는 "태양 아래 새로운 것은 아무것도 없다"라는 말과, 헤라클레이토스가 쓴 것으로 전해지는 유명한 표현 "모든 것은 흘러간다"라는 말은 전혀 서로 배치되는 것이 아니다. 그것들은 우주의 근본적인 두 원리로서, 그 어떤 논증보다 상상력의 세계가 작용하는 법칙과 논리를 보다 잘 밝혀 준다.

상상력의 세계와 현실

금세기초에 프랑스의 헬레니즘 전문가인 빅토르 베라르(1864-1931)는 율리시스의 발자취를 추적하기로 계획을 세웠다. 그는 지중해의 해안들과 섬들에서 호메로스가 묘사한 모든 장소들의 소재를 알아내고, 아름다운 앨범에다 시의 묘사들과 현재의 풍경 사이에 놀라운 대응관계를 확인하는 풍부한 사진들을 수집해 놓았다. (이와 관련하여 《율리시스의 항해》, 1927-1933, 전4권과 화집 성격의 부록인 《율리시스의 항적을 따라서》, 1933를 참조하기 바란다.) 그가 벌인 일은 매력적이지만 본질적으로 틀린 탐사이고, 상상력의 세계를 가지고 해서는 안 되는 일의 완벽한 모델이다.

상상력의 세계는 고유한 구조들과 변화의 원리들을 가지고 있다. 물론 그것이 맺는 '외부 현실'과의 관계를 부정한다는 것은 당치 않다. 우리는 새로운 색깔을 결코 창조할 수 없을 것이다. 다만 존재하는 색깔들의 조합을 만들어 낼 수 있을 뿐이다. 참신한 얼굴이 인간 얼굴의 잘 알려진 윤곽으로부터 그려진다는 것은 거의 확실하다. 유토피아도 인간들 사이의 현실적 관계를 구성하는 어떤 요소들을 달리 배열하는 것에 지나지 않는다. 역사적 신화는 구체적인 세계에 꼭 들어맞아야 하는 인물들과 배경들, 그리고 상황들을 등장시키게 된다. 상상력의 세계가 다루는 감성적 소재는 확실한 현실의 소재와 본질적으로 다르지 않다. 그러나 그것은 특수한 거푸집 속에 다시 녹여 주조된 것이다. 그것은 물질이 아니라 중요한 구조들이고, 이 구조들은 이론의 여지없는 자율성을 나타낸다. 어떻게 신성한 나무와 보통 나무를 혼동할 수 있단 말인가? 어떻게 유럽인들이 상상한 가공할 낙지나 일본인들의 에로틱한 낙지를 '실제의' 매우 평범한 낙지와 혼동할 수 있단 말인가? 로제 카이유와(1913-1978)는 이것들을 분리시키는 모든 것을 《낙지. 상상력의 세계가 지닌 논리에 관한 에세이》(1973)라는 모범적인 연구에서 보여 주었다.

따라서 상상력의 세계에서 현실을 단순히 변장시킨 것만을 보는 것은 그 어떤 것보다 왜곡된 것이다. 2천 년 전부터 그리스의 역사가들과 철학자들은 신화들을 이론적으로 검토하기 시작했다. 그들의 방법은 그렇게 정교하지 못했다. 그들에게 "트로이 전쟁은 존재했었다. 왜냐하면 전쟁은 경이로운 것을 전혀 가지고 있지 않기 때문이다. 우리가 호메로스에게서 경이로운 것을 제거하면 남는 것은 전쟁뿐이다."[17] 우리 시대의 역사가들은 때때로 이와 동일한 함정에 빠지고 있다. 그들이 트로이 전쟁이 되었든 로마의 건국이 되었든, 전설로 치장된 역사적 사실들을 확인하려고 시도하는 순간부터 말이다. 물론 하나의 전설은 현실적이고 역사적인 정보의 단편들을 포함할 수 있다. 그러나 그것은 또한 오로지 원형들에서 ´자양을 취할 수도 있다. 이것이 로마의 건국과 관련한 조르주 뒤메질의 논증이 의미하는 바이다. 이 주제를 우리는 다시 다루게 될 것이다.

역사가들이 20세기 후반에 관한 모든 참고 자료로서 수천 년의 시간 속에서 다만 '핵에 관한' 이야기들로 된 자료체만을 가지고 있다고 가정해 보자. 그들은 이론의 여지가 없는 이와 같은 강박관념으로부터 실제적인 재앙을 추론해 낼 권리가 있겠는가?

상상력의 세계에 있어서 출발점은 결국 부차적인 것으로 남는다. 현실적인 것이든 꾸며낸 것이든, 부분적으로 꾸며낸 것이든 혼합한 것이든, 사실들과 인물들은 종국적으로 이상적인 유형학에 들어가는 것이다. 우리가 어떤 대가를 치르더라도 상상력의 세계를 구체적 현실을 통해 해석하려고 하거나, 구체적 현실을 상상력의 세계에 입각해 재구성하려고 한다면 우리는 잘못된 질문에 갇히게 된다. 두 영역 사이의 상호 의존성은 많으며, 교환도 영속적이다. 그러나 중요한 것은 정신의 지극히 맑은 분야에 사실들이 갑작스럽게 침입한 것이 아니라, '정신적 풍토'를 통해서 확립되는 매우 섬세한 관계라는 점이다.

한편으로 우리는 구조들·주제들·모델들의 지속성을 확인할 수 있다. 다른 한편으로 이와 같은 주제들과 모델들을 수정하고 부각시키면서, 아니면 반대로 그것들을 무대의 전면에서 후퇴시키면서 역사적인 삶의 리듬에 맞추는 영속적인 재구상 작업을 확인할 수 있다. '현실 세계'에 대한 저항과 동시에 '현실 세계'와의 대화가 있는 것이다.

현실 세계에 대한 저항은 때때로 명백한 사실들을 부정하거나 그것들의 의미를 전복시키는 뛰어난 능력을 통해서 나타나는데, 이는 상상력의 세계가 지닌 자율성과 모델들의 지속성을 드러내는 증거이다. 사람들은 일반적으로 보고 싶어하는 것을 보며, 이미 알고 있는 것을 배운다. 근대 초기의 지구 탐험은 이에 대한 놀라운 예를 제공하고 있다. 놀랍게도 아메리카의 발견자인 콜럼버스는 자신이 발견한 것을 모르고 있었다. 왜냐하면 이 발견이 세계에 대해 이미 인정된 이미지(이 속에 아메리카 대륙은 나타나 있지 않았다)와 일치하지 않았기 때문이다. 고대 이래 전해 내려온 상상력에 의한 어떤 지리가 실제적인 지리적 사실들보다 더 강하다는 것이 확증되었다. 유산으로 물려받은 동일한 도식을 따라가면서, 항해자들은 2,3세기 동안 지구의 남반구를 차지하게 되어 있었던 남쪽 대륙을 헛되이 찾고 있었던 것이다. 대립적인 논증들은 체계적으로 유리한 논증들로 변모되었다. (발견된 각각의 작은 섬이 찾고 있는 연안 지방의 일부분이 되면서 말이다.) 이렇게 된 것은 이상적인 도식이 북쪽 세계와 대칭적인 거대한 남쪽 대륙을 전제하고 있다는 단순한 이유 때문이었다.[18]

그러나 상상력의 세계가 지닌 목표는 현실 세계를 없애고 자신으로 대체하려는 것은 아니다. 그것의 전략은 이상적인 모델들을 물질의 무거움과 변화하는 역사 상황에 맞게 적응시킴으로써 구체적인 세계의 통제를 추구하는 것이다. 실망스러울 수밖에 없는 현실 세계에서 상상력의 세계는 보상적인 역할을 한다. 그것은 어디서나 끊임없이 작용하지만, 특히 그것이 증폭되어 나타나는 것은 위기의 시대들이다. 이때 그것의 발현들은 환멸을 보상해 주고, 공포에 장막을 쳐주며, 교차적으로 오는 해결책들을 창안하도록 촉구된 것들이다. 거의 영속적인 기조에 속하는 세계의 종말, 천복년설, 유토피아, 이타성의 극단적 고무, 천명을 받은 인물, 밀교적 의례, 기타 다른 많은 형식들은 인간들이 '현실의' 역사에 절망하는 순간 날카롭게 강세를 나타낸다. 그리하여 상상력의 세계는 역사적 변화를 재는 매우 민감한 바로미터로서 이용될 수 있는 것이다.

상상력의 세계가 지닌 포괄성

상상력의 세계는 우리가 이미 말했듯이 도처에 편재한다. 모든 사유와 계획·행동은 검증을 기다리는 가정으로부터 더할나위없이 야릇한 환상까지 아우르는 매우 폭넓은 범위 속에서 상상력의 차원을 지니고 있다. 상상력의 세계가 드러내는 주제들은 역사적인 시기들·문명들·역사의 특별한 분야들과 같은 전통적 재단을 거역한다. 종교사와 예술사·문학사·과학사·정치사상사 등의 타당성을 부정하려는 것은 아니다. 그러나 우리가 이해하려고 하는 바가 상상력의 세계가 되자마자, 다른 학문들과 방법론들에 속하는 기준에 따른 그것의 분할은 손해를 가져오는, 방법론적으로 미비한 세분을 나타낸다. 한 사회가 드러내는 상상력의 세계는 포괄적이고 논리정연하다. 그것의 충동들은 역사적 삶의 모든 구획에서 나타난다. 동일한 주제가 사방에서 나타난다. 예를 들어 어떻게 신성성을 오로지 종교의 영역에만 제한시킬 수 있겠는가? 천복년설과 메시아 신앙은 종교적인 영역, 아니 더 정확히 말해서 정치적 영역에 속하지 않는 것인가? 외계의 삶은 철학적 사색인가, 과학적 가정인가, 문학과 영화의 모티프인가, 종교적 유형의 믿음인가? 상상력의 세계를 연구하는 자는 결단코 백과전서적 지식을 갖지 않을 수 없다.

역사가들은 역사를 '분야별'로 나누는 습관이 있다. 그러나 우리는 역사의 관점들, 즉 그것의 다양한 관점들을 보다 주의 깊게 고려해야 할 것이다. 역사들이 있는 만큼 관점들이 있다. 우리는 브로델이 시도한 것처럼 역사를 유물적·경제적인 각도에서 다룰 수도 있고, 인구 통계·정신현상·사실들·정치구조들 등의 관점에서 바라볼 수도 있다. 각각의 관점은 포괄성을 갈망한다. 그것은 포괄적인 역사를 구조화시킬 수 있다. 상상력의 세계사는 이러한 관점들 가운데 하나로서 인간과 인간의 변모를 포괄하는 비전을 제시할 수 있다.

여덟 개의 원형적 구조

최초에 원형들이 있었다. 우리는 물론 그것들의 본질을 승화시키면서 시작해야 할 것이다. 그러나 목록을 제안하는 것은 그 어떤 것보다 더 미묘한 문제이다. 원형의 실체가 인간의 정신 속에 고정되어 있다는 것은 의심할 여지가 없다. 그러나 이 실체를 개념화하고, 그것의 요소들을 분리시키거나 혼합하는 방식은 역사적인 모든 재구성과 마찬가지로 역사가의 관점, 다시 말해 시선의 다양성에 달려 있다. 우리는 거의 무한히 분할하거나 결합시킬 수 있다. 이는 종합적인 해결책들이나 세분된 것들의 목록 사이에 흔들리는 매력적인 게임이 아닐 수 없다.

카를 구스타브 융이 확인한 원형들은 거의 설득력이 없는 것으로 나타났다. 우리는 남성의 무의식 속에 존재하는 여성의 원리인 그의 아니마(그리고 각기 여성의 무의식 속에 존재하는 남성의 원리인 아니무스)를 무조건적으로 받아들일 수 없을 것이다. 가스통 바슐라르는 '상상력의 호르몬'으로서 네 개의 자연적 요소를 고려했다. (그가 쓴 저서들의 제목은 하나의 프로그램 전체를 요약하고 있다. 《공기와 꿈》·《불의 정신분석》·《물과 꿈》·《대지와 휴식의 꿈》·《대지와 의지의 몽상》) 체계화에 대한 가장 큰 노력은 아마 상상력의 세계라는 분야를 별개의 대립되는 두 영역으로 분할하고 있는 질베르 뒤랑이 기울였다고 할 수 있을 것이다. 이 두 영역은 이미지를 낮의 체제와 밤의 체제로 구분한 것인데, 전자는 모순들을 악화시키는 것이고 후자는 반대로 이 모순들을 진정시키는 것이다. 우리는 또한 그 덕분에 다음과 같은 세 개의 개념 사이에 명확한 구분을 하고 있다. 보편적 모태로서의 원형, 개인화되고 유동적인 상징, 그리고 이미지의 역동적이고 감정적인 일반화로서의 구조가 그것이다. (그리하여 하늘이라는 원형의 상승구조와 사닥다리, 날아가는 화살, 초음속 비행기, 높이뛰기 챔피언 등의 다양한 상징이 대응한다.)

우리가 완전한 '조사'를 계획하게 되면, 이미 넘치게 된다. 섬·동굴 또는 어머니의 가슴은 원형적인 이미지들이다. 우리는 이것들을 이미 만났다. 융이 지적했듯이 나무 역시 그러하다. 우유는, 질베르 뒤랑을 인용하자면 '원형양식'이다. 술도 적어도 일부 문명들에서는 동일한 원형의 위상을 갈망할 수 있으리라. 아마 '낮과 밤'·'달의 주기'·'흑과 백,' 또는 '중심' 같은 것들도 원형일 것이다. 순환운동, 또는 상승과 추락 등은 원형적 구조가 될 것이다. 이것들은 사실상 무진장한 자산에서 무작위적으로 끌어낸 몇몇 예들에 불과하다. 질베르 뒤랑의 고전적 저서는 이와 같은 조사의 가장 훌륭한 예시를 보여 준다. 이제 남은 것은 역사가가 사닥다리라는 상징, 상승이라는 구조, 그리고 하늘이라는 원형을 가지고 무엇을 하는지 보는 일이다. 그의 임무는 복잡한 사회들에 관해 연구하는 것이다. 따라서 그는 혼합적이고 정교한 상상력의 세계에 대해 작업을 한다. 그는 원형들이 역동적인 구조들로 융합하는 방식, 그리고 이 구조들과 역사의 다른 구조들 및 과정들 사이의 밀접한 관계를 추적해야 한다. 우리는 원형들의 목록을 늘려 나가는 것보다는 유연하고 종합적인 재단을 실행하고자 한다. (이러한 재단은 아마 더 '대략적'이지만, 이의를 덜 제기할 수 있고 더욱 효과적일 것이다.) 그러므로 우리가 생각하기에 역사적 변화에 적용된 상상력의 세계가 지닌, 본질을 포함할 수 있는 원형적인 여덟 개의 전체, 또는 구조들을 다음과 같이 제시할 수 있다.

1. 초월적 실재의 의식

이 실재는 비가시적이고 포착할 수 없지만 명백하고 확실한 실재인 만큼 더욱 의미 있는 것이다. 그것은 초자연의 세계와 이 세계가 민감하게 발현된 현상들로 이루어진 영역이다. 이 민감한 발현현상들이 경이의 세계를 구성한다. 초자연의 세계는 대개의 경우 신성한 것의 흔적을 지니고 있다. 이 모든 콤플렉스는 보편적으로 존재하고, 인간 조건에 고유한 정신적 특징을 규정한다. 루돌프 오토(1869-1937)는 신성한 것을 특별한 감정적 구조와 연결시켰다. 이 구조는 내가 내 자신의 의지와는 구분되는 힘, 즉 나와 다른 전체(《신성한 것》, 1917)에 의해 조건지어진다는 인간 의식으로서 성스러운 것이다.

신성한 것은 가장 단순한 것들(토테미즘・애니미즘・조상 숭배・물신 숭배)로부터 가장 복잡한 것들(다신교들과 일신교들)에 이르기까지 매우 다양한 신비주의적 체계들 속에서 나타난다. 그것은 또한 많은 물건들과 분할된 공간들('세계의 중심'으로 인식된 '성스러운 장소들')을 신성화하는 현상 속에서, 의식적인 유희와 같은 것들 속에서 현존한다. 그리하여 인간 의식은 상징의 세계로 열려져 있다. 이 상징물들은 사물들・자연 요소들・별들・형태들・빛깔들・숫자들과 같은 것으로 초월적인 의미가 부여되어 있다. 구체적 세계는 비교할 수 없이 보다 심원하고, 본질적인 구조들을 숨기는 눈가림에 불과하다고 할 것이다. 이와 같은 구조들을 '이해하고,' 또한 그것들을 '포착하며' 우리를 위해 '작용하도록' 유도하는 노력은 인류의 한결같은 관심사를 구성한다.

현대의 기술공학적인 사회——이 사회의 특징들 가운데 하나는 세계에 대한 환상으로부터의 깨어남이다——속에 '매혹적인' 세계에 대한 이와 같은 원형적 비전으로부터 남아 있는 것은 무엇인가? 신성한 것은 소멸되고, 조금씩 인간의 정신을 떠나고 있는 것인가? 신앙과 종교적인 의례가, 상대적이지만 퇴조하는 것을 보면 외관상 정당한 가정이라 할 수 있다. 사실 절대에의 목마름이 약화된 것은 아니다. 실체는 어떠한 소멸도 없으며, 다만 원형들에 대한 '재투자'와 새로운 '배분'이 있는 것이다. 인간은 무언가를——그 무엇이 되었든——보다 우월한 본질을 지닌 어떤 '실재'를 믿지 않을 수 없다. 이 실재는 유일하게 세계와 인간 조건에 의미를 줄 수 있는 것이다. 새로운 현상은 전통적인 종교들이 누려 온 독점의 종말과 신성한 것의 분산이고, 나아가 이 신성한 것의 '변질된' 형태들이 다양화된 것이다. 하나의 단계에서 다른 하나의 단계로, 하나의 이데올로기에서 다른 하나의 이데올로기로 옮겨가면서 과학과 기술공학·민족·인종·섹스, '새로운 사회'와 '빛나는 미래'는 차례차례 신성화되었다. 파벌의 증가는 의미 있는 현대의 또 다른 현상을 구성한다. 어떤 파벌들은 다소 전통적인 종교의 토대와 여전히 가깝게 있는 데 비해, 다른 파벌들은 새로운 진리들(이 진리들은 심령적 힘, '뉴 에이지'가 설파하는 지구적이고 우주적인 의식, 비행접시 그리고 외계인 등을 찬양한다) 주위로 결집하고 있다. 이와 관련하여 이전에는 초자연의 세계에만 한정된 경이로운 능력을 인간 존재 속에서 찾는 심령학의 성공은 매우 특이한 것이다. 인간이 인간으로 남아 있는

이상 그는 초월적인 실재에 계속해서 투자를 할 것이고, 외관을 넘어서 의미들을 상상할 것이다.[19]

신성한 것은 또한 인간 사회와 초월적인 세계 사이의 매개자역할을 하게 되어 있는 선민층이 드러내는 상상력의 세계에서(그리고 사회적 관행에서) 신분 상승의 원천에 자리하고 있다. 그것은 우선 승려・왕, 제사장을 겸한 왕, 또는 경우에 따라서는 신이자 왕과 같은 성직 및 왕족의 기능들과 관련되어 있다. 군주제는 초자연적인 특권들을 누렸으며, 이 특권들 가운데 어떤 것들은 상당히 최근 시기까지 지속되었다. (프랑스에서는 18세기와 19세기초까지도 왕은 신의 은총에 의한 왕이었다. 그는 성유부음의 축복을받은 자였고, 기적을 행하는 능력을 소유하고 있었다.)[20] 사실 예외적인 직업은 모두 신성한 것의 흔적을 지니고 있었다. 그리스의 영웅들은 반신들이었고, 잔 다르크는 하늘의 음성을 들었다. 민족의 운명을 짊어진 근대 지도자들은 신의 음성 못지않게 초월적이었던 역사의 소리를 원용하기를 좋아했다. '신성성의 박탈'이 본질을 변화시킨 것은 아무것도 없다. 사회는 역사와 인간 조건을 초월하려는 영원한 현존적 이상과 꿈들을 영웅들 속에 구체화시키고 있는 것이다. 오늘날 정치지도자는 카리스마를 부여받고 있으며, 배우나 스포츠 스타도 마찬가지이다. 스타라는 용어가 마법적 원천의 연장을 증거하고 있다. 또한 이와 같은 변증법으로부터 운명의 부름을 받은 위대한 인물들의 인격과 행동에 방향을 맞춘 역사 해석이 비롯된다. 바로 그들에 의해 역사는 보다 높은 의미를 보장받는다.

2. '분신'・'죽음' 그리고 '내세'

이 정신구조는 인간 존재의 물질적인 육체가 독립적이고 비물질적인 요소(분신・정령・영혼 등)[21]로 되어 있다는 확신을 반영한다. 어떤 신앙에 따르면, 이 독립적이고 비물질적 요소는 삶이 흘러가고 있는 동안에도 육체로부터 분리될 수 있다고 한다. (이를 통해 마녀들과 요술쟁이들의 황홀한 여행이나 편력 등이 설명되는 것이다.) 어쨌든 그것은 죽음 뒤에도 계속해서 자신의 존재를 유지하는 것이다. 파괴할 수도 없고 불멸하는 '분신'은 내세에 자리잡는다. 이 내세는 가까우며 산 자들의 세계로 열려 있거나, 아니면 반대로 멀리 있고 닫혀 있다. (그리스인들의 저승처럼 말이다.) 분신은 전생의 공적이나 죄과와는 별개로 내세에서 축소된 삶(고대의 고전적 지옥)을 산다. 아니면 반대로 그것은 벌을 받거나 보상(그리스도교에서처럼)을 받는다. 후자의 경우, 사람들을 그것에 신과 교감의 기회를 부여한다. 끝으로 그것은 더할나위없이 다양한 육체 속에 계속적으로 다시 환생하면서(환생 또는 윤회) 물질 세계에 여전히 '결부되어' 있다.

내세 속으로 '분신'이 이주하는 것은 온갖 종류의 상상적인 구축물을 자극했으며, 이것들은 때로 지옥과 천국의 매우 정교한 '지형학'과 '사회학'으로 귀착했다. (이와 같은 의미에서 뛰어넘을 수 없는 모델들로 불교의 지옥들을 참조하기 바란다. 이 지옥들은 많은 '하부 섹션들'과 특별히 복잡한 관료 조직을 지니고 있다. 아니면 그리스도교 쪽으로 단테의 《신곡》을 참조하기 바란다.) 산 자들의 세계와 죽은 자들의 세계, 이들 사이의 구별이 절대적인 것은 아니다. 일부 선택받은 자들이 내세 쪽으로 이동하도록 해주는 문들이 존재하는 것이다. (신화나 문학에서 매우 빈번하게 나타나고, 신비주의적 황홀경을 특징짓는 입문 여행의 유형이 이에 해당한다.) 그러나 정령들은 또한 우리들 가운데 존재할 수 있고 나타나거나 접촉될 수 있는데, 이는 태고적부터 현대의 강신술에 이르기까지 영속되는 믿음이다.

3. 이타성

자아와 타자들, 우리와 다른 사람들 사이의 결합은 이타성의 복잡한 체계를 통해 표현된다. 이 게임은 극히 미미한 차이로부터 근본적인 이타성에 이르기까지 모든 범위에서 기능한다. 근본적 이타성은 타자를 인류의 한계를 넘어서 동물성이나 신성과 가까운 지대로(실제 원형의 변형을 통해서든 순전한 허구를 통해서든) 몰고 간다. 인간 상호간의 모든 관계와 인간에 관한 모든 담론은 불가피하게 상상력의 세계라는 이와 같은 창살문을 통과한다. 보다 넓은 의미에서 이타성은 서로 다른 공간들과 풍경들, 다른 존재들, 다른 사회들과 같은 차이들로 이루어진 하나의 전체와 관계된다. 그리하여 그것은 상상의 지리와 환상적인 생물학과 사회적인 유토피아를 결합시킨다. 그것의 궁극적 결과는 매혹적이면서 동시에 불안하고 파열된 세계이다.

4. 통일성

이 원형은 세계를 하나의 통일적인 원리에 따르게 하려고 한다. 인간은 동질적이고 이해하기 쉬운 세계 속에서 살기를 갈망한다. 종교와 마법적 사상, 철학·학문·역사 해석·이데올로기는 각기 나름대로 현상의 다양성에 최대한의 정연한 조리를 부여하고자 노력한다. 남녀 양성적 존재의 신화는 남성성과 여성성의 원리들이 아직 분리되지 않은 최초의 조화로운 종합을 예시함으로써, 절대를 구상하는 그와 같은 방식을 완벽하게 반영하고 있다.[22] 통일성은 온갖 수준에서, 우주적 의미(우주를 다스리는 법칙, 천지만물 속에 인간의 통합, 소우주와 대우주의 교감과 같은)에서도 나타나고, 인간 공동체들의 계층구조를 따라서도 나타난다. 일련의 신화들과 의식들 전체가 이 공동체들의 긴밀한 결합을 보장해 주도록 되어 있다. (태고적부터 현대 민족주의적 이데올로기에 이르기까지.)

5. 기원의 현재화

모든 공동체에서 기원은 강하게 가치가 부여되어 있다. 우주(우주 생성) 및 우주의 특별한 요소들·인간들·종교들·공동체들·민족들·국가들과 같은 지금의 현실을 탄생시킨 결정적인 사실들을 끊임없이 상기시키고 재현하면서 과거와 현재 사이의 다리를 놓는 것은 창설 신화(아니면 좀더 일반적인 차원에서 기원 신화)가 지닌 역할이다. 생성을 상기시킨다는 것은 현재의 윤곽이 지닌 본질과 운명을 이해하는 것을 의미한다. 인간집단은 모두 다른 집단들과 비교하여 특수성을 확실하게 해주고, 어떤 영속성을 보장해 주는 창설 신화 속에서 자신의 존재를 알아본다. 그리하여 역설적으로 신화화되고, 이데올로기화되며, 정치화된 영역으로서 기원은 인간 의식에서 그 어떤 것보다 더 현재적이다.

6. 미래의 해독

지금까지의 역사 이후에는 미래의 역사가 있다. 미래를 예견하는 상상력의 세계는 다가올 시대에 대한 지식과 통제를 목표로 하는 매우 다양한 방법과 실천을 포함하고 있다. 각각의 개인이 타고난 특별한 운명이 관계될 뿐 아니라 특히 인간의 운명, 역사와 세계의 의미가 관계된다. 우주나 역사(순환적이거나 직선적 역사, 세계의 종말, 천복년설, 진보 또는 쇠퇴 등)와 관련된 신비술·점성학·예언학·미래학·목적론은, 종교·과학 그리고 이데올로기와 밀접한 교감 속에서 결코 충족되지 않는 끈질긴 탐색을 반영한다.

7. 탈주

이것은 인간 조건과 역사를 거부한 결과이다. 인간은 상승(정신적 상승이나 인식, 초자연적 능력과 신성함)이나 퇴행(자연의 상태), 미래로의 도주 또는 근원으로의 회귀 등과 같은 상상할 수 있는 온갖 변형을 통해서 구속으로부터 벗어나고, 자신의 육신으로부터 빠져 나오며, 조건을 바꾸기를 갈망한다. 다른 조건을 창조하는 것 또한 현실의 역사와 이에 수반되는 비참함을 무너뜨리고, 다른 변화를 추구하는 것을 의미한다. 해결책들의 추구는 태초의 찬양 속에서(황금시대에 대한 향수) 또는 정화된 미래 속에서(종교적인 또는 세속화된 천복년설), 아니면 이미 알려진 공간을 넘어서(섬·먼 나라·천체·은하계) 또는 관례적인 공간(유토피아)에서 이루어진다. 거부는 수동적 방식(역사 앞에서 도망가는 것)이나 능동적이고 심지어 공격적인 방식(운명을 돌파하고 사건들의 흐름에 자신의 의지를 강제하려고 시도하는 것)으로 나타날 수 있다. 더구나 퇴행의 꿈과 영웅적 행동은 결합될 수도 있다. (천복년설의 변형에서 나타나듯이.) 역사에 대항하는 절망적인 이 싸움은 역사 자체의 가장 강력한 요인들 가운데 하나를 구성한다.

8. 대립적인 것들의 투쟁(그리고 상호 보완성)

상상력의 세계는 더할나위없이 분극화되어 있다. 그것의 형태들 각자는 정반대의 대응체를 지니고 있다. 낮과 밤, 흑과 백, 선과 악, 땅과 하늘, 물과 불, 정신과 물질, 신성함과 동물성, 그리스도와 반그리스도, 건설과 파괴, 상승과 추락, 진보와 퇴보, 남성성과 여성성, 음과 양 등 말이다. (각각의 원리는 차례로 욕망과 거부라는 모순적인 태도를 부추긴다.) 이와 같이 소유는 현상들을 단순화시키고 극화시키며, 그것들에 고차원의 의미를 부여하려는 경향을 입증한다. 대립적인 것들이 드러내는 변증법은 종교의 특징이고(이란의 마니교에서 극단적 현상이 나타난다), 일반적으로 세계와 인간과 역사에 대한 통상적인 해석의 특징이다. 성 아우구스티누스가 원용한 두 도시국가의 분쟁, 헤겔과 마르크스의 변증법(이것은 분명히 대립되는 것들의 투쟁으로 기울어져 있다)은 극도로 강력한 원형의 변모에 불과하다. 대립되는 극들은 전체적인 해석 속에 결합될 수 있거나——따라서 그것들은 통일성의 원칙에 복종될 수 있다——모순적인 종합(관념론과 유물론, 고전주와 낭만주의 등과 같은) 속에 분해될 수 있다.

이와 같이 큰 원형구조들은 보편적인 중요성을 띠고 있다. 그것들은 문화적이고 시대적인 재단을 넘어서 무언가 구조적으로 불변하는 것을 분명히 드러내 준다. 이 불변하는 것은 물질 세계를 지배하는, 보다 우월한 본질을 지닌 실재에 대한 믿음이다. 그것은 죽음을 넘어서 존재하는 삶에 대한 희망이다. 그것은 세계 그리고 특히 타자의 다양성 앞에서 느끼는 경이와 불안이다. 그것은 세계와 공동체에 최대한의 논리정연함을 확보해 주려는 시도이다. 그것은 세계와 역사의 기원·본질, 그리고 의미를 이해할 수 있게 만들려는 시도이다. 그것은 개인의 운명·역사, 그리고 미래를 통제하는 것을 목표로 하는 전략이다. 아니면 반대로 그것은 역사의 거부이고, 역사로부터 벗어나 한결같고 조화로운 시대 속으로 피신하려는 시도이다. 마지막으로 그것은 반대되는 경향의 대결과 종합이라는 변증법이다.

우리의 주제가 계획하는 것은 오로지 역사시대를 커버하는 것이라는 점을 분명히 하자. 우리는 위에서 언급한 대부분의 정신적 구조들이 일반적인 의미에서 인간에게 속한다고 생각한다. 그러나 논쟁을 '선사시대' 인간의 방향으로, 또는 '야만적 사고'의 방향으로(아니면──우리가 무엇을 알겠는가?──미래의 '포스트 역사적' 인간의 방향으로) 옮긴다는 것은 무익하고 우리의 의도 밖의 일일 것이다. 아마 차이들이 있거나, 아니면 적어도 강조점의 이동들이 있을 수 있다. 그리하여 야만적 사고는 레비스트로스가 지적했듯이 역사를 따르지 않는다. '역사의 거부,' 그것은 완벽하게 들어맞는다. 그렇지만 역사적 시간에 가치를 부여하는 것을 목표로 하는 정신적 성향들(보편적으로 원용되고 현재화되는 기원을 제외하고)은 분명 이보다 덜 들어맞는다. 가장 특징적인 진전은 분명 인간 정신이 시간과 변화에, 즉 유동적이고 점점 더 역동적인 역사에 점진적으로 적응하고 있다는 것이리라. 그러나 다시 한 번 우리는 야만적 사고의 초월이 이루어지고 진정한 역사적 시간 속에 편입되는 순간, 우리가 선택한 도전 분야로 나아가고 있는 것이다. 그렇다고 이것이 우리에게 필요한 접근작업의 실행을 방해하지는 않을 것이다. 특히 역사적 정신현상들로 이루어진 '야만적' 자산이 분명하게 나타나고(아니면 그것이 우리가 그 견해를 검토하는 저자들에 의해 있는 그대로 해석되고) 있긴 하지만 말이다.

다른 한편, 우리는 원형들이 단단히 얽혀 있는 것으로 이해해야 한다. 모델들은 서로 순환하고 결합하며, 확장되고 사라진다. 구제자의 신화와 같은 신화는――이미 인용한 예를 다시 들자면――동시에 여러 구조들과 가변성의 관계를 유지하고 있다. 구제자가 신성한 것과 맺고 있는 결합관계는 분명하다. 그는 통일성의 보장자로서, 아니면 새로운 창설자로서 나타난다. 그는 때때로 천복년설, 또는 혁명지도자로서 역사로부터 벗어나는 해결책을 제안한다. 그리하여 상상력의 세계가 드러내는 각각의 발현은 혼동할 수 없는 특징들을 나타낸다. 한편 그것의 성분들은 공통의 불변하는 자산에 속하는 것이다.

모든 행위와 사물에 대한 책임은 상상력의 세계가 떠맡을 수 있다. 식욕이나 성욕과 같은 가장 초보적인 것들조차도 흔히 특권을 부여받은 용기들이 된다. 이 용기들 속에서 터부와 규범, 표상과 환상의 복잡한 체계(이 체계는 또한 문명들에 따라 가변적이다) 덕분에 주요 원형들의 랑데부가 이루어진다. 사람들은 세상에서 가장 자연스럽게 먹고 성행위를 한다고 생각한다. 그러나 실제로 그들은 상상력의 세계가 우리의 정신 속에 심층적으로 심어놓은 규칙들에 따라서 행동하는 것이다. 다른 한편, 성의 함축적 의미들은 상상력의 세계가 펼치는 가장 다양한 형태들(이것이 정신분석학이 1세기 전부터 우리에게 가르친 것이다) 속에서 확인할 수 있다. 그리하여 기원 신화나 창설 신화는, '수태'와 '탄생'이 확실하게 관계되자마자 우주와 민족들의 탄생을 회상시키면서 성적 용어로 쉽게 표현될 수 있는 것이다. 상상력의 세계는 합리주의적인 접근이 간막이로 분리시키는 경향이 있었던 구획들을 결합시킨다.

믿음의 단계들

또한 분명히 해야 할 것은 수준들과 단계들, 그리고 의미들이다. 상상력의 세계는 동질적이지도 한결같지도 않으며 삶처럼 다양하다. 심층으로부터 오는 본질적인 상상력의 세계가 존재한다. 상상력의 세계를 통한 유희도 존재하며, 허구로 생각되고 느껴지는 상상력의 세계도 있다. 그러나 어떤 것도 근거 없는 것은 아니다. 모든 행위는 하나의 계획, 하나의 갈망에 대응하며, 유희도 완전한 유희가 아니다. 그것은 세계를 구조화시키는 방식이고, 논리정연하고 의미를 부여받은 공간들과 규칙들을 창안하는 방식이다. 그것은 신성한 것과 밀접한 관계(이 관계는 요한 호이징가가 그의 《호모 루덴스》, 1938에서 분명하게 밝혀냈다)를 유지한다. 축제나 카니발은 매우 폭넓은 범위로 사회적 상상력의 세계를 담아내는 용기들이다. 그 속에 유토피아와 신성한 것이 많은 함량으로 집중되어 있다. (이런 의미에서 로제 카이유와의 저서 《인간과 신성한 것》, 1939을 참조하기 바란다.) 전체주의 체제들——자코뱅당의 독재로부터 파시즘·나치즘, 그리고 공산주의에 이르기까지——이 축제를 대량으로 이용하는 것은 그것의 잠재력을 증거한다. 문학·회화 또는 영화의 픽션은 심층으로부터 오는 가치들과 상징들을 운반한다. (영화배우의 숭배는, 어떤 사람들에게는 에드가 모랭이 《스타들》, 1957에서 입증하고 있듯이 하나의 강박관념, 나아가 하나의 종교이다.)

인간은 상상의 세계에서 살고 있는 체하며 자신의 환상을 믿는 척할 수 있다. (적어도 독서를 하거나 유희를 하는 시간 동안에는.) 물론 이때 그는 이것이 하나의 묵계에 지나지 않는다는 것을 잘 알고 있고, 현실과 자신의 연결관계를 단절시키지 않고 있는 것이다. 그러나 다른 한편 강한 의미를 지닌 상상력의 세계가 있다. 그것은 구체적 세계만큼 본질적으로 간주될 뿐더러, 나아가 더 본질적으로 간주되는 것은 상상력의 세계이다. 가장 명백한 모델은 종교들(역사를 빛나게 변모시키는 것을 목표로 하는 정치적 종교들을 포함해서)의 모델이다. 이 모델의 경우에서조차도 인간은 일반적으로 현실 세계와 초자연의 세계, 속된 것과 성스러운 것이라는 두 개의 범위를 분해시킬 수 있다. 고대 그리스인들은 그들의 신화를 믿었다. (이에 관해서는 이미 인용한 폴 베인의 책을 참조하기 바란다.) 그러나 그들은 신들·영웅들, 신화적 시대들을 그들의 실제적인 삶과 역사에 비하여 다른 차원으로 위치시켰다. 심리학자들은 인간의 사유가 특별히 논리정연한 것이 아니라는 것을 알고 있다. 인간은 모순적인 진리들도 믿을 수 있다. 장난감들을 산타클로스 할아버지가 가져왔다고 믿으며, 동시에 같은 장난감들을 그들의 아버지가 가져왔다고 믿는 어린아이들처럼 말이다.[23] 인간은 현실 세계와 상상력의 세계라는 두 차원에서 동시에 완벽하게 살 수 있으며, 평범하면서도 또한 환상적인 세계에서 살 수 있다——이것이 인류가 오래 전부터 행하고 있는 것이다. 우리가 할 수 없는 것은 단 하나밖에 없다. 그것은 상상력의 세계 없이, 그 세계 밖에서 사는 것이다.

그러나 특히 각각의 신앙을 전파하는 일과 사회적으로 받아들이는 일은 매우 분화되어 있고 변하기 쉽다. 행동들은 무조건적인 수용으로부터 수많은 중간 입장과 더불어 단호한 거부에 이르기까지, 하나의 계층구조를 따라 분포되어 나타난다. 어떤 극단적인 경우에는 상상력의 세계가 외부의 현실을 삼켜 버린다. 이때 '신화적 체험들'은 정신분열증적인 구조, 다시 말해 구체적 세계와의 단절을 반영한다. 중요한 것은 상상력의 세계가 지닌 진실 이상의 것이 아니다. 이것이 대신비주의자들, 새로운 시대에 대한 예언자들, 외계인들과 접촉한 자들의 경우이다.[24] 또 다른 극단의 경우에는 상상력의 세계(물론 다른 사람들의 상상력의 세계이다)를 붕괴시키려는 계획이 세워진다. 고대 그리스 철학자들은 신화의 베일을 벗기려고 시도함으로써 그러한 태도를 보여 주었다. 계몽주의 시대의 합리주의는 보다 폭넓은 규모로 이러한 작업을 재개했다. 결국 상상력의 세계에 대항하는 싸움은 뒤죽박죽이 되어 버렸다. 2세기 전부터 신화와 반신화가 대결하고 있다. 그러나 누가 진리가 있는 곳을 말할 수 있겠는가? 적어도 우리가 확인할 수 있는 것은, 신화 타파는 곧바로 새로운 신화의 결정화로 통한다는 것이다. 하나의 반신화는 이의가 제기된 신화보다 반드시 덜 신화적인 것이 아니다. 신을 믿는 것보다 빅뱅을 믿는 것이 더 합리적인 것(그리고 덜 합리적인 것)도 아니다. 상상력의 세계는 파괴될 수 없는 것이다. 다만 그것은 해체되어 새로운 형태로 다시 나타나게 될 뿐이다.

다른 사람들이 지닌 상상력의 세계를 비난하는 것은 편협함을 드러내는 것이다. 각자가 나름대로 종합을 하는 것이다. 단 하나의 색깔만 있는 것이 아니라 무한한 뉘앙스가 있는 것이다.

상상력의 세계와 정신현상

상상력의 세계와 정신현상이라는 두 개념 사이의 관계는 밀접하면서도 복잡하다. 어쨌든 그것들이 지닌 차원들을 혼동해서는 안 된다. 왜냐하면 혼동을 하게 되면 상상력의 세계가 정신현상의 역사라는 침입적인 역사 속에 용해되어 버릴 것이기 때문이다. 정신현상의 제국주의는 또한 문제적인 불명확성에서 자양을 얻는다. (자크 르 고프와 앙드레 뷔르기에르의 참고서들이 정신현상에 할애한 폭넓은 글들에서 완전하고 명쾌한 정의를 찾아보아도 소용 없는 일이다.) 그러나 우리는 정신현상의 영역이 원칙적으로 정신의 심리적인 반응과 '일차적인' 태도에 가깝다는 점을 인정할 수 있다. 뤼시앵 페브르가 '정신현상의 역사'와 '사상의 역사'를 대립시킨 것은 정확한 것이다. 왜냐하면 정신현상은 의식보다 심층적인 수준에 따라 무의식보다 낮은 수준에 위치하기 때문이다.

상상력의 세계는, 그것이 정신현상의 심층으로부터 수액을 길어올린다 할지라도 일부 특징들에 의해 분명히 구분된다. 정신현상이 드러내는, 이를테면 추상적인 모습 앞에서, 상상력의 세계는 감지될 수 있는 이미지들로 모여진 하나의 전체를 전제한다. 그것은 구체적인 현실과 밀접하게 얽혀 있고, 그것 못지않게 현실적인 다른 현실로서 자신의 존재를 뚜렷이 드러낸다. 뿐만 아니라 상상력의 세계는 훨씬 더 공들여 구상되고, 때로는 기발하기조차 한 방식으로 나타난다. 신화와 종교·유토피아, 이타성의 체계와 문학의 픽션 그리고 과학의 가정과 더불어 우리는 더 '높고' 더 '형식화되며,' 정신현상보다는 이데올로기에 더 가까운(왜냐하면 이데올로기는 상상력의 세계라는 관점에서 볼 때 세속화된 신화의 세계에 불과하기 때문이다) 수준에 위치하게 된다. 결국 구별을 드러내는 것은 형식화와 자각의 정도이다.

사실 정신현상의 유행은 이미 과거에 속한다. 그 개념이 지닌 막연함은 이와 같은 유행의 확장에 도움을 준 뒤 오늘날에는 불구자처럼 느껴지고 있다. 작업의 도구로서 그것은 거의 효력이 없는 것 같다. 상상력의 세계는 보다 명확하게 그려진 형태들과 더불어 더욱더 대단한 명확성과 섬세함을 갖춘 탐구의 주제들과 수단들을 제공할 수 있다.

신화란 무엇인가?

신화는 상상력과 관계될 때 흔히 재론되는 개념이다. 그것은 유행하고 있는 말이다. 얼마 전부터 그것의 확산은 애매성을 가중시키고 있다. 현재 통용되는 언어와 사전들은 아주 많은 의미들을 실어나르고 있다. 결국 '현실'과 다소 유리되는 모든 것은 '신화'가 될 수 있는 것처럼 보인다. 온갖 종류의 픽션과 편견, 상투적인 말과 변형 또는 과장들이 거의 아무런 거리낌 없이 제국주의적인 성격을 지닌 신화라는 개념에 의해 커버되고 있다.

그러나 다른 한편, 상당히 제한적인 개념들이 고대 그리스-로마 시대의 '고전적' 신화 전문가들에 의해 표현되고 있다. 이들에게 신화의 영역은 실질적으로 고대 전통 사회들로 제한되어 있다. 신화라는 낱말의 원의미는 본질적으로 근원을 향해 방향이 잡혀진 환상적인 이야기라는 것이다.

극단적인 해석들을 어떻게 융화시킬 수 있는가? 우리는 막연함 속에 있을 수도 없고, 신화를 오로지 그것의 일차적 표현으로 환원시킬 수도 없을 것이다. 형태들과 기능들은 변화하는 반면, 신화적인 감성은 인간의 정신과 여전히 불가분의 관계로 남아 있다. 우리는 신화를 상상력에 의한 구축물로 생각한다. 즉 그것은 공동체에 내재하는 가치에 따라 이 공동체의 응집력을 확보하려는 목표로 우주현상들의 본질을 이해하려는 이야기·표상, 또는 사상을 말한다.

형식적인 구조로서의 이야기, 신성한 것의 자국, 그리고 초자연적인 힘 및 전설적 인물들(신들과 영웅들)의 개입은 전통적인 신화가 지닌 변별적인 특징들이다. 현대의 신화들은 동일한 줄기 속에서 계속될 수 있다. (예를 들어 외계의 신화나 종말론의 다양한 이야기들을 보라.) 그러나 그것들은 아주 흔히 관념과 상징이라는 추상적인 형태로 나타난다. 진보나 민족이 신화라는 것에 이의를 제기할 수 없다. 그것들이 역사에 대한 설명적인 도식을 제안하고, 단단히 공유된 가치들을 강조한다는 점에서 말이다. 초자연의 세계가 (상대적으로) 퇴조했지만, 그 자리는 실체가 조금도 상실되지 않고 과학·이성·이데올로기 등이 차지하고 있다.

신화는 하나의 해석체계와 하나의 윤리적 코드(하나의 행동 모델)에 동시에 접근하게 해주는 열쇠를 제공한다. 그것은 현상의 다양성과 복잡성을 하나의 특별한 해석축으로 귀결시킴으로써 통합시키고 단순화시키는 힘이 강력하다. 그것은 우주와 인간의 삶 속에, 일정한 사회의 욕구와 이상에 합하는 질서 원리를 도입한다.

신화의 경우에 있어서 '진실한 것'과 '진실하지 않은 것'을 구분한다는 것은 문제를 제기하는 방식으로서 좋지 않다. 신화는 '구조'이지 '질료'가 아니다. 그것은 진실하거나 허구적인, 또는 진실하면서도 동시에 허구적인 재료를 사용할 수 있다. 중요한 것은 그것이 상상력의 세계가 지닌 규칙에 따라 이 재료를 배열한다는 것이다. 불확실하고 상호 침투할 수 있는 경계를 통해서 그것은 역사와 분리되고 있다. 그것은 선별과 변모라는 작업을 통해서, 다시 말해 마르셀 데티엔느가 '망각과 기억'[25]의 작업이라고 명명한 것을 통해서 작용한다. 신화는 하나의 진실한 역사를 재현하게 되어 있다. 그러나 그 진리는 사물들의 피상적인 진리보다 더 본질적이기를 원한다. "하나의 문화가 지닌 정체성의 가장 은밀한 것은 그 문화가 간직한 신화에 맡겨진다."[26] 단순히 신화를 창조하기 위해서는 현실을 변형시키거나 재구축하는 것만으로는 충분치 않다. 신화는 본질적인 것 속에서, 그리고 상징적인 의미에서 구축되어야 한다.

신화의 인식적 기능——심층적인 진실, 숨겨진 진실의 추구와 같은——은 신화와 과학 사이에 다리를 놓아 준다. 그렇지만 세계를 탐구하는 두 전략 사이의 차이는 여전히 현저하다. 신화적인 접근은 '직관적'이고 '시적'인 데 비해, 과학은 '귀납'과 '실험'을 통해서 활동한다. 총괄적인 비전을 통해서 신화체계는 철학체계와 이데올로기에 비교적 가깝게 된다. 그러나 과학적인 방법에 신화적인 토대가 있다는 것은 전혀 의심할 여지가 없다. 아무리 실용적인 실험이라 할지라도 하나의 가치체계와 어떤 세계관에 의해 방향지어져 있기 때문이다. 그러므로 그것은 하나의 신화적인 성향에 종속되어 있다. 우리가 자연과 존재에 관한 핵심 문제들에 대한 해답을 찾으면 찾을수록 우리는 더욱더 신화의 고유한 관점에 접근할 수 있다.

출처 I: 글로 씌어진 것의 영역

"역사는 기록들로 만들어진다" 이것은 샤를 랑글루아와 샤를 세뇨보(《역사 연구 입문》, 1898)가 쓴 입문서의 도입부에 나오는 말로서 당시에는 유명했다.[27] 누가 이러한 방법론적 명백함을 부정할 수 있겠는가? 그런데 기록이란 무엇인가? 랑글루아와 세뇨보의 세대에서 출처의 개념은 기록물과 동일시되었다. (아니 거의 동일시되었다.) 그렇지만 아무 기록물이 아니라, 어떤 역사적 사실로부터 직접적으로 '솟아난' 그런 기록물이다. 현대 비평의 방법론은 상상력의 세계를 거부하는 토대 위에 구축되었다. 역사학자들의 사명은 가능한 한 충실하게 사실들을 재구성하는 것이기 때문이다. 역사를 신비의 허구로부터 벗어나게 하는 이와 같은 시도는 좋은 측면도 있었다. 사물들이 분리되었고, 적어도 두 개의 영역, 즉 구체적인 세계와 상상력의 세계 사이의 구분이 뚜렷하게 되었다. 그러나 후자를 소외시키는 것은 전혀 정당화되지 못했다. 그것의 부재는 역사를 빈곤하게 만들고, 판단을 비뚤어지게 할 뿐이었다. 로마의 건국이 전설에 부합하지 않는다는 것은 대부분의 역사가들이 공유하는 관점이다. 그렇다고 전설이 실제의 건국보다 축소된 의미를 나타낸다는 결론이 나오는 것은 아니다. 그것은 로마인들의 역사 의식과 서구의 역사 문화를 심층적으로 특징지었다. 대종교들의 역사적 기원이 그것들의 신비주의적인 실체보다 더 의미가 있겠는가? 인간은 빵이나 물과 동일하게 신화로부터 자양을 얻는다. 신화가 없는 역사는 생각할 수 없다. 왜냐하면 우리가 알고 있는 유일한 역사, 즉 인간들의 역사는 상상력의 세계가 지닌 힘의 흔적을 뚜렷이 드러내고 있기 때문이다. 수천 년의 장구한 세월을 따라 작용해 온, 상상력의 세계가 지닌 하나의 구조는 그 어떠한 역사적인 사실보다 훨씬 더 본질적으로 드러날 수 있다.

구체적 사건들을 밝히기 위해 구상된 고전적인 방법론은, 역사가가 추적하는 새로운 자취에 맞도록 확장되고 수정되어야 했다. 랑글루아와 세뇨보 시대에 역사의 핵심 개념은 기록이었다.

오늘날에는 그것이 문제이다. 조사를 일정한 방향으로 이끄는 것은 기록이 아니라 제시된 문제이다. 각각의 조사 유형은 특권이 부여된 출처와 특별한 방법을 지니고 있다. 상상력의 세계사 역시 마찬가지이다. 그것은 고문서로 분류된 전통적 기록물에 전혀 의존하지 않고 매우 다양한 조사로 뛰어들 수 있다. 그것은 의도적으로 기록물들을 무시할 수도 있다. 또한 그것은 이것들을 이용할 수도 있고, 때때로 이것들을 이용해야 한다. 그러나 어떤 기록도 일의적인 것이 아니며, 각각의 기록은 수많은 독서의 대상이 될 수 있다. 상상력의 세계사는 무엇보다도 과거에 고갈된 것으로 간주된 기록들에 대한 새로운 독서를 전제한다. 왜냐하면 지난날에 그것들에 요구된 것은 단 한 가지 유형의 정보뿐이었기 때문이다.

사실대로 말하자면 출처의 개념 자체가 논의를 불러일으킨다. 용어가 이미 환상을 표현하고 있기 때문이다. 사실과 이 사실의 재현 사이에는 직접적인 관계가 있으며 완벽하게 일치한다는 환상이다. 그런데 재현으로서 출처라는 조건은 이미지라는 조건과 가깝다. 그 속에서 중요한 것은 대상이 아니라 대상에 대한 의식이다. 기록은 샘처럼 어떤 역사적 사실로부터 '솟아오를' 수 없다. 그것은 간접화된 것이며, 하나의 의식, 하나의 정신적·이데올로기적 틀을 통과하는 것이다. 이 틀은 사실들과 문서화를 통해서 이것들의 '구체화' 사이에 불가피하게 개입한다. 따라서 상상력의 세계를 다루는 역사가는 옛날의 기록들을 다시 다룰 권리가 있다. 아무리 메마른 증언물이라 할지라도, 그는 이 속에서 어떤 세계관에 의해 남겨진 흔적을 발견할 수 있게 된다.

그렇지만 역사가들이 (적어도 최근의 시기까지) 다분히 소홀히 한 다른 출처 범주들이 그에게는 더욱 가깝고, 일반적으로 더 유용하다는 것이 사실이다. 문서의 영역에 머무른다면, 우선 문학적 텍스트들이 관계된다.

사실에 전념하는 역사기록학을 위해서 거의 추천할 수 없는 출처들도 있다. 그것들은 상상력의 세계를 고도로 집중화함으로써 중요하다고 생각되었던 유일한 역사, 즉 실제적인 사건들의 역사를 혼란스럽게 할 위험이 있었다. 그런데 이것이 바로 상상력의 세계를 다루는 역사가에게 흥미를 불러일으키는 것이다. 이 역사가는 때때로 문학 전문가와 동일한 분야를 편력한다. 그러나 그의 관점은 다르다. 문학사는 더할나위없이 사회과학화된 그것의 변형물 속에서도 미학적 성격의 어떤 선별을 무시할 수 없을 것이다. 그러나 상상력의 세계를 다루는 역사가의 관점에서 보면 문학적 우수성은 거의 중요하지 않다. 어쨌든 그것은 재현성보다 덜 교훈적이다. 그리고 평범성은 천재성보다 더 재현적이기 때문에 역사가는 질적으로 의심스러운 긴 시리즈로 된 작품들의 편력을 감수해야 한다. 이것이 명작들은 집단적 상상력의 세계와 동떨어져 있다는 것을 의미하는 것은 아니다. 어떠한 창조자도 자기가 사는 시대의 한계, 즉 우리 모두가 갇혀 있는 정신적 감옥을 벗어나지 못한다. 그는 다만 동시대인들의 사상과 꿈이 보다 활력 있고, 보다 인격적으로 표현되도록 할 뿐이다. 어쨌든 '보통의' 문학적 발현물들은 감정과 지식의 공통적 토대로부터 힘을 끌어 오고, 다양하고 많은 독자들을 대상으로 하기 때문에 환상을 추적하는 데 특별히 유리한 영역을 구성한다. 보다 덜 '개인화된' 그와 같은 생산물들은 시리즈로 보다 쉽게 통합될 수 있다는 추가적인 이점과 더불어 말이다. 이러한 이점은 어떤 주제를 체계적으로 추구하려고 할 때 필요한 조건이다.

이른바 '대중문학'(대중문학 작품들 속에는 중세·근대 또는 현대의 대중소설들이 포함된다)이 특별히 유용하다는 것은 확실하다. 그것은 사실 모든 사람들을 위한 문학으로서 광범위하게 공유된 환상들을 간직하고 있는 수탁자이다. 《트루아의 기사도 이야기》에 대해 별도의 언급이 이루어져야 한다. 이 저서는 17세기 및 18세기의 픽션·연감, 실용적 텍스트 등을 한데 모은 것으로, 프랑스의 역사기록학이 여러 세대에 걸친 프랑스인들의 문화적인 지평과 신앙, 그리고 정신현상들의 윤곽을 보다 잘 그리기 위해 유익하게 사용한 총서이다.[28] 19세기에 꿈을 만드는 큰 공장은 연재소설이었다. (연재소설은 오늘날 구조와 기능이 텔레비전 연속극과 가깝다.) 20세기의 그것은 탐정소설과 공상과학소설이다. 이것들은 문학사가들에 의해 매우 소외된 두 장르이지만 동일한 이점, 즉 농축시킨 함량으로 상상력의 세계를 제공한다는 이점을 나타낸다. 어린이를 위한 문학 또한 한 사회의 총체적 계획을 고찰하는 데 두 장르 못지않게 의미가 있다. 그런데 그것은 지금까지 무시된 출처이다. 역사가의 사명은 문학현상 그 자체에 대해 장황하게 늘어놓는 것이 아니다. 그는 분명한 하나의 주제에 대해 조사를 하고, 이러한 일을 가능한 한 광범위하게 문학 생산물의 모든 범위를 통틀어서 해야 한다.

특별히 재현적인 장르들 가운데 또한 유토피아를 언급해야 한다. 그것은 양자택일의 계획들로부터 특권을 부여받은 용기이며, 정치적·사회적 상상력의 세계에 필요 불가결한 원천이다. 여행 관계는 차례로, 특히 이타성과 관련하여 매우 유용하다는 것이 명백하다. 실제적 여행과 허구적 여행 사이의 분리는 상상력의 세계를 다루는 역사가에게는 덜 본질적이다. 동일한 정신적 구조들과 이타성의 논리가 두 경우에 나타나는 것이다.

출처 ||: 이미지의 세계

어원적으로 상상력의 세계는 이미지로부터 유래한다. 그것의 영역이 오로지 감지될 수 있는 표상의 범위로 축소되지 않는다 할지라도, 이 표상들은 필요 불가결한 뼈대를 구성한다. 여기에 또 하나의 출처 범주가 있다. 이 범주는 사실들을 다루는 역사가의 관심을 거의 불러일으키지 못했다. 이 역사가는 기껏해야 이미지군에서 긍정적 측면, 즉 이미지 속에서 '현실'의 어떤 단편들이 반영된 모습을 분리시키려고 노력했다. 사실 이미지의 세계는 '현실적인' 요소들을 동화시킬 때조차도 정확히 상상력의 세계에 속한다.

예를 들어 인물 모습으로 장식된 유명한 그리스 도자기를 어떻게 해석할 것인가? 그것은 '현실적인' 삶의 반영인가, 아니면 '신화적인' 담론의 반영인가? 어떤 장면들은 '실질적인' 역사에 도움이 될 수 있다. 그러나 총괄적 구조는 상상력의 세계를 나타내는 구조임이 분명하다. 인간들의 일상적 몸짓들은 영웅들과 신들의 존재에 의해 균형을 이루고 있다. 도시의 풍경, 정치적 활동, 전쟁 —— 이것들은 그리스 문명의 본질적 요소들이다 —— 이 전적으로 결핍되어 있다.[29] 이러한 배열은 상상력의 세계가 지닌 논리 자체를 밝혀 준다. 그것은 현실적인 요소들과 허구적인 요소들을 뒤섞어 특수한 거푸집 속에서 주조한 것이다.

오늘날의 역사가는 1900년대의 역사가보다 이미지에 훨씬 더 민감하다. 그가 과거에 대해 작업을 하고 있을지라도 그는 현재, 즉 이미지의 세계를 점점 더 분명히 표시하는 현재 속에 살고 있다. 영화와 텔레비전·광고·만화가 글로 표현된 작품을 희생시키면서 개화하고 있다. 인쇄술과 문자교육의 결과인 후자의 지배

――더구나 상대적인 지배이지만――는, 전통적 문명과 글쓰기보다는 이미지에 의해 유혹을 받는 '포스트모던' 문명 사이에 낀 단순한 삽입구인가? 일반적으로 역사의 통상적 출처가 된 이미지는 상상력의 세계를 다루는 역사가에게 그만큼 더 풍부한 표현을 담고 있다.

그것의 영역은――이 영역은 글로 씌어진 것보다 더 광범위하고 다양화되어 있다――암굴 벽에 그려진 그림에서부터 사진이나 영화에 이르기까지, 고대의 도자기나 중세의 육필 원고에 나오는 채색 삽화로부터 만화에 이르기까지, 대작 회화에서부터 책과 일기의 삽화에 이르기까지, 타나그라의 작은 조상에서부터 대단위 기념물에 이르기까지 아우르는 표상들을 결집시킨다. 문학 텍스트들을 본떠서 보통의 제작물들은 시리즈로 정돈될 수가 있으며, 뛰어난 예술 창작품들보다 더 흥미를 불러일으키는 것으로 드러날 수 있다.

방법의 문제도 역시 제기된다. '자유로운' 해석을 택할 것인가, 이미지의 기호학을 택할 것인가? 후자는 체계적이고 엄격한 방식으로(이것은 문학 텍스트에도 역시 유효하다) 메시지를 해독하고자 한다. 어떤 표상 유형들은 특별히 이러한 방법을 불러일으킨다. 그리스도의 수난도처럼 아주 빈번히 상징화된 장면은 고정적이면서 동시에 변화하는 구조를 제시하는데, 우리는 이 구조를 그것의 요소들 사이의 역학관계에 따라 해체하여 분석할 수 있다. 같은 종류의 조사들이 제단 뒤 장식 벽화들이나 장례와 관련된 기념물들에 대해, 또는 세속적인 범위 내에서 공화국의 상징인 마리안에 대해 이루어졌다.[30]

다른 한편 방법, 다시 말해서 어떤 방법도 절대화해서는 안 된다――이 점에 대해서 우리는 전반적으로 과학적 상상력의 세계에 관한, 그리고 특히 역사적 상상력의 세계에 관한 다음장들의 일부를 미리 고찰해 볼 것이다. '좋은 방법'이 자동적으로 '좋은 결과'로 이어진다고 믿는다면, 그것은 환상일 것이다. 역사가는 자신이 찾은 출처 앞에 홀로 있는 것이다. 중요한 것은 그 자신이고, 게임의 법칙을 확립하는 것도 그 자신이다. 조사의 결과는 원용된 방법보다는 그가 발휘하는 능란한 솜씨, 교양의 지평, 이데올로기적 애착에 달려 있다. 동일한 방법이 서로 모순적인 결론을 포함해서 다양한 해결책을 보증할 수 있다.

또 다른 환상이 이미지의 일부 범주들에 대하여 추정된 사실주의와 관련되어 나타난다. 일반적으로 사실주의 예술이나 사실주의 문학이 존재하지 않듯이(비록 사람들이 이 개념을 습관적으로 사용하고 있을지라도 말이다) 사실주의 이미지는 존재하지 않는다. 오로지 존재하는 것은 사실주의를 가장하고 있는——이것은 전혀 다른 것이다——이미지들과 문학 텍스트들뿐이다. 상상력의 세계가 만드는 틀은 이미지나 담론으로 이루어진, 요컨대 허구적인 세계와 구체적인 세계 사이에 끼어드는 것이다.[31]

이 경우에 '현실'은 언제나 상상력의 세계에 의해 묻혀 버리는가? 증인으로서 이미지들은 눈가림에 불과한 것인가? 이런 경우에 기록 영화는 어떻게 해석할 것인가? 여기서 영화와 상상력의 세계가 맺는 관계라는, 시사성과 명백한 이론적 의미를 띤 문제가 제기된다.[32] 영화예술은 환상을 구현하고, 그 속에 실제적인 삶의 모습을 부여하도록 되어 있다. 어느 누구도 현대 세계의 가장 큰 꿈의 공장이 지닌 이러한 기능을 부정할 수 없다. 그러나 영화예술은 현실을 모방하고, 동시에 역사의 이미지들과 사건들을 기록하기 위한 것으로 생각되고 있다. 그것의 첫번째 사명은, 영화를 20세기가 지닌 상상력의 세계를 드러내는 특권적인 출처 가운데 하나로 규정하는 것이다. 반면에 두번째 사명은, 영화를 진실의 부패하지 않는 증인으로 만드는 데 있다. 한쪽 극단에는 공룡·외계 그리고 흡혈귀들이 있고, 다른 한쪽 극단에는 실제적인 인간들과 그들의 삶이 있다. (물론 중간단계의 미묘한 차이들도 있다.)

기록 영화는 태어날 때부터 역사를 '포착할' 수 있는 이상적인 도구로 간주되었다. 일류 영화이론가의 한 사람인 볼레수아프 마투스제프스키는 이미 1898년에 역사의 새로운 출처에 대해 말했다. 그는 아무 출처에 대해서가 아니라 '진실을 말하는 확실한 시각적 증인'[33]에 대해서 말했다. 실제 영화화된 사실보다 더 진실을 말하고 확실한 것이 무엇이 있겠는가? 영화나 텔레비전 자료 역시 어떤 상상력의 세계가 강하게 이데올로기화되거나 정치화된 경우에는, 상상력의 세계가 지닌 일반적인 법칙을 따르게 된다. 이때 '현실'의 부인할 수 없는 반영으로서 고도의 신뢰성을 나타내는 가중 정상이 수반된다. 이와 같은 값진 품질을 지님으로써 기록 영화는 이데올로기, 특히 전체주의·나치즘 또는 공산주의의 가장 좋은 동맹자가 되었다. 그 어떤 것이 신화를 이론의 여지없이 진실된 재료로 예시하는 것보다 더 재치 있겠는가? 게다가 동일한 법칙이——보다 덜 과격하면서도 더 확산된 방식으로——민주주의 체제들에서도 작용하고 있다. 가장 절묘했던 것은 1989년 12월에 일어난 루마니아 혁명을 생방송으로 전달한 것이었다. 지구 전체가 조작에 속아 넘어갔다. 왜냐하면 사람들이 보았던 것은 분명 진실이었기 때문이다. 기록 영화는 진실한 것을 가지고도 다른 현실을 구축할 수 있는 방식으로, 상상력의 세계가 지닌 법칙과 가능성을 매우 인상적으로 돋보이게 한다. 그것은——물론 창작 영화와 마찬가지로——역사가 우리 시대의 가장 영향력 있는 신화들을 파악하기 위해 가지고 있는 가장 값진 출처 가운데 하나이다.

조형적인 모든 구조는 메시지를 전달한다. 1610년경에 마련된 보주 광장은 이미——완벽하고 질서정연한 배치를 통해서——데카르트와 뉴턴을 예고하고 있다. 그 어느것도 17세기의 프랑스 정원보다 더 데카르트적인 것은 없다. '프랑스식' 정원과 '영국식' 정원 사이의 경쟁, 다시 말해 기하학적으로 만들어진 거의 추상적인 자연과 자연의 반영이고자 하는 풍경 사이의 경쟁은 계몽주의 시대 철학과 상상력의 세계가 드러내는 두 축을 요약하고 있다. 1789년의 혁명 바로 직전에 자연을 길들이고 풍경을 재창조하기 위한 투쟁이 프랑스 도처에서 전개되었다.[34] 이것은 혁명의 서사시에 합체된, 변모의 대의지를 나타내는 전조였다.

풍경과 건축·도시 계획은 고문서보관소의 기록들과 동일한 자격으로 역사의 출처를 나타낸다. 성당의 돌에 새겨진 메시지를 해독하는 것은, 그 어떤 다른 방법보다 중세가 나타낸 상상력의 세계를 파헤치는 데 더 유익하다는 것이 드러날 수도 있다. 미묘하지만 매우 현실적인 관계가 건축을 이데올로기, 사회정치적 상상력의 세계, 어떤 세계관 등에 연결시키고 있다. 나치즘과 공산주의는 전체주의적인 건축에 관한 큰 논쟁을 부추겼다. 유사한 문제가 그리스 건축이든 중세의 도시든, 또는 바로크 양식이든 모든 경우에 제기된다.[35] 사실상 상상력의 세계에 관한 연구를 위해서는 거리를 단순히 산책하는 것보다 더 자극적인 것은 없다. '돌로 된' 출처는 그것만으로, 다른 기록이 전혀 없을지라도 본질적인 것은 아무것도 소멸시키지 않는 역사에 관한 하나의 관점을 제시할 수 있다. 조상기법은 보다 구체적인 필촉을 통해서 정보를 완전히 보충해 준다. 인물들과 형상화된 상징들, 이들을 나타내는 방식, 그리고 부재하는 것들은 정치적·역사적 그리고 문화적 신화에 대한 뛰어난 입문을 구성하는 것이다.

물론 우리는 상상력의 세계를 오로지 이미지들에 입각해, 그리고 심지어 이미지라는 단 하나의 범주에 입각해 다룰 수 있다.

영화나 만화[36]는 20세기말의 이데올로기적이고 정신적인 그림을 그리는 데 여유 있을 만큼 충분할 것이다.

이미지는 또한 사회가 감추고 있는 것이나, 아직 완전히 의식하지 못하는 것을 적나라하게 드러내 주는 장점이 있다. 그것은 사회적인 진단을 표현하는 데 도움을 줄 수 있는 어떤 징후들을 보다 뚜렷하게 제시해 준다. 외관상 1900년대의 유럽 사회보다 더 안정된 것이 무엇이 있는가? 그러나 세기를 뒤흔들게 되는 제1차 세계대전과 일련의 혁명들이 일어나기 수 년 전인 그 아름다운 시기의 다분히 낙관적인 분위기 속에서, 예술은 해체되고 파괴되어 다른 토대 위에 재구축되기 시작한다. 야수파와 입체파·표현주의·미래주의·추상예술이 현기증나는 리듬으로(1905년에서 1914년까지 10여 년간에 걸쳐서) 계속해서 이어진다. 예술사는 그처럼 급진적인 단절, 모든 것을 문제시하는 의지, 당황스러운 다양성, 그와 같은 변화의 역동현상을 결코 경험한 적이 없었다. 그 당시에 누가 예술가들이 상상했던, 이와 같은 세계의 상징적 종말이 훨씬 더 구체적인 하나의 종말로 구현되리라고 생각할 수 있었겠는가? 혁명이 일어나기 전에 혁명적이었던 예술운동은 다가올 역사의 지진을 미리 나타내는 것에 지나지 않았다.[37]

역설적으로 매우 인습적인 예술 형태들을 생산해 내는 것은 혁명이다! 프랑스 혁명은 하나의 놀라운 고전주의 예술사조로 객관화되었다. 혁명을 드러내는 역사적·상징적인 큰 그림들 속에서 다비드는 자신의 시대를 고대 로마 수준에 맞추었다. 마찬가지로 러시아 혁명은 몇 년간의 흥분된 열기가 식은 후, 미술과 문학에 완전히 밋밋한 '사실주의'(이른바 '사회주의적 사실주의')를 강요하고 말았다. 이 사실주의는 이어서 다른 모든 공산주의 체제들에 의해서 채택되었다. 파시즘과 나치즘 역시 세계를 변화시키고자 갈망했으나, 그것들이 드러낸 예술적 성과는 볼셰비키파 경쟁자들의 성과 못지않게 인습적이었다. 혁명적인 형태들은 여전히 부르주아적 서구의 속성인 만큼, 어떤 고전주의의 추구가 전체주의적 건축을 포함해서 모든 창작물 속에서 매우 인상적으로 나타나고 있는 것이다![38]

혁명예술이 드러내는 분명히 반혁명적 면모는 고찰해 볼 만하다. 그것은 일반적으로 역사를 이해하기 위해서 상상력의 세계가 드러내는 흥미를 다시 한 번 입증하는 역설이다. 이러한 관점에서 볼 때, 혁명적 현상은 미래로의 도약이라기보다는 근원으로의 (또한 부패하지 않은 시대로의) 회귀로 나타난다. 역사의 거부, 근대성의 거부 —— 하지만 이 거부는 결코 공표되지 않으며 그 반대이다! —— 는 예술의 중재를 통해서 그 베일이 벗겨진다. 원용된 역사적 모델들(1789년과 1793년에 프랑스인들에게서 나타난 공화정의 로마와 스파르타)의 혁명 계획에 유토피아적인 측면이 첨가된다. 유토피아는 결정적으로 강제되고 고정된 구조를 의미한다. 그것의 엄격성은 혁명단계들이 나타내는 현실적인 유동성과 선명한 대조를 이룬다. 이상적인 계획은 더할나위없이 보수적인 성격을 지니고 아주 분명한 언어, 즉 구상적·일화적·상징적 언어로 표현된다. 일단 전복이 단행되면, 중요한 것은 더 이상 세계를 파괴하는 것이 아니라 반대로 세계에 더 단단하고 단순하며 효율적인 구조를 부여하는 것이다.

출처 III: 구전된 역사

세번째 중요한 증언 그룹은 구전적인 전통에 의해 형성된다. 신화와 전설, 역사적 기억·신앙·미신 같은 것들은 장구한 세월을 통해 전승된 것으로 환상과 풍문이 우글거리는 현대의 큰 '민속'

과 합류한다. 이 민속은 무엇보다도 상상력의 세계가 차지하는 부분이 기술공학적 사회에서도 전통 사회에 못지않음을 입증하는 장점을 지니고 있다.

　이미지를 본떠서 구전된 정보는 오랫동안 불가결한 것으로 간주되었는데——역사는 분명 헤로도토스가 우선 자신의 동시대인들의 기억 속에서 끌어낸 '조사'로부터 시작한다——글로 써어진 것의 지배가 두드러짐에 따라 퇴조를 경험했다. 19세기말의 비판적 역사기술은 결국 그것을 완전히 불신하게 된다. 그것은 문자가 없는(따라서 역사가 없는) 사회들, 즉 인류학자들이 연구하는 사회들에 한정되어 남아 있었다. 반면에 총체적 역사를 포착하려는 현실적 요구는 구두 의사소통(텔레비전으로 방영된 담론에서부터 매우 평범하지만 불가결한 전화 대화에 이르기까지)이 지닌 새로운 미덕과 연결되어 이러한 전통적 출처를 복구했다.

　구전된 역사는 미국에서 출발해 수십 년 전부터 강하게 확산되고 있는데, 증인들의 기억 덕분에 재구성된 가까운 역사에 관심을 보이고 있다. 다른 한편 구전된 전통은 오래 되고 여러 세기에 걸쳐 드러나는데, 예전에는 글로 써어진 문서들이 없기 때문에 '역사가 없는' 것으로 간주된 민족들(아프리카의 검은 민족들과 같은)의 역사를 풀어내기 위해 이용된다. 양쪽 모두의 경우에서 대부분의 역사가는 '진실된' 역사를 향한 접근로들을 찾는다. 어려움——이 어려움은 여러 세대에 걸쳐 안배된 정보 '사슬'이 관련될 때는 그만큼 까다롭다——은 '진정한' 역사가 상상력의 세계에 의해서 다소간, 하지만 피할 수 없이 흐려진다는 사실 속에 완강하게 자리잡고 있다. 심지어 역사는 침입하는 어떤 상상력의 세계를 위해서 완전히 비워질 수도 있는 것이다. 이러한 확인은 방법의 유용성을 전혀 손상시키지 않지만, 기록물로 이루어진 범주를 지나치게 긍정적으로 해석하는 것을 경계하지 않을 수 없게 한다. 하나의 전통을 구성하는 요소들의 기원과 가능성을 확인하기 위해서는 세밀한 분석이 필요한 것이다.

그리하여 우리는 역사의 출처로서 호메로스의 시들이 지닌 가치를 의심할 수 없을 것이다. 그런데 무엇과 관련된 출처인가? 전설적인 '트로이 전쟁'(사실 이 전쟁은 지로두의 말을 풀어쓰자면, 결코 일어난 적이 없었다)의 묘사 속에서 (몇몇 막연한 기억을 제외하고) '역사적 진실'을 찾는다는 것은 허망한 일일 것이다. 출처로서 이 시들은 그것들이 창작된 시대에, 다시 말해 그것들을 재구성하게 되어 있는 사건들이 일어난 지 여러 세기가 지난 시대에 속한다. 그것들은 기원전 8세기의 그리스 세계, 아니면 모제스 I. 핀레이에 따르면 기원전 10세기와 9세기의 그리스 세계를 '반영한 것이다.'[39] 그러나 이 시기들조차도 시들에서 가장 큰 이득을 끌어낼 수 있는 쪽은 구체적 역사라기보다는 상상력의 세계이다. 어쨌든 '실제적' 역사는 상상력의 세계에 의해 여과되고 빛나게 변모된다. 사회와 경제·관습에 대해 우리가 알 수 있는 모든 것은 현실적이고 허구적인 요소들, 역사와 동시대성, 원형들과 혁신들로 이루어진 집성물로 정리된다. 이러한 전체적 모습은 세계가 아니라 세계의 이미지를 나타낸다.

상상력의 세계 중심으로 깊숙이 들어가기 위해서는 신화의 탐구가 필수적이다. 신화를 통해서 하나의 역사, 하나의 문명, 하나의 사상체계가 지닌 본질적인 면이 표현된다. 어려움은 집합적 신화체의 애매성에서 기인하는데, 이 신화체는 적어도 전통 문화들에 있어서는 수많은 의미를 담고 있는 유동적이고 열려진 구조들을 나타낸다. 이 점이 설명하는 것은 수많은 해석이 가능한 무한한 범위이다.[40] 일의적인 대답들을 얻기 위해 단순한 질문들을 제기하고자 하는 사람은 신화적 영역을 피하는 것이 나을 것이다!

이 점에 관한 의무적인 참고서로는 여전히 조르주 뒤메질이

'인도-유럽인들의 삼중 이데올로기'에 관해 실행한 모범적 조사
이다. 그것은 문명의 여명기부터 출발해서 상상력의 세계가 지닌
매우 지속적인 구조를 부활시켰다. 이 구조는 상호 보완적으로
현존하는 뚜렷한 세 기능, 즉 절대권·전쟁의 힘 그리고 다산성에
토대를 두고 있다. 이 원리들은 인도-유럽 그룹에 속하는 다양한
구성원들에 의해 발전되고 재해석되었다. 인도인들은 그것들을
우주적 전망 속에 위치시켰다. 반면에 로마인들은 신화적 요소
들을 역사화시켰다. 여기에 로마의 전설적인 시대, 티투스 리비우
스[기원전 1세기 로마의 역사가이다]의 이야기가 보편적 의식 속
에 투영한 그 시대가 드러내는 수수께끼의 열쇠가 있다. 진정한
역사의 단순한 변형이라고 믿어졌던 곳에 최초의 신화구조(이 신
화구조는 아마 현실적인 어떤 요소들을 포괄할 수 있었을 것이다)
가 경험하는 변모만이 있다는 것이다.[41]

　이것은 매력 있는 주장이지만, 역사적인 모든 해석이 그렇듯이
어떤 사람들에 의해서는 받아들여지고, 또 다른 사람들에 의해서
는 거부되는 주장이다. 어떤 역사가들은 전통(이 전통은 그들에 따
르면 가장 최근의 고고학적 발견에 의해 확인되었다는 것이다)의
본질적인 사실성에 찬성하는 견해를 표시했고, 지금도 여전히 표
시한다. 로물루스는 이를테면 '실제적인' 인물이고, 도시의 발전
에 있어서 엄밀히 창건은 아닐지라도 결정적인 전기가 기원전 8
세기 중엽에 나타났다는 것이다.[42] 이 경우에서도 상상력의 세계
는 전적으로 그대로 있다. 중요한 것은 현실적이든 허구적이든
현상들이 아니라 이 현상들에 부여되는 의미이다. 그리하여 이 의
미는 상징적이고 초월적인 것으로 현상들을 신화적인 구조 속으
로 들어가게 한다.

　이미지와 구전된 전통, 그리고 문학 텍스트는 조사의 특권적인
세 축으로 통용된다. 그러나 총괄적인 성격의 역사가 문제인 경

우엔 모든 출처가 관심의 대상이 될 수 있다. 정치적 신화는 분명 정치적 담론의 분석을 요구한다. 과학적 상상력의 세계는 대중화된 과학적 저술들에 대한 새로운 독서를 전제하고, 작품과 지적 수련의 관계, 이데올로기적 집착, 종교적 및 정치적 신념 등을 연구하기 위해 학자들의 전기에 관한 연구까지도 전제한다. 역사기록학 자체가, 역사가들에게는 실례가 되겠지만——역사가들은 객관성에 대한 항의에도 불구하고 특히 상상력의 세계가 지닌 노래에 민감하다——역사기록적인 신화에 대한 모든 논거들을 나타낸다. 아니면 그것은 사회 의식이라는 보다 넓은 차원에서 볼 때, 민족이든 국가든 모든 공동체의 삶에서 매우 중요한 위치를 차지하고 있는, 역사적 상상력의 세계에 대한 모든 논거들을 나타낸다.

그러나 특히 필수적인 것은 조사의 전개를 도울 수 있도록 모든 범주들에 속하는 수많은 출처들에 대해 복합적 탐구를 수행하는 것이다. 엄밀하게 말해서 순전히 회화적·문학적·신화적·종교적·과학적·정치적 또는 역사적인 상상력의 세계는 존재하지 않으며, 삶과 사상의 모든 구획에서 탐구해야 하는 집단적 상상력의 세계가 드러내는 충동들이 존재하는 것이다.

2

상상력의 세계가 지닌
두 체제

서양과 다른 문명 세계

　세계 역사의 가장 큰 전기(문명들의 탄생 이후에)는 서양이 세계의 여타 부분 및 자기 자신의 과거와 결별한 것이었다. 이것은 복잡한 현상으로서 오랜 변화를 통해 준비된 것이었지만, 그것의 본질적인 것은 성장이 가속화되기 시작하고 과학과 이성이 지배적 위치에 자리잡는 시기인 18세기 동안에 이루어졌다. 그것은 ──최상을 위한 것이든 최악을 위한 것이든──기술공학적인 세계의 여명으로서 서구 문명의 배타적인 창조를 나타낸다.

　이러한 단절은 또한 상상력의 세계가 집단적으로 재구조화되는 측면을 통해서 나타났다. '구세계'의 물질적 구조 및 힘과 '신세계'의 그것들 사이에는 분명 심연이 가로놓여 있다. 문제는 상상력의 세계가 차례로 동일한 규모의 변모를 경험했는지를 아는 것이다. 아니면 달리 말해서, 우리가 상상력의 세계가 지닌 뚜렷한 두 체제를 확인할 수 있는지를 아는 것이다. 이 두 체제 가운데 하나는 전통적인 사회를 특징짓는 체제이고, 다른 하나는 물질적 차원에서 기술공학에 의해 지배되며, 정신적 차원에서 이성과 과학에 의해 지배되는 현대 세계에 적응된 체제인 것이다.

　상상력의 세계를 다루는 역사의 입장에서 볼 때 이러한 논쟁의 목적은 분명하다. 만약 방향의 변화가 있다면, 원형에 관한 모든 이론은 부서져 날아갈 위험이 있는 것이다! 인간에 대한 인식을 위해서는 인간 정신이 세기들과 문화들을 거치면서 연속적인 단계들을 통과하는지 아닌지를 아는 것보다 더 본질적인 것은 없다.

서양, 다시 말해 '새로운 서양'의 최초 반발은 당연히 다리를 끊는 것이었다. 계몽주의 시대의 철학자들은 이성의 이름으로 옛날의 믿음과 미신을 가차없이 비판했다. 이론의 여지없는 우월성에 대한 의식은 다른 문명 세계에 대해 점점 더 거만한 눈길을 보내는 것으로 표현되었다. 20세기초에 이에 대한 명분은 심판이 이루어진 것 같았다. 한편으로 논리 이전의 정신현상, 즉 원시사회들이 지닌 신화적인 의식이 있으며, 다른 한편으로는 논리적 정신현상, 즉 문명화된 사회들이 지닌 실증적 의식이 있다는 것이었다.

제임스 조지 프레이저는 기념비적 작품 《황금가지》의 말미에서 자신의 탐구를 '인간의 어리석음과 실수에 관한 슬픈 역사'[43]로 간주하면서, 말하자면 그것의 가치를 평가절하했다. 프레이저는 사상의 변화가 계속적인 세 단계를 겪었다고 보았다. 마술적·종교적 그리고 과학적 단계가 그것이다. 동일한 진화 유형이 뤼시앵 레비 브륄(1857-1939)에 의해 주장되었다. 《원시 정신》(1922)을 연구한 그의 책은 우리의 논쟁에 큰 영향을 미쳤다. 뤼시앵 페브르(1878-1956)는 《라블레의 종교》(1942)에서 레비 브륄의 결론을 르네상스 시대에 적용하고, 미켈란젤로의 동시대인들이 지닌 원시적 특성들의 풍부한 토대를 확인하였다. 인류의 두 나이는 이를테면 인간의 나이를 닮았다. 원시인은 어린아이이고, 합리적 인간은 어른이었다. 전자의 행동이 상상력의 세계에 달려 있는 데 비해 후자는 사유된 방식으로 행동했다. 알랭(1868-1951)은 《신화의 전제 조건》에서 신화를 소아적 정신현상의 특징으로 정의했다.[44] 어른인 우리 모두는 신화로부터 치유되었다는 것이다.

승리에 도취된 이러한 비전은 지속할 수 있는 운이 전혀 없었다. 사실들이 그것을 명백하게 반박했다. 페브르가 르네상스가 한창일 때 고대인의 행동을 발견한 것은 옳았다고 할 것이다. 그런데 그는 이러한 행동을 20세기에도 발견할 수 있었을 것이다! 상상력의 세계가 지닌 두 체제 사이에 세워진 벽은 점점 더 '침투할 수' 있게 되었다. 이론의 '아버지'인 레비 브륄 역시 결국은 합리주의 시대의 한가운데서도 신화적 사유가 지속되고 있음을 인정했다. 그리하여 공존이 계승을 대체했다. 이와 같이 유연하게 전환하는 모습은 1953년에 나온 조르주 구스도르프의 저서 《신화와 형이상학》에서 감지된다. 신화와 이성, 즉 전통적인 신화 의식과 근대 서양의 승리에 찬 이성 사이의 차이는 여전히 매우 뚜렷하게 남아 있었다. 그러나 전자에게 이성의 다소 거추장스러운 동반자로서 자신의 길을 계속 갈 수 있는 권리가 부여되었다. 그러므로 우리 시대에는(조르주 구스도르프를 인용하자면) '이차적인 신화 의식'이 존재한다고 할 수 있는데, 이 의식은 '개인적 사유의 배경에 자리하고 있는 것으로서'보다 은밀하며 이성에 의해 엄격하게 통제받도록 되어 있다.[45] 이러한 대가를 치르고 상상력의 세계가 지닌 두 체제의 존재는 구제되었던 것이다.

카를 포퍼에게 이러한 이중의 영역은 신화에 의해 지배되는, 부족 타입의 '닫힌 사회'와 이성적 사고 및 지적이고 자유로운 논쟁에 의해 특징지어지는 '열린 사회' 사이의 대립(《열린 사회와 그 적들》)을 통해 나타난다.

이보다 덜 뉘앙스를 풍기는 이오안 P. 쿨리아노는 근대의 과학과 기술이 상상력의 세계에 대한 거부 위에 구축되었다고 생각하면서, 여전히 두 영역 사이에 시간적인 단절을 확인하는데, 이는 종교개혁과 반종교개혁의 교의적인 엄격성이 새겨 놓은 태도(《르네상스 시대의 에로스와 마법》, 1984)이다. 그에 따르면 르네상스 시대에 개화된 전통적인 마법적 상상력의 세계와, 그 다음 세기들에 만들어진 '탈환상의' 세계를 분리시키는 분명한 경계선이 존재한다는 것이다.

이러한 저항에도 불구하고, 인류학자들은 계속해서 상상력의 세계를 구성하는 두 영역 사이를 연결하는 다리를 다양화시켰다. 그리하여 클로드 레비 스트로스는 《야만적 사고》에서 마법적 사고와 과학적 사고 사이에 흥미 있는 비교를 시도하면서, 그것들에 어떤 특수성들을 넘어서 우주에 대한 동일하고 포괄적인 비전을 부여했다.

끝으로 상상력의 세계를 시간적·문화적으로 나눈다는 개념은, 시간과 공간 속에서 원형들의 보편성을 옹호하는 질베르 뒤랑에 의해 단호하게 이의가 제기되었다. 그는 차례로 상상력의 세계가 드러내는 두 개의 체제에 주목했는데, 이것들은 특별히 역사적인 것은 전혀 없었다. 어떠한 단절도 어떠한 초월도 없고, 그보다는 예를 들어 고전주의와 낭만주의, 합리주의와 경험주의의 변증법에 의해 예시되는 모순적인 두 경향 사이에 영속적인 대결과 교대가 있다는 것이다. 어느 시대나 '하나는 압제적이고, 다른 하나는 저항을 드러내는' 두 개의 메커니즘이 대립한다. 이성과 지성에 대해 말하자면, 그것들은 '원형들을 실어나르고 환상적 사유의 큰 흐름을 나타내는 보다 추상적인 관점들'[46]에 불과하므로, 상상력의 세계와 어울리지 않는 면은 전혀 없는 것이다. 게임을 쉬지 않고 이끄는 것은 바로 상상력의 세계이다.

논쟁은 이성을 중심으로 이루어진다. 이성은 상상력의 세계에 반대하는 적(냉혹하든 다소 상냥하든)인가, 아니면 반대로 놀랍게도 우리를 당황스럽게 만들 정도로 상상력의 세계가 단순히 변모한 것인가? 또한 원형들의 기능작용에 관한 오해가 있다. 우리는 어떤 것으로도 줄일 수 없는 그것들의 본질을 강조할 수 있다. 동시에 그것들이 다양하게 구현되어 차이를 드러내는 현상들로 강조점을 옮겨 놓을 수 있다. 이것은 인류학자의 시선과 역사가의 시선 사이의 관점 차이를 암시하는 명백한 모순점이다.

확실한 것은 오직 한 가지이다. 그것은 합리주의적이고 과학만능주의적 환상에도 불구하고, 우리 시대의 신화적 토대가 원시인들의 토대 못지않게 매우 풍부하다는 것이다. 차이를 만드는 것은 다분히 어휘의 문제이다. 사람들은 습관적으로 다른 문명 세계의 믿음을 신화라고 부른다. 그리고 우리의 믿음은 진리라는 것이다. 이성은 옛날의 신화적 자산을 잠식했다. 그러나 그것은 그 자신의 신화를 건설했다. 다른 신화이지만 여전히 원형들로 환원시킬 수 있는 신화를 말이다. 이러한 새로운 표상들이 조상의 지층에 뿌리박고 있음을 확인하는 것과 마찬가지로 그것들의 특수성에 주목하는 것도 합당한 일이다.

역학의 신화

합리주의가 승리를 구가하는 시대인 17세기와 18세기에 형성된 우주에 대한 새로운 이미지는 우리로 하여금 이성의 메커니즘과, 이성이 상상력의 세계가 지닌 구조들과 맺는 관계를 보다 잘 파악하도록 도와 주게 될 것이다. 이러한 계획은 물론 지적 엘리트와 관련되는데, 이 지적 엘리트는 그들의 위신과 전달된 사상의 영향에도 불구하고 상상력의 세계가 드러내는 전통적인 형태들을 결코 없앨 수 없었다. 그러므로 우리가 합리주의적인 한 세기에 대해 말할 때, 상상력의 세계에서 가장 높은 부분, 즉 '빙산'에서 드러나는 부분——상상력의 세계가 이루는 총체성은 (18세기나 오늘날이나) 훨씬 더 복잡하다는 것은 명백하다——만이 유일하게 문제되는지를 알아야 한다.

새로운 철학적·과학적 체계는 전통적 상상력의 세계를 완전히 전복하는 것으로 나타났다. 물질의 힘은 정신의 힘을 대체했다. 우주의 법칙은 신의 자리를 차지했다. 인간 역시 일종의 기계나 거대한 우주 기구의 한 톱니바퀴가 되어 버렸다. 신비하고 초자연적인 것, 신성한 것은 자연에서 철수되었다. 천체들의 움직임과 인간 행동까지 모든 것은 물리학이나 역학에 의해 설명되어야 했다. 올바크는 이와 같은 생각을 《자연의 체계》(1770)에서 다음과 같이 기억할 만한 문장으로 요약하고 있다. "자연은 단순하고 획일적이며 불변하는 법칙을 따라 작용한다. 인간의 모든 실수들은 물리학의 실수들이다."[47]

이것은 사유에 있어서 진정한 혁명이 아닐 수 없다. 역사가는 세계에 대한 신화적 이미지와 합리주의적이고 과학적인 이미지 사이에 단절을 확인할 권리가 분명히 있다. (그렇다고 그가 계몽주의 시대의 유물론과 합리주의에 대한 고대와 근대의 전례들을 무시하는 것은 아니다.) 신학자도 마찬가지이다. 우리는 신을 물리학으로 대체할 작정이었던 어떤 철학에 양보를 하라고 요구할 수는 없었을 것이다.

그러나 이제 말은 던져졌으며, 모든 것이 분리되듯이 보이는 바를 결합시키는 것은 상상력의 세계를 다루는 역사의 소관이다. 신을 물리학으로 대체시킨다는 제안은 이데올로기적인 전복을 나타낸다. 그러나 그것은 또한 옛 구조들과 이 구조들이 지닌 기능의 어떤 지속성을 나타낸다. 신의 기능, 즉 우주적 기구의 완벽한 작용을 보장해 주는 기능은 무너진 것이 아니다. 책임을 지는 요인의 변화만이 있을 뿐이다. 인간은 신 앞에서 더 이상 죄를 짓지 않고, 올바크의 말을 빌리자면 물리학 앞에 죄를 짓는 것이다. 그는 신이 아니라 그에게 등을 돌릴지도 모를 과학적 법칙에 의해 벌을 받을 위험성이 있는 것이다.

포괄적 계획은 '역학의 신화'라는 매우 암시적 표현으로 에른스트 마흐(1838-1916)에 의해 규정되었다. 그의 목표는 '자연 전체를 물리-역학으로 설명하는 것'이었다. 우주에서 작용하는 모든 법칙이 일단 공표되자, 미래의 변화를 차례로 알 수 있게 되었다. 라플라스는 이미 '미래의 어떤 순간에 우주의 상태를 제시할 수 있는 천재'[48]를 상상했다. 그러나 어떤 것도 아무렇게나 일어나지 않았으며, 인간은 절대적인 지식에 도달할 수 없었다.

이러한 측면은 또한 역사와도 관계가 있다. 역사의 법칙이 운명의 자리를 차지했다. 그러나 그것의 엄격성은 후자의 맹목적인 힘에 어떤 면에서도 지지 않았다. 두 개의 개념은 상호 교환적이었다. 볼테르는 운명이란 말을 과학적이고자 하는 의미로 사용했다. "이 세계의 어느 한 부분은 정리되었는데 다른 부분은 전혀 정리되지 않았다는 것이나, 현재 일어나고 있는 일의 일부는 일어나게 되어 있었고 다른 일부는 일어나지 않게 되어 있었다는 것은 우스꽝스러운 것이다. 우리가 좀더 가까이 바라보면, 운명의 독트린과 반대되는 독트린은 터무니없다는 것을 알 수 있게 된다."[49]

모든 것이 '정리되어' 있다면, 인간의 미래는 우주의 미래 못지않게 투명하게 되고 있다는 것이다. 콩도르세는 1793년에 집필하여 1795년에 출간한 《인간 정신의 진보에 관한 역사적 개관》에서 이 점을 책임지고 주장했다. 처음으로 역사 저술이 과거뿐만 아니라 생물학적·정신적 완성을 가져올 인류의 미래를 상기시켰다. 모든 것은 개화된 세계에서 완벽할 (또는 거의 완벽할) 것이다.

반대의 원리가 작용하고 있으며, 우리는 하나의 전복된 종교 앞에 마주하고 있다. 새로운 이미지들 속에서도 오래 된 원형들은 존속했다. 종교를 본떠서 새로운 체계는 세계의 통일성과 정연함, 우주 속에 인간의 통합, 정신적 상승과 인식을 통한 그의 구원, 그리고 또 미래의 해독을 보장하고자 했다. 신탁과 예언도 회의적·합리적인 엘리트의 요구에 맞추어 과학적이 되었다.

신성함은 인간이 어떤 것도 종교로 빛나게 변모시킬 수 있다는 사실을 입증하면서 '다시 복귀되었다.' 과학적 관계의 시대가 가까이 오고 있었다. 프랑스 혁명은 이성의 숭배를 창안해 냈다. 우주역학을 창시한 아버지 아이작 뉴턴은 1803년 생 시몽에 의해 '성인으로 숭앙' 되었다. 실제 《어느 제네바인이 동시대인에게 보내는 편지》에서 생 시몽은 뉴턴의 숭배를 새로운 종교로 설파했다. 누군가 신과 경쟁할 수 있다면, 그는 분명 우주의 조화에 대한 수학적 공식을 발견한 이 학자였다. 신의 섭리는 그 유명한 만유인력의 법칙에 의해 나타났다.

같은 방법을 따라서 우리는 쉽게 계몽주의 시대 모든 혁신들의 원형적 뿌리를 찾을 수 있을 것이다. 이 시대는 궁극적으로 상상력의 세계가 지닌 오래 된 형태들을 구체화하고 세속화했을 뿐이다. 종교적인 종말론의 자리에 우주적이고 지질학적인 전복이 구상되었다. 신화 속의 황금시대와 《성서》의 에덴 동산은 철학자들과 여론의 호의를 누리는 변모를 경험했다. 선량한 미개인이 사는 세속화된 낙원이 된 것이다. 선량한 미개인은 평등주의적이고 행복한 사회가 불행하게도 역사의 전진에 의해 부패했다는 것을 예증하면서, 인류 역사의 초기뿐 아니라 폴리네시아의 아득한 섬들에도 자리잡고 있었다. 세속화된 해석 속에서 원죄는 자연상태의 포기와 소유권의 창안을 의미했다. 이것이 바로 루소가 1755년에 출간한 그 유명한 《인간 불평등 기원론》의 본질이다. 그리하여 잃어버린 낙원은 철학적으로 재구상되는 혜택을 누렸다.

다른 한편, 종교적인 천복년설은 (콩도르세에게서 보듯이) '빛나는 미래'에 대한 과학적 이데올로기로 바뀌었다. 이 빛나는 미래는 원시시대의 사회적·도덕적 우수성과 새로운 과학적·기술공학적 경험을 종합한 것이다. 우리는 여기서 이미 현대 공산주의의 전조를 엿볼 수 있다.

또한 독특한 것(사실은 매우 암시적인 독특한 것)으로 언급해야 할 것은 계몽주의가 생물학적인 환상들을 되찾고 있다는 것이다. 이 환상들은 더구나 잔인하게 쳐부숴진, 이타성의 오래 된 게임에 속하는 것이었다.

18세기의 가장 유명한 천문학자인 윌리엄 허셜이 상상한 파타고니아의 거인들과 야민인들로부터 달의 주민들과 태양의 주민들에 이르기까지, 그 수집물들은 전설적인 민족들의 전통적 진열품들 못지않게 매우 풍부하다. 게다가 이번에 그것들은 과학과 이성으로부터 호의적인 견해를 얻어냈다.[50]

이성의 시대는 또한 그것의 진정한 황금시대인 유토피아의 시대이다. 불과 몇십 년 사이에 유토피아를 꿈꾸는 환상적 작품들의 양은 이 장르의 전역사에서 당시까지 씌어진 것들보다 많았다.[51] 이성-유토피아라는 이러한 접근에서 우연한 것은 전혀 없다. 그것은 고도의 의미를 지니고 있으며, 상당한 불안을 자아낸다. 이성은 이상적 사회를 상상하는 데 큰 즐거움을 느꼈다. 이 사회에서 역사의 거부를 이루는 모든 요소들이 서로 만나도록 약속되어 있었다. 이성은 유럽의 개혁자들에게 하나의 모델을 구성하기에 적절한 유토피아적인 구조와 미덕들을 매우 현실적인 중국에 부여함으로써, 이 중국을 성공적으로 빛나게 변모시키기까지 했다.

따라서 우리는 이렇게 결론을 내릴 수 있다. 이성은 상상력의 세계가 지닌 옛 모습에 대해, 즉 종교적 신앙, 민속적 전통, 신화 그리고 미신에 대해 가차없는 투쟁을 벌였다. 그러나 비워진 자리에 새로운 신화적 구축물들이 세워졌다. 그것들은 전통적인 것들과 매우 다르면서도 상당히 접근되는 것들이다. 결국 이성은 (다른 선택의 여지가 없었기 때문에) 자신의 고유한 법칙들——기하학적·역학적·논리적·유물론적 법칙들——에 따라 인류의 본질적인 모든 환상들을 회복해서 배열하였을 뿐이다. (원형들을 '이론적으로 고찰하고 기하학적으로 표현하는' 유사한 경향이 고대 그리스에서 나타났다. 근대적 경험보다 더 제한되고 약했던 이 경향은 결국 상상력의 세계가 지닌 전통적 충동들에 의해 휩쓸려 버렸다. 이와 관련하여 E. R. 도즈의 뛰어난 저서《그리스인들과 비이성의 세계》, 1951를 참조하기 바란다.)

'진실된 것'과 '거짓된 것' 사이에서: 과학적 탐구와 애매함

이성이 어둠을 사라지게 하고자 했던 것은 특히 과학의 빛 덕분이었다. 방법적이고 이성적인 구축으로서 과학은 여러 세대에 상상력의 세계에 대한 반대 명제 자체, 즉 과학 이전단계의 정신이 드러낸 그릇된 생각들과 대립된 현실 세계의 진리를 나타내게 되었다.

이런 식으로 생각된 근대 과학의 역사는 길게 이어지는 일련의 승전보고서들을 닮아가려고 했다. 그것은 왕도를 따라갔다. 우회와 실수·궁지는 아무 의미가 없는 우연한 사고들에 불과했던 것이다. 사실 과학적 상상력의 세계가 드러내는 가장 분명한 수준——비록 이것이 가장 피상적인 수준이라 할지라도——을 구성하는 것은 분명 규범에 대한 이와 같은 탈선들이다. 이 탈선들을 생략하는 과학사는 모두 강요된 단순화와 현실화를 통해

죄를 짓고 있는 것이다.

에드먼드 핼리(1656-1742)는 혜성들의 주기성에 대한 이론으로 매우 유명하게 되었다. 그는 자신의 이름을 지닌 유명한 혜성이 1758년에 되돌아올 것이라고 예고했다. 실제로 이 혜성은 돌아왔고, 그리하여 뉴턴의 이론, 즉 뉴턴의 제자가 탁월하게 적용했던 그 이론의 타당성을 입증했다. 그러나 핼리는 또한 그에 못지않게 과학적으로 논증된 다른 가정, 즉 우묵한 지구의 가정을 통해서 유명하게 되었다. 자장의 극점 이동과 지구역학의 다른 현상들을 연구하면서, 그는 지구를(러시아 인형들 식으로) 기와처럼 배열되고 빈 공간들에 의해 분리된 여러 개의 구들로 된 구조로 생각했다.[52] 혜성과는 달리 이 이론은 유효하게 인정되지 못했다. (그 이유는 말할 필요도 없다.) 그러나 그것은 첫번째 이론과 마찬가지로 핼리의 것이다. 그것에 대해 침묵함으로써 사람들은 과학 사상의 실제적 변화를 의도적으로 왜곡했다.

핼리의 스승인 아이작 뉴턴(1642-1727)의 경우는 더욱 복잡하다. 그는 종말론에서 연금술(그는 자신의 우주이론을 완성하기 위하여 연금술을 통해 소우주의 구조를 간파하고자 갈망했다)에 이르기까지 전통적 상상력의 세계에 여러 번 열중했다. 뉴턴에게 종교 · 역학, 그리고 연금술은 세계의 이해에 함께 참여하고 있었다.[53] 과학만능주의적인 후손들은 만유인력의 영광스러운 법칙만을 간직함으로써 그가 저지른 이와 같은 '인습적 사유'를 용서했다.

우리와 좀더 가까이 있는 것으로 《물의 기억》(1988, 자크 벵베니스트)과 《차가운 융합》(1988, 마틴 플레이슈먼 및 스탠리 폰즈)——이것들은 고도로 능력 있는 연구자들에 의해서는 긍정되었으나 과학계 전체에 의해서는 거부되었다——은 과학자들의 공상이 무디어져 가고 있는 것이 아니라는 점을 입증함으로써 소문에 활기를 불어넣었다.

여기서 이야기하는 것은 과학적 상상력의 세계에서 가장 두드러지고 가장 쉽게 간파할 수 있으며, 때로는 가장 볼거리를 제공하는 부분만을 다룬 것이다. '잘못된' 이론들은 다음과 같은 보다 일반적인 단언을 정당화시킨다. 그 어떤 이론도 '틀릴' 수 있다. 다시 말해 유효하게 인정되지 않을 수 있다는 것이다. 상상력의 세계는 과학적인 방식 전체에 자신의 표적을 남긴다. 모든 이론은 또한 날짜가 기록되며, 하나의 시기, 하나의 문화적 복합체, 하나의 환경에 속하는 어떤 정신현상·이데올로기·세계관을 증언한다. 뉴턴과 핼리의 최고 목표는 우주의 통일성과 논리정연한 작용을 입증하는 것이었다. 그들은 그들이 지닌 수단을 가지고 원형을 재구축했다. 이 수단들 가운데 어떤 것들은 후대에 의해 과학적인 것으로 고려되었고, 또 어떤 것들은 순전히 상상력에 의한 것으로 거부되었는데, 이것은 다만 후일의 선택을 나타내는 것으로 전혀 원칙적인 가치가 없는 구분이다.

얼마 전부터 일정 부분의 상대주의가 인식론적인 담론에 슬그머니 끼어들었다.[54] 과학은 절대적 진리들의 보관소로도, 상상력의 세계에 대한 절대적인 반명제로도 더 이상 간주되지 않는다.

카를 포퍼에게(《탐구의 논리》, 초판, 1934) 하나의 이론은 가정에 불과하다. 그것은 결코 진리로 확인될 수 없고, 다만 '검증될 수' 있다. 다시 말해 그것은 경쟁관계에 있는 이론들에 이기도록 해줄 수 있는 테스트들을 받을 수 있다. 모든 승리는 일시적이다. 왜냐하면 "아무리 경쟁력이 강한 이론들이라 할지라도 결코 진실한 이론들이 아니고, 다만 아직 거짓이 아닌 이론들일 뿐"이기 때문이다.[55] 내일 새로운 이론이 그것과 교대할 것이다.

토머스 쿤의 논증술(《과학적 혁신들의 구조》, 1962)은 역사적·상대적 정신에 의해 더욱 강하게 특징지어진다. 그의 과학적 혁신이론에 따르면, 논리정연하게 전체현상들을 설명하게 되어 있는 모델들인 패러다임들이 각각의 시대에 대응한다. 일단 표현되고 받아들여지면 패러다임은 결국 경쟁적인 이론들을 소외시킨다. 그것은 차례로 새로운 패러다임에 의해 대체될 때까지 연구를 독선적으로 이끌어 간다. 하나의 이론이 받아들여지기 위해서 그것의 진리 부분은 지배적인 패러다임과의 일치보다 중요성을 덜 나타낸다. 그리하여 18세기와 19세기에 흥미 있고 장래성 있는 가정들은 포기되어야 했다. 왜냐하면 그것들은 뉴턴의 패러다임과 일치하지 않기 때문이다. 실험은 연구를 지도하기는커녕 이론에 의해 종속되고 일정한 방향으로 이끌려 간다. 사람들은 발견해야 하는 것을 발견하게 되는 것이다.

상대주의적 인식론의 극점은 폴 페이러벤드에 의해 도달되었다. 그의 선언서-저서는 제목이 《방법에 반대하여》(1975)이고, '인식에 관한 무정부주의적 이론의 개괄'이란 부제가 붙어 있다. 저자는 비록 서로 모순적이라 할지라도 방법들의 다양성에 찬성을 표명한다. 그에 따르면 "진보를 방해하지 않는 유일한 원칙은 모두가 좋다는 것이다." 그는 지난 세기들의 공인된 과학을 고발한다. 그 속에서 그는 하나의 신화만을, 그리고 더욱 나쁘게 말해서 하나의 진정한 교회만을 볼 뿐이다. 그것은 "종교제도들 가운데 가장 독단적이고, 가장 공격적이며 가장 최근의 제도"[56]라는 것이다.

포퍼(그는 자신이 상대주의자임을 부인한다)로부터 페이러벤드까지, 아마 해석에 관한 하나의 완전한 계층체계가 존재할 것이다. 그러나 언급한 모든 경우에 있어 상상력의 세계는 점수를 얻고 있다. 더구나 우리는 논증을 뒤집어 상상력의 세계가 과학뿐 아니라 현대의 담론 속에도 존재하고 있음을 확인할 수 있다! 역사적인 모든 분석은 관찰자의 입장에 의해 조건지어지기 때문에, 결과적으로 세계에 대한 상대주의적 비전은 학문들에 대해 가해지는 판단에도 침입한다. (이것은 과학적 지식을 신성시했던 19세기의 독단적인 과학만능주의와는 반대된다.) 모든 것이 상대적이라면, 과학에 대한 상대주의적 담론 역시 상대적이다!

다른 한편, 방법의 아름다운 원리들은 연구자들의 실제 작업에서는 대략적으로만 나타난다는 것을 자각해야 한다. 학자들은 방법을 원용하지만 상당히 자주 자신들의 직관(나아가 자신들의 공상)을 신뢰하는 것을 더 좋아한다. 과학적 편견과 이데올로기적 기준은 이상적인 탐구와 실제적인 탐구 사이의 편차를 깊게 할 뿐이다. "심원한 진리는 그것의 반대 역시 심원한 진리라는 것을 전제한다."[57] 대물리학자인 닐스 보어(1885-1962)가 말한 것으로 알려진 이 재치 있는 말은, 과학에서 진리와 객관성의 문제에 대한 큰 논쟁보다 더 많은 것을 말하고 있다.

사회적 상상력의 세계를 비추는 거울로서의 과학

하나의 과학적 이론은 경우에 따라서 하나의 객관적인 진리를 반영한다. 그러나 그것은 확실히 사회문화적 배경도 반영한다. 과학사는 한 사회의 총체적 계획, 그리고 과학적 발견에 연루된 인물들의 개인적인 프로필(지적 수련, 이데올로기적 집착 등)을 고려해야 한다. 절대로 잊어서는 안 되는 것은 이론들이 진리들을 규정하기 전에 사람들의 의식 속에서 무르익는다는 것이다. '과학적 정신의 형성'을 분석하고자 마음먹으면서 가스통 바슐라르가 정확하게 강조했던 것은 연구에 있어서 (과학 외적인) 요소들, 즉 성적 충동은 물론 통일성과 조화, 힘에의 의지, 공리적인 고려 등과 같은 원형적인 큰 원리들이었다. 성적 충동이란 주제에 화학자들이 적절히 배치되었다. "두 개의 서로 다른 물체가 활동하기 시작하는 화학적 반응의 하나는 능동적 자세를 취하고, 다른 하나는 수동적 자세를 취하기로 단호하게 결정함으로써——때로는 극미하게 약화된 방식으로——성화된다." 염기는 여성이고, 산은 남성이다. 그리하여 둘로부터 비롯된 소금은 중성, 나아가 양성이다. 바슐라르는 이렇게 결론을 내린다. "과학적 무의식에 대한 완전한 정신분석을 하려면 성적 충동에 의해 다소 직접적으로 고취된 감정들에 대한 연구를 시도해야 할 것이다."[58]

바슐라르의 정신분석학적인 열정에 공감하지 않을지라도, 인식론 학자들과 역사학자들은 과학적 사유와 탐구에 사회적 상상력의 세계가 투영되는 현상을 더 이상 제외할 수 없다. 그리하여 피에르 튈리에는 《유명한 작은 과학자》(1980)에서 유럽 사회의 가치와 욕망에 방향을 맞춘 유럽 과학——유럽 과학은 오늘날 그냥 과학이 되었다——의 총체적 평가를 제안하였다. 중세 이래로 과학은 '신에 집중된 사회로부터 무역·산업, 그리고 이익 추구에 집중된 사회로의 변화'를 따라가고 있을 뿐이다. 각각의 사회에 근본적인 어떤 과학적 계획이 대응한다. 우리의 과학을 특징짓는 것은 지배하고 개발하며 조종하려는 욕망이다. 이로부터 양화 법칙('효과적인 힘의 작용'을 위한), 역학적 원리(힘의 작용으로, '엔지니어링 공학'으로 방향을 돌린 과학)에 부여된 중요성이 비롯된다. 서양의 프로그램이 확보하려고 애쓰는 것은 지식과 힘의 융합이다.[59]

'포괄적 계획'을 제외하면, 특수한 경우는 모두 신화적인 토대에 대해 연구할 마음을 일으킨다. 그러한 결정은 때때로 매우 미묘하지만 신화적인 계획의 투명성이 완전히 드러나는 상황들이 존재한다. 그리하여 예를 들어, 우리는 근세기의 역사를 그토록 강하게 특징지었던 인종차별주의적이고 엘리트주의적인 생물학과 만나는 것이다.

이타성의 게임은 공통의 정신현상을 특징짓는 원형으로서 18

세기, 그리고 특히 19세기의 인종적 · 사회적 대립에 의해 극화되어 나타났다. 인종적 · 사회적 긴장은 생물학적인 이론들로 승화되었다. 개인들과 공동체들의 육체적 이타성과 도덕적 이타성이 서로 상응한다는 것은 정신의 매우 오래 된 관점이다. 그것은 분명 원형적 자산에 기인한다. 사람들은 그것을 이성적이고 과학적인 해석의 요구에 적응시키기만 하면 되었던 것이다. 최초 종합이 18세기말에 이루어졌다. 당시 요한 카스파 라바터(1741-1801)는 신체적 외양에 입각해 성격과 지능을 '읽어낼 수 있다'고 주장하는 학문인 관상학의 토대를 확립했다. 얼굴의 각은 페트루스 캠퍼에 의해 지적 능력의 확실한 척도(이것은 유럽인을 높은 등급에, 흑인을 유럽인과 원숭이 사이에 위치시키게 만들었다)로서 상상되었는데, 서구 인종차별주의의 과학적 창날인 골상학의 가장 강한 논거가 되었다.[60] 다른 사람들(다른 인종들이나 다른 사회적 범주들)에 직면하여 엘리트들이 드러내는 불안은 체사레 롬브로소(1835-1909)에 의해 표명된 '범죄인론'(《범죄인론》, 1876)의 이론 속에서 놀라운 표현을 발견했다. 이 이탈리아 인류학자는 타락한 최하층을 생물학적 · 사회적 엘리트에 대립시키면서(열등의 표시가 드러나는 결함 있는 백인들은 비유럽인종의 구성원들과 연결되었다) 사실상 서구 사회를 둘로 갈라 놓았다.[61]

행성들에서의 생명의 탐구는 마찬가지로 교훈적인 예를 제공한다. 19세기의 과학적 · 기술적 수단이 사실보다는 오히려 반대를 주장하게 해주었던 것 같다. 확실한 것으로 간주된 방법——스펙트럼 분석(1860년경에 완성됨)——조차도 외계의 생명을 옹호하는 자들의 입장을 강화시키는 데 기여했다. 그것은 일부 행성들에 '지구적인' 타입의 대기와 수증기가 존재함을 '입증했던' 것이다. 점점 더 강력해진 망원경은 때때로 삶, 그것도 훌륭하게 조직화된 삶의 개화를 가능케 하는 어떤 환경이 존재한다는 증거들로서 해석된 이미지들을 포착했다. 이러한 방법론의 최고 성과는 1877년에 스키아파렐리가 화성의 운하들을 발견한 것이었다. 이 운하들을 퍼시벌 로웰(1855-1916)은 자신의 화성이론에 통합시켰는데, 이 화성은 운하를 건설하는 화성인들로 가득 찬 매우 진화된 것이었다. 이와 같은 화성의 모습을 지지하는 천문학자들은 망원경으로 7백 개나 되는 운하들을 확인했다. 그들의 적들은 하나도 보지 못했는데 말이다. 그들은 운하들을 사진까지 찍게 되었다. 그런데 다른 사람들은 사진에서 운하의 어떠한 흔적도 관찰하지 못했다![62]

연구는 이론을 따라갔을 뿐이다. 이에 비해 이론은 세계에 대한 어떠한 이데올로기 및 비전과 일치되었다. 사람들은 그들이 확인하고 싶었던, 확인해야 했던 바를 확인했던 것이다. 원형은 새로운 조건들에 적응하면서 작용했다. 지구가 약간 좁게 되어 있다고 믿었던 고대의 전설적 민족들은 행성에서 피난처를 발견하지 않을 수 없었다. 일원적인 우주의 개념 역시 하나의 원형에 부응하면서 행성들을 '하늘의 수많은 지구들'로 변모시켰다. 서구의 팽창주의, 정복과 지배에의 갈망은 공간에서 지구의 발견과 식민화의 연장을 찾아냈다. 19세기 이데올로기의 두 열쇠로서 진화론과 진보는 공간을 하나의 실험실로, 생물학적 진화의 모든 단계들과 물질·정신·과학·기술공학의 모든 잠재력이 관찰되고 실험될 수 있는 그런 곳으로 간주했다. 행성들에서의 거주 가능성에 반대하는 자들도 각자 이데올로기적으로 동기가 있었다. 그리하여 종교는 자주 다른 인류들에게 방해가 되었던 것이다. 그 이유는 신앙인들은 회의론자들이나 무신앙인들보다 '하늘의 지구들'에 대해 열정을 덜 나타내었기 때문이다. (비록 많은 신학자들이 세계의 다양성을 성서와 일치시키기 위한 노력을 시도했지만 말이다.) 요컨대 이데올로기가 게임을 이끌었던 것이다.

천문학과 같이 분명 지극히 맑은 영역에서조차도 말이다!

19세기의 가장 특징적이고 가장 영향력 있는 과학적 종합은 분명 라마르크(1744-1829), 그리고 《종의 기원》에서 찰스 다윈(1809-1882)이 세운 진화론이었다. 이것은 한 시대의 이미지를 지닌 이론이다. 이 시대에 시간의 가치화(과거로부터 먼 미래까지)와 삶·인간·사회·지식·기술공학의 점진적 진보는 이미 일종의 종교를 나타내고 있었다. 진화론의 이론을 받아들이느냐 아니냐는 역사의 한순간에 그것이 결정화된 현상과는 관계가 없는 선택의 문제이다. 모든 영역에서 진화론적이었던 그 시대는 변화에 대한 생물학적 이론을 생산하지 않을 수 없게 되어 있었고, 실제 그것을 생산했다.

종교로서의 과학

이성-과학-기술공학-진보-미래, 이것이 19세기의 마법적 표현양식이다. 그것은 모든 점에서 전통적 상상력의 세계의 반명제로서, 보다 분명히 말하면 중세와 근대 초기에 지배했던 세계의 신학적 이미지에 대한 반명제로서 나타난다. 우리는 이러한 가치들을 상상력의 세계에 있어서 새로운 체제를 특징짓는 것으로 간주할 수 있다. 물론 새로운 종합인 것이다. 그러나 다른 한편 이와 같은 종합이 동일한 원형들, 다시 말해 상상력의 세계가 지닌 동일한 성향들을 다르게 배열하는 것에 불과함도 마찬가지로 사실이다. 어떠한 것도 결여되어 있지 않다. 실증적 과학의 승리에 의해 박살날 수 있는 가능성이 가장 많은 신성한 것조차도 결여되어 있지 않은 것이다.

이성과 과학은 종교와 신학이 구상했던 목표와 유사한 목표를 추구했다. 양쪽 모두의 경우 우주는 통일 원리의 지배를 받는다. 그것은 의미가 담겨 있다는 것이다. 두 경우 모두 인간의 운명, 즉 인식·조화·절대를 향한 갈망이 관계되어 있다.

절대라는 말은 1834년에 출간된 발자크의 유명한 소설 《절대의 탐구》를 상기시킨다. 이 소설은 '모든 피조물에 공통되고 유일한 힘에 의해서만 변화되는 실체'가 있다는 가정에 사로잡힌 화학자의 이야기이다. 이와 같은 주제의 선택에 이상한 것은 아무것도 없다. 작가는 당시의 과학계에 일반적이었던 사변을 보다 강조하고 있는 것에 불과하다. 절대는 보편적인 최초의 원리, 존재하는 모든 것의 유일한 근원을 표현했다. 그것은 과학적이고 유물론적인 용어로 종교적 절대와 같은 가치였다.[63]

또한 절대는 1893년에 출간된 졸라의 '과학' 소설에 나오는 주인공인 파스칼 박사를 괴롭히며 따라다닌다. 19세기말은 생물학의 시기였다. 최고의 원리는 생명과학 속에 담겨 있을 수밖에 없었다. 다음에서 과학적 지식이 종교처럼 생각되고 있다는 점이 매우 명료하게 드러난다. "결국 파스칼 박사는 하나의 믿음, 즉 생명에 대한 믿음만을 가지고 있었다. 생명은 신적인 것의 유일한 현현이었다. 생명, 그것은 신이고, 위대한 원동력이고, 우주의 영혼이었다. 그리고 생명은 유전, 세상을 만드는 유전 이외에는 다른 도구가 없었다. 그리하여 사람들이 생명을 마음대로 사용할 수 있도록 그것을 인식하고 포착할 수 있었다면, 그들은 자기들 뜻대로 세상을 만들었을 것이다."[64] 신, 그것은 생명이다. 신은 미래에 과학적 지식에 의해 전능해진 인간 자신이 될 것이다.

이 두 소설이 말하고 있는 것은 종교성에 물든 다음 차례로 문학과 정신현상에 배어든 과학에 대한 본질적인 것이다.

언뜻 생각하면 과학은 그 어떤 것보다 종교적 상상력의 세계로부터 더 멀리 떨어져 있다 할 것이다. 그러나 우리는 외관을 넘어서 탐구해야 한다. 예를 들어 종교적인 묵시록(세계의 종말, 최후의 심판)과 진보 이데올로기 사이에는 어떤 관계가 있는가? 모두가 그것들을 분리시키는 것 같다. 한편에서는 이 세계의 가치를 평가절하고 초월적인 실재를 추구하며, 다른 한편에서는 물질적 세계와 이 세계가 지닌 잠재력의 가치를 높게 평가하는 것이다. 모든 것이 그것들을 분리시키고 있지만, 또한 모든 것이 그것들을 결합시키고 있다. 그것들은 구원의 동일한 이데올로기, 구속적인 역사와 불만족스러운 인간 조건에 보내는 유사한 거부, 우월한 본질의 어떤 실재를 향한 완강한 갈망, 이런 것들로 이루어진 대립된 극점들인 것이다.

세계의 종말과 최후 심판의 위치에 자리잡으면서, 진보와 미래는 또한 그것들의 유산도 떠맡았다. 새로운 길 역시 인간의 개화와 모순들의 소멸로 나아가고 있었다. 특히 우리가 확인할 수 있는 것은 천복년설의 이데올로기를 회복하고 있다는 것이다. 천년왕국은 묵시록에 의해 역사가 끝난 다음 최후의 심판이 있기 전으로 그 시기가 잡혀져 있는데, 이상하게도 과학이 약속하는 미래와 닮아 있다. 진보에 의해 변모하는 세계에 대한 이와 같은 새로운 비전은 다름 아닌 세속화된 천복년설을 나타낸다. 역사의 초월을 신의 섭리로 이루려는 해법이 과학적 해법으로 대체되고 있는 것이다. 신성한 것이 과학 속에 다시 부여되고 있다. 과학은 우주의 적절한 작용과 인류의 구원을 책임지는 종교가 되고 있다.

19세기의 과학만능주의는 불가피하게 당시의 분위기를 매우 특징적으로 나타내는 과학적 종교성에 이르렀다. 상상해 낸 종합적 결론들이 나타낸 빈도는 인상적이다. 그것들은 때때로 종교적 신앙이 지닌 일부 전통적 요소들, 예를 들면 육체와 정신 그리고 영혼불멸성의 구분 같은 것을 간직하고 있다. 샤를 푸리에(1772-1837)의 체계는 (팔랑스테르의 조직화를 통한 우주적 수준과 사회적 수준에서) 극도로 논리정연하고 조화로운 세계를 건설하고 있다. 이 세계는 수학적 원리들에 토대를 두고 있는데, 이 원리들은 또한 지구와 행성들에서 정신의 이동과 계속적인 화신을 지배한다.[65] 19세기 중엽부터 강신술은 대단한 유행을 보였다. 그것의 '과학적' 측면은 당시의 가장 저명한 학자들 가운데 많은 이들 ——대물리학자이자 화학자인 윌리엄 크룩스(1832-1919)나 다윈과 더불어 진화론의 공동 창시자인 앨프레드 러셀 월리스(1823-1913) 같은 이들——을 유혹하였다. 영령들의 존재를 매우 엄격하게 결정하기 위해, 그리고 그들과 소통하기 위한 수단들을 확인하기 위해 사용된 과학적 병기들을 추적하는 일은 매혹적이다. 강신술은 또한 세계의 다양성 이론과 연결되어 있었다. 푸리에에 이어 강신술 교리의 창시자 가운데 한 사람인 알랑 카르덱(1804-1869)과, 당시의 천문학자들 가운데 가장 매개를 잘하는 사람이었던 카미유 플라마리옹(1842-1925)은 영령들이 행성 사이를 오간다고 주장했다. 강신술과 세계의 다양성 사이의 이와 같은 융합은, 엄격하게 물질적인 인간 조건보다 더 높은 인간의 운명과 보편적 궁극성에 유리하게 작용하는 과학적이고 동시에 종교적인 논거들을 제공했다.[66]

다른 과학적 종교들은 사회적 인간에 가치를 부여하기 위해 정신적인 분신(혼령)을 포기함으로써 다분히 지상적이고 유물론적인 의미를 띠었다. 예언자로서 생 시몽은 두 개의 다른 종교를 창안하는 수훈을 이룩했다! 뉴턴의 종교가 나온 지 20년 만에 그는 《새로운 그리스도》(1825)라는 저술로 동일한 잘못을 다시 저질렀다. 이 저술은 그 명칭과는 달리 그리스도교로부터 몇몇 도덕적 원리들만을 취했다. 종교에 부여된 사명은 "가장 빈곤한 계층의 운명을 가능한 한 빨리 개선하는 대목표를 향해서 사회를 인도하는 것"[67]이었다. 이것이 가능하게 된 것은 생 시몽의 다른 저서 《실업가들의 교리문답》(1823-1824)이 보여 주고 있듯이 산업의 작용 덕분이다. 기술공학적인 사회 계획을 규정하기 위해 도입된 종교적 술어에 주목하자. 이 점은 유물론적인 껍질 아래 신성한 것이 집요하게 존속하고 있음을 자세히 이야기하는 것이다.

몇십 년이 지난 후 실증주의 철학, 다시 말해 오직 과학 지식 위에 세워진 철학의 창시자인 오귀스트 콩트(1798-1857)는 차례로 '실증적' 과학을 종교로부터 분리시키는(그리고 다시 연결시키는) 거리(그런데 이 거리는 그렇게 대단한 것이 아니었다)를 극복하기로 결심했다. 그는 1852년에 《실증주의 교리문답》을, 그리고 1851년에서 1854년까지 《인류 종교를 설립하는 실증적 정치제도, 또는 사회학론》을 출간하였다. 그가 내세운 종교는 신이 없는 종교로서, 그것의 기둥은 사랑·질서와 진보 또는 감정·이성과 활동(이것들을 실천하는 성인들은 역사의 '위인들'이 되었다)이었다.

일단 과학이 종교를 대체했으므로 신을 인류로 대체하는 것은 그 어떤 것보다 논리적이었다. 이 인류는 성숙의 단계에 다다랐고 자신의 힘과 이성·과학·기술공학을 통해서 미래, 우주에 대한 지배력, 그리고 끝없는 정신적·사회적 완벽함을 확보할 수 있는 그런 인류이다.

에르네스트 르낭(1823-1892)의 말에 따르면, '인류를 과학적으로 조직하여야' 했다.[68] 과학의 힘을 통해서 자연·사회 그리고 인간까지도 변모시켜야 했다. 목적은 새로운 세계와 새로운 인간이었다. 여기서 우리는 이성과 과학이 종교적인 천복년설과 마찬가지로 동일한 목적에 이르고 있음을 보게 되는 것이다!

미래의 창조는 역사에 대한 지배를 통과했다. 역사는, 오귀스트 콩트의 말을 인용하자면 '곧 신성한 학문이 되려고' 했다.[69] (종교적인 신성한 어휘가 집요하게 사용되고 있음을 다시 한 번 주목하자.) 역사는 강요될 수 있었고, 사람들은 또한 역사의 법칙에 복종해야만 했다. 이것은 어떠한 모순도 전제하지 않은 대안이었다. 왜냐하면 자신들의 계획에 일치하는 법칙들을 창안하는 것은 미래에 대한 이론가들의 몫이었기 때문이다! 따라서 그들은 역사의 메커니즘을 분해하려고 애썼다. 어떤 사람들은 열쇠를, 사실은 여러 개의 다른 열쇠를 발견했다. 수립된 이론들은, 비록 모순적이라 할지라도 그것들을 좋아하는 단순 지향적이고 결정론적인 논리 덕분에 어떤 육친 같은 모습으로 두드러진다. 자연환경이나 인종 또는 경제적 힘은 주요한 결정적 요소들이 되었다. 이 요소들의 목록을 작성한다는 것은 무익한 일일 것이다. 다만 과학주의적 주장과 지나친 결정론에 대한 훌륭한 예증인, 이폴리트 텐(1828-1893)의 《예술철학》에서 발췌한 몇 줄을 인용해 보자. 그에 따르면 플랑드르 문명은 이렇게 설명되고 역사는 과학, 정확한 과학, 완벽한 과학이 되었다. "이 지방에서 물은 풀을 만들고, 풀은 가축을 만들며, 가축은 치즈·버터·고기를 만들고, 이것들은 모두 맥주와 함께 주민을 만든다. 과연 이처럼 기름진 삶과, 습기가 밴 체질로부터 당신은 플랑드르의 기질이 태어나는 것을 보는 것이다."[70]

역사과정을 다루는 유사한 방법이 카를 마르크스(1818-1883)의 '과학적 공산주의'의 근원에도 자리하고 있다. 마르크스는 텐이 내세운 풀과 물보다는 공장과 상업을 선호했다. 마르크시즘은 18세기와 19세기에 일어난 대전복을 가장 잘 구상하여 나타낸 최후의 표현이다. 전통적인 종교적 종합과 관련하여 그것은 분명 반대편에 서 있다. 다른 거대 종합들은 종교로부터 이탈되었다 할지라도 여전히 '이상주의적으로' 남아 있었다. 그것들은 신의 자리에 보편적 사상이나, 간단히 말해 인간 정신을 내세웠다. 콩트에게 게임을 이끄는 것은 과학, 다시 말해 정신이 고심하여 개발한 것이었다. 마르크스의 관점에서 보면 지배하는 것은 물질적 조건이었다. 그것은 실제 반종교였다. 그러나 반신화가 신화에 불과하다면, 반종교도 단순히 종교인 것이다. 모든 종교처럼 마르크시즘도 인류의 구원과 인간(부정한 사회에서 '소외된' 인간)의 해방을 추구한다. 게다가 헤겔의 (관념론적) 변증법을 뒤집은 것에 불과한 마르크스의 과학적 변증법은 다른 한편으로 성 아우구스티누스의 변증법과 상당히 많이 닮아 있다. 신의 왕국과 인간의 왕국을 대립시키면서 아우구스티누스가 예시한, 반대되는 것들의 투쟁은 마르크스에게서 매우 분극화된 사회 내부의 계급투쟁이 되고 있다. 두 경우 모두 하나의 원형이 사용되고 있다. 신의 왕국의 승리는 마르크스에게 프롤레타리아의 승리에 해당한다. 양쪽 모두 역사는 최초의 통일성과 조화를 복원시킴으로써 종말에 다다른다. 공산주의가 약속하는 빛나는 미래는 미래에 대한 그 어떤 해법보다 천복년설의 세속화된 복사임을 잘 나타내고 있다. 인류의 전진은 더 이상 신에게 달려 있지 않고 역사의 과학적 법칙, 다시 말해 순전히 유물론적인 증가 법칙에 달려 있다. 그러나 이 법칙은(마르크스와 법을 만드는 모든 철학자에게 나타나는) 가장한 것에 불과하다. 그것은 물론 상상력의 세계와 닮아 있다. 그리하여 중요한 것은 그것의 환상적인 실재가 아니라 욕망이 된 궁극 목적이다.[71] 신에 의해 정당화되었든 역사에 의해 정당화되었든 천복년설은 여전히 천복년설로 남아 있다. 세계를 정화시키고, 모순을 가라앉히고, 인간을 변모시키는 것, 이것들은 '마르크스주의 과학'이 추종자들에게 주입한 종교적 가치들이다. 공산주의 사상과 이 사상의 생명력이 끼친 영향은——체제의 물질적 실패에도 불구하고——그것들이 큰 원형들, 인류가 오래 전부터 안에 품고 있었던 큰 희망들에 일치함으로써 쉽게 설명된다.

그리하여 과학은 그 극점에서 종교와 합류하고 주기는 닫힌다.

1900년대의 위기와 새로운 패러다임들

19세기의 과학적 체계는 외관상 매우 안정되고, 세계의 '실제적' 구조와 완전히 일치했지만 1900년경에는 흩어져 날아갔다. 새로운 패러다임들이 몇 년 사이를 두고 발표되었다. 1895년에 빌헬름 콘라트 뢴트겐(1845-1923)은 X선을 발견했다. 막스 플랑크(1857-1947)는 1900년에 양자론을 창안하였다. 알베르트 아인슈타인(1879-1955)은 1905년에 상대성 원리를 발표했다. 같은 시기에 지그문트 프로이트(1856-1939)는 정신분석학의 토대를 세웠다. 이런 것들은 색다른 정신에 의해서 활기를 띤 발견과 이론들이다. 19세기의 유물론과 결정론은 세계와 인간에 대한 보다 미묘하고 보다 뉘앙스가 있는 이미지에 의해 빛을 잃었다. 우주는 보다 복잡하고 희미해졌다. 공간과 시간·물질은 더 이상 엄격한 범주들이 아니게 되었다. 양자이론과 정신분석학은 비물질적인 힘들을 움직이게 했다. 아인슈타인의 상대성은 모든 장벽을 부숴 버렸다.

학자들에 의해 이루어진 세계의 이와 같은 파괴-재구축이, 예술가들과 작가들이 전통적 형태들에 반대해 벌인 유사한 활동에 시간적으로 대응한다는 점은 매우 의미 있는 것이다. 탐구는 독립적이지도 근거 없는 것도 아니었다. 1900년대의 위기, 그리고 서구 문명이 당시에 취한 대전환은 과학·문학 그리고 예술에서 동일한 강도로 나타났다. 자기 시대에 그토록 만족해했던 20세기 초엽의 확신들은 시대 정신과 더 이상 일치하지 않았다. 서구의 부르주아지는 단 하나의 모델, 즉 자신의 모델을 중심으로 세계를 통일시키려고 갈망했다. 그러나 이 모델은 붕괴하고 있었고, 그것과 더불어 동시에 19세기 사실주의 예술, 그리고 안심을 주었던 견고한 세계의 과학적 패러다임들도 붕괴하고 있었다.[72] 새로운 패러다임들은 '상대론적' 감성에(아인슈타인의 이론은 이를테면 한 정신상태의 과학적 표현이므로), 그리고 보다 열려지고 보다 다양화된 사회에 대응했다. 예술혁명과 마찬가지로 과학혁명도 20세기의 대전복을 예시했고, 사실상 새로운 문명체계의 탐구를 예고했던 것이다.

전체주의의 압력

이러한 전후 사정 속에서 전체주의 제도들과 이것들이 과학과 맺는 관계는 특별한 문제를 제기한다. 19세기의 과학적 토대를 문제삼는 것은 가치의 상대성, 지적 논쟁의 자유에 보다 개방적으로 열려진 정신의 확립과 부합한다. 새로운 패러다임들이 지닌 미덕들을 이상화하지 않고(왜냐하면 각각의 패러다임은 일단 자리를 잡으면 압제적으로 나타나기 시작하기 때문이다), 우리는 새로운 과학적 경향들을 자유주의와 민주주의의 진보에 연결시킬 수 있다. 반대는 더욱 분명하다. 전체주의의 이데올로기들, 주로 나치즘과 공산주의는 세기초의 과학적 혁신에 전혀 공감을 표시하지 않았던 것이다. 19세기의 패러다임들이 그들에게는 훨씬 더 알맞은 것 같았다. 더 견고하고, 더 단순하며, 더 안심시키고, 어떤 종교적인 유형과 더 가까우며, 전체주의 체제를 유지시키는 데 그만큼 더 적절한 것 같았다. 언급된 나치즘과 공산주의의 두 경우에서, 사실은 하나의 유산이 관계되어 있었다. 한편으로 조제프 아르튀르 고비노(1816-1882)가 표명하고 그의 제자들이 '세련되게 다듬은' 역사에 대한 인종차별적인 해석과, 다른 한편으로 마르크스에 기인하는 유물론적 해석이 있지만 동일한 유산을 물려

받은 것이다. 20세기의 지적 풍토 속에서 전체주의는 시간이 다한 하나의 과학적 단계를 나타냈다. 차별을 드러내는 것은 과학에 대한 이데올로기적 압력(이 압력은 비록 덜 과격하지만, 열린 사회들에서도 나타난다)이라기보다는 자기 시대의 과학적 경향을 무시하려는 의지이다. 이 의지는 역사에 대한 집단적 거부로서, 과학뿐만 아니라 전체주의 이데올로기들과 연결된 영역들 전체에 파급되어 있었다.

　나치의 과학[73]과 관련하여 가장 특징적인 측면은 공식 이데올로기와 밀접하게 연결된 '인종학적' 연구에 대한 강박관념이었다. 인류학적 동향들, 게다가 상당히 다양한 인류학적 흐름들이 인종들 또는 일정 지역의 국민들이 지닌 생물학적·문화적 특징들을 규정할 생각을 하고 있었다. 우생학적인 방법들이 인종을 완벽하게 만들기 위해 (또는 정화시키기 위해) 원용되었다.

　인종의 원칙은 유태인 학자들의 기여를 받아들이는 것을 거부함으로써 다른 모든 학문에 간접적으로 —— 그러나 논리적으로 —— 적용되었다. 유태인 학자들은 변질된 것으로 간주된 인종을 대변하고, 게르만 인종과 이 인종의 미덕들에 대한 반명제를 대변하는 자들이었다. 그런데 '유태인들의' 기여는 특히 1900년대의 새로운 패러다임들을 표명하는 데 있어서 그 수도 많았으며, 중요성 또한 컸다. 그것은 과학의 기존 지식을 거부하기 위한 추가적인 논거였다. 노벨상을 수상했고, 히틀러의 초기 지배시 지지자였던 두 독일인 필리프 레나르트(1862-1947)와 요하네스 슈타르크(1874-1957)가 현대 물리학에 대항해 ——무엇보다도 양자역학과 상대성에 대항해—— 벌인 공격은, 현대성의 거부가 인종적 편견(그리고 또한 개인적인 욕구불만)에 연결된 투쟁의 의미를 가장 잘 나타내는 예를 제공한다. 그러나 이에 못지않게 의미 있는 것은 결국 레나르트와 슈타르크가 이 싸움에 졌다는 것이다. 나치

체제는 과학자들의 거의 전반적인 의견에, 그리고 특히 경제적·군사적 요구에(원자폭탄 또한 현대 물리학을 거쳤다) 굴복함으로써 현대 물리학을 받아들이게 되었다. 그리하여 사람들은 다만 아인슈타인의 공헌을 거론하는 것만을 없애 버리고 상대성이 통용되도록 허락했다.

공산주의 교리는 나치의 압력보다 더 중대한 영향을 과학에 끼쳤다. 일부 요소들, 무엇보다도 강력한 과학적 전통과 대학 사회의 사회적 권위는 독일 과학에 대한 나치즘의 지배에 제동을 걸었다. (이러한 현상은 러시아와 다른 공산주의 국가들에서는 거의 일어나지 않았다.) 나치들이 자신들의 작업을 완수하기에는 시간 또한 모자랐다. 이 점이 설명하는 것은 '인종학,' 그리고 '물리학'과 같은 가장 열기에 찬 분야들에서조차 ——비록 이데올로기에 의해 눈에 띄게 영향을 받았지만—— 실제적인 과학 논쟁이 지속되고 있었다는 것이다. 그러나 가장 본질적인 모티프는 두 전체주의 이데올로기가 지닌 심층적 구조로부터 나온다. 히틀러는 과학과 학자들을 멸시했다. 그의 독트린에는 과학적 성격의 어떠한 야망도 없었다. 그것은 행동의 독트린이었다. 반대로 비합리주의적인 경향들이 일차적인 인종차별주의와 북유럽의 신화, 밀교 또는 위장 과학적 이론들(얼음 우주나 우묵한 지구이론과 같은)을 규합시킨 집성체를 형성하면서 나치 모임들에서 강력하게 나타났다.[74] 그리하여 과학은 냉혹한 순수 나치들에 의해 거의 존중을 '받을 수'가 없었다.

반면에 공산주의는 하나의 과학적 이론, 다시 말해 과학에 토대를 둔 완벽한 철학제도였다. 그것은 세계에 대한 포괄적 해석과 동시에 세계를 변모시키려는 방법론을 제안하는 철학이었다.

공산주의 과학의 핵심은 역사에 대한 개념이었다.[75] 역사는 단순하고 효율적인 메커니즘(이것이 경제 요소들과 계급투쟁을 결정하는 역할이다) 덕분에, 하나의 사회 조직에서 다른 하나의 사회 조직으로 이동해 가면서 종착역과 더불어 공산주의 사회를 싣고 왔다. 과거는 사회 갈등들과 혁명들에 의해 구획된 단 하나의 변화 노선에 종속되도록 완벽하게 수정되었다. 그러나 보편적이고 국제적인 이러한 비전은 '국가공산주의'의 부상에 기인한 다른 도식과 중복되었다. 이론적으로 화해할 수 없는 두 관점은 공산주의 과학과 이데올로기에 실질적으로 그 어떤 것이나 옹호해 주는 변증법——모순의 학문이자 방법——을 통해서 화해되었다. 그리하여 최초의 마르크스주의 담론으로부터 비롯되는 변형에 국가적 가치를 고무시키는 변형이 추가되었다. 스탈린 시대에 과학과 기술의 역사는 사실상 러시아의 역사가 되었다. 비록 자본주의 이전 단계의 사회 내에서 현대 기술이 탄생한 것을 순수한 마르크스주의 교리로 설명하는 데 어려움이 있었지만 말이다. 그리하여 '역사과학'은 공산주의의 세계적인 승리와 동시에 러시아의 패권(그리고 다른 국제적인 목표들)을 정당화시키도록 촉구되었다.

프롤레타리아의, 아니면 프롤레타리아가 되고자 하는 이데올로기로서의 공산주의는 지적 노동이 육체노동에, 이론이 실천에, 그리고 근본적 연구가 응용과학에 종속되는 현상을 통해 주목되었다. 노동(기본적 의미에서)은 마르크스주의와 후기 마르크스주의의 '과학적' 해석 속에 강박관념 같은 존재였다. 마르크스는 자본주의의 착취 메커니즘과 이 시스템의 피할 수 없는 추락을 가치와 잉여가치에 대한 유명한 이론을 통해 설명하였는데, 이 이론은 모든 가치를 프롤레타리아의 물질화된 노동으로 귀결시켰다. 엥겔스는 더욱 미묘한 문제, 즉 인간의 기원이란 문제를 해결하기 위해 노동을 기준으로 삼았다. 원숭이가 조금씩 인간 존재로 변모했던 것은 일을 하면서라는 것이다! 육체노동에 대한 강박관념은 공산주의를 최후까지 특징적으로 나타냈고, 연구가 봉쇄되고 지적인 진정한 경쟁심의 부재에 크게 협력했다.

19세기 최상의(아니면 최악의) 정신 속에서 공산주의 학문은 결정론적이고 동시에 주의설적이었다. (이러한 양면성은 변증법 덕분에 가라앉은 모순이다.) 그것의 최고 목표 세계를 변모시키는 것이었기 때문이다. 모든 학문들이 새로운 사회와 새로운 인간(이 인간은 언제나 노동을 통해 원숭이와 분리되었던 그의 조상을 본떠, 우선 노동을 통해 형성된 인간이다)의 형성에 기여하여야 했다. 변이설은 경제 및 사회과학과 자연과학에서 동일한 강도로 나타났다. 공산주의 정치경제는 자본주의 제도의 파산과 역사에서 전례가 없는 경제제도의 미덕들을 동시에 입증하고자 했다. 그것은 경쟁과 시장 법칙을 무시하는 완전히 국가가 관리하는 경제였다. 다른 한편 원예학자 미추린(1855-1935)과 아마추어 농학자 리센코(1898-1976)가 공식적으로 나타낸 스탈린의 생물학은, 라마르크의 간편주의적인 변이설로 되돌아가기 위해 그레고어 멘델(1822-1884)과 토머스 모건(1866-1945)에 의해 발표된 새로운 패러다임들과 완강하게 대립했다. 1백 년 정도 의도적으로 뒤지면서 소련의 생물학자들은 라마르크처럼 후천적 성격의 유전성에 기대를 걸었다. 이것은 우선 식물 종들의 진화 다음으로 동물 종들의 진화, 그리고 물론 장래에 인류의 진화를 강요하기 위한 것이었다. 1930년대초에 정착된 리센코의 학설은 소련과 소련의 위성국가들에서 1960년대 중엽까지 유지되었다. 결과는 과학적·경제적 대실패였다. 기본 연구와 농업에서 누적된 지체는 끝까지 제도를 따라다녔다.[76)]

나치들에게서 나타났던 것처럼 경제적·사회적·생물학적 허구에 당시의 정치로부터 외관상 더 분리된 영역들에서 보여진 미숙이 덧붙여졌다. 상대성 이론은 오랫동안 어떤 불신을 가지고 고찰되었다. 방해가 되었던 것은 유태인 아인슈타인이 아니라 20세기 공산주의 과학에 의해 영속화되고, 19세기의 간단하고 안심시키는 정신상태와 어울리지 않은 다른 정신상태를 지닌 인간이었다. 사이버네틱스——이것은 노버트 위너(1894-1964)에 기인한 부르주아적이고 특히 미국적인 서구의 창조물이다——또한 증오의 대상이 되지 않을 수 없었다. 그것은 인간을 기계에 의해 소외시키고, 여전히 기계를 통해 마르크스와 레닌이 결정적으로 표명한 것들과는 다른 사회적·경제적 법칙들과 해결책들을 모색하고 있다고 비난받았다.

스탈린 사후, 특히 1960년대부터 공산주의 과학에서 해빙이 느껴졌다. 리센코는 거부되었고, 아인슈타인과 사이버네틱스조차도 무조건적으로 받아들여졌다. 경제 및 사회과학은 약간의 수정을 조건으로 보다 잘 저항했다. 새로운 시대를 예고했던 역사, 또는 새로운 인간을 준비했던 교육학과 심리학, 혹은 새로운 경제의 효율성을 보장했던 정치경제학을 어떻게 포기한단 말인가? 그러나 많은 단념과 타협을 한 후, 포괄적 공산주의 과학——이 과학은 모든 면에서 부르주아 과학과 대립되었다——의 계획은 부서져 날아갔다. 보다 나은 세계를 예고하는 새로운 과학의 창조는 공산주의를 역사 무대에서 멀리 내던져 버렸다. 이 과학의 붕괴는 이미——체제의 외관상 견고함에도 불구하고——공산주의의 피할 수 없는 추락을 미리 나타냈던 것이다.

대중화와 과학적 허구

객관성을 내세우는 항의에도 불구하고, 이데올로기의 영향을 받기가 매우 쉬운 현대 과학은 차례로 인간의 사상과 꿈에 영향을 미치고 있다. 견고한 자신의 영역을 넘어서 그것이 확산되는 현상은 우리 시대의 상상력의 세계를 심층적으로 특징짓고 있다.

어디에나 과학을 확산시키는 일은 우선 계몽주의 시대에 시작된 과학의 통속화를 통해서 시행되었다. 이런 종류의 원형은 1686년에 출간되어 수없이 재판된 퐁트넬(1657-1757)의 책 《세계의 복수성에 관한 문답》이었는데, 1850년부터 지적 풍토 속에 견고하게 자리잡았다. 19세기 후반은 통속화의 황금기였다.[77] 이 황금기는 과학 · 기술 및 산업의 급격한 발전, 최고조로 비약하고 있는 진보에 대한 신화, 그리고 교육과 지식에 보다 많은 사람들이 접근할 수 있는 개방성 등의 혜택을 동시에 누렸다. 책과 전문잡지 · 강연 · 전시회 등의 모든 것들이 이미 전례 없이 과학의 개방에 협력하고 있었다. 열광은 1900년이 약간 지난 이후 지난 세기의 고유한 과학적 '종교성'의 퇴락, 그리고 진보 사상의 다소간 후퇴와 더불어 움츠러들었다. 그러나 그것은 다분히 성장의 위기였다. 왜냐하면 통속화는 점점 더 다양화되고 정교해지는 연구와 대중 사이를 연결시키는 데 목적이 있는 필수적인 도정을 계속하고 있었기 때문이다.

물론 통속화는 통속화를 낳는다. 어떤 책들과 기록 필름들은 이해가 가능한 언어로, 그러나 본질은 빼지 않고 연구 결과들을 요약하는 데 그치고 있다. 사실 아무리 좋은 의도를 가지고 있다 할지라도, 단순화는 모두 그 자체에 왜곡의 싹을 지니고 있다. 문학적 또는 극적 효과의 연구, 비유 그리고 일화는 '순수' 학문과 이 학문이 부여받는 이미지 사이의 간격을 파놓을 뿐이다. 통속화시키는 사람은 대중을 유혹하려고 애쓰기 때문에 센세이션을 일으키는 것에, 책임 있는 학자라면 감히 표명하지 못할 추측에 때때로 굴복하지 않기가 어렵다. 이 점에 대해 장황하게 늘어놓을 것 없이, 통속화는 과학 논쟁에서 상상력의 세계를 한 단계

더 추가한다는 결론을 내리자.

이와 같은 착상을 구체화시키기 위해 우리가 이미 언급했던 주제인 외계를 다시 다루도록 해보자. 철학자들과 과학자들은——고대 이래로 특히 17세기와 18세기부터——외계의 존재 가능성을 긍정했다. 순수과학은 더 이상(적어도 원칙적으로) 멀리 나아갈 수 없었다. 생명체가 살고 있는 다른 세계들이 존재한다는 준확신을 실어나르기 위해 이 주제를 가로챈 것은 과학의 통속화였다. 퐁트넬의 유산은 19세기 후반에 광범위하게 증가되었다. 이때는 카미유 플라마리옹이 《하늘의 지구들》(1877)과 《대중천문학》(1881)을 출간했고, 퍼시벌 로웰이 화성인들에 대한 이야기들로 대중을 사로잡았던(그리하여 그는 자신의 동료들 대부분을 분개하게 만들었다) 시기였다. 통속화가 없었다면 외계는 그와 같은 비상을 할 수 없었을 것이다. 실제 '통속화를 시도하지 않는' 천문학자들은 이 주제에 접근하는 경우가 매우 드물었다.

통속화의 출현은 과학적 허구에 대한 강력한 요구를 동반했다. 새로운 문학 장르인 과학소설(20세기 SF소설의 원조)이 그 도정을 시작했던 것이다. 통속화와 허구는 동일한 토양에서 성장했고, 그것들의 관계는 매우 밀접하다. 새로운 문학 형태의 아버지인 쥘 베른(1828-1905)은 당연히 일련의 과학적·기술적 가정들을 통속화하고 '드라마화'하려는 의도를 나타냈다. 그는 지질학과 고생물학(《지저 탐험》, 1864), 천문학과 공간 여행(《달세계 여행》, 1865; 《달 주변에》, 1869; 《엑토르 세르바닥》, 1877), 전기·해상생물학 그리고 해저 여행(《해저 2만리》, 1869) 등을 유익하게 이용했다. 과학소설을 창시한 두번째 아버지인 허버트 조지 웰스(1866-1944)는 이미 인정된 가능성의 한계를 초월하기 위해 과학적 논지의 알리바이를 확보했다. (《타임 머신》, 1895 또는 《투명인간》, 1897에서 보듯이 말이다.)

세계의 다양성으로 되돌아가 보자. '하늘의 지구들'이 지닌 물리적 조건들로부터 플라마리옹과 로웰은 그 속에 사는 생명체들의 존재를 '입증했다.' 이 작가들은 보다 더 멀리 나아갔던 것이다. 이 점에 관해 이형적인 경우를 나타내는 쥘 베른은 제외된다. 그는 행성들에 사는 생명체들에 대해 아무것도 알려고 하지 않았던 것이다. 그러나 그의 경쟁자들(《한 러시아 과학자의 특이한 모험》, 1889-1896이라는 천문학적인 사가(영웅담의 일종)를 쓴 조르주 르 포르 및 앙리 드 그라피니 같은 경쟁자들)은 현혹적인 '밀도'와 '다양성'을 지닌, 행성들에 사는 인류들을 상상하면서 포기하지 않았다. 다른 한편 쥘 베른은 자신의 '포탄'을 가지고 현대적 우주 여행을 창안했는데, 이 여행은 행성들에 포탄을 명중시켜 가능한 경우, 그 속에 사는 생명체들과 접촉하는 수단으로 사용하는 것이었다. 웰스에 대해 말하자면, 그는 화성인들과 달에 사는 주민들을 세밀하게 묘사했고(《우주전쟁》, 1897-1898 ; 《달의 최초 인간들》, 1901), 인간들과 화성인들 사이에 최초의 대우주적 대결을 펼쳐냈다.

통속화가 '하늘의 지구들'과 이 속에 사는 주민들의 존재를 확실한 것으로 받아들이면서 순수과학과 관련하여 결정적 일보를 건너뛰었다면, SF도(그리고 이 경우 '천문학적 소설도') 그에 못지않은 결정적인 두번째 일보를 내디뎠다. 그것은 행성들에 사는 인류들을 '구체화'시켰고, 그들에게 얼굴과 행동을 '부여'했으며, 그들이 지상의 인류와 접촉하도록 만들었던 것이다.

초과학

우리 시대 과학적 상상력의 세계가 지닌 또 다른 긍정적인 영역은 초과학에 의해 형성된다. 초과학은 '이미 인정된' 과학을 때때로 앞지르면서(그리고 여론의 입장에서 보면 경쟁하면서), 지난 몇십 년의 도정을 토대로 다양화되고 견고하게 되었다. 그리하여 고고학, 특히 선사시대 고고학은 초고고학, 아니 좀더 정확히 말해서 고우주비행학의 경쟁 대상이 되고 있다. 고우주비행학은 잊혀진 세계들(아틀란티스, 무 그리고 여타 문명들)을 발견하려는 야심을 가지고 있으며, 인간의 탄생과 진화에 있어서 외계의 역할을 강조한다.[78] 동물학은 비밀동물학(이것은 우선 벨기에 동물학자 베르나르 외벨망에 의해 격상되었다)의 경쟁 대상이다. 비밀동물학은 오대륙과 심해에 분포된 미지의 동물종을 확인하고자 한다.[79] 목록은 매우 광범위하다. 네스 호(湖)의 괴물 및 바다뱀에서부터 원숭이와 현재의 인간 사이의 과도기를 확실하게 하는 사람과(科)(티베트의 예티〔雪人〕와 캘리포니아의 빅풋과 같은)에 이르기까지, 그리고 아프리카의 늪지 어딘가에 여전히 살아 있어 추적되고 있는 공룡들을 빼놓지 않고 말이다. 또한 점성학이 힘 있게 되돌아오고 있음을 언급하자. 점성학은 노스트라다무스의 시대에 영광을 누린 후, 18세기와 19세기의 승리에 찬 합리주의가 야기한 쇠퇴를 경험했던 학문이다. 오늘날 그것은 과학 또는 초과학의 시대에 자리한다.

그러나 가장 전형적이고 동시에 가장 복잡한 경우는 초심리학에 의해 나타난다.[80] 이것은 과학적이고자 하는 방법론을 통해서 전통적으로 초자연의 세계에 속하는 것으로 간주된 초정상적인 현상들을 확인하고 설명하려고 한다. 한편으로 공간 속에서 나타나거나(텔레파시) 시간 속에서 나타나는(과거와 미래의 사건들이 보이는 것) 초감각적인 지각을 말하며, 다른 한편으로 사물들을 '심령을 통해 움직이게 하는' 작용을 말한다. 두 경우 인간의 심리현상에, 이른바 프시 기능이라는 특이한 미지의 '에너지' 형태가 개입한다고 추정하는 것이다.

과학을 대변하는 많은 사람들의 반대에도 불구하고, 초심리학은 현대의 문화적 풍토에 뿌리내리는 데 성공했다. 그것은 —— 과학적인 새로운 요구들을 고려하면서 —— 정신 속에 깊숙이 뿌리박힌 몇몇 원형적 경향들(시간적 · 공간적 구속의 소멸, 물질의 무거움으로부터의 해방, 인간에 초점이 맞추어지고 과학적으로 수긍할 수 있는 경이로운 세계의 현존 등)을 되찾아서 다시 표명했다.

마찬가지로 특징적인 변화는 의학의 폭발이다. 공식적인 의학, 그리고 일반적으로 부드러운 의술(유사요법 · 침술 · 식물치료법 · 바이오 에너지 · 요가 등)이라는 이름으로 알려진 대조적인 이론 및 시술들 사이에 점점 더 분명한 단절이 드러나고 있다. 부드러운 의술이 미치는 점증적 매력은 우리 시대를 특징짓는 하나의 문명현상을 구성한다.

문제는 현대 인식론이 초과학들을 거부하기 위한 무장이 제대로 되어 있지 않은 것 같다는 점이다. 논의의 여지없는 과학적 진리들은 더 이상 없고, 다만 패러다임의 다양성만 있게 된 때부터 어떻게 설득력 있게 과학과 초과학 사이의 경계가 그어질 수 있는지 알기 어렵게 된다. 구상된 모든 방법들은 균열을 나타내고 있다. 그리하여 카를 포퍼가 값지게 생각한 '반박될 수 있는 가능성'(또는 날조 가능성) —— 이에 따르면 하나의 가정은 입증될 수 없고 오직 반박의 과정에 따를 뿐이라는 것이다—— 은 저자 자신이 받아들인 사실, 즉 '하나의 이론은 결론이 내려지듯이 결코 반박될 수 없다'는 사실에 부딪힌다! '검증 가능성' 또한 확신을 제공할 수 없다. 어떻게 역사가들이나 정신분석학자들이 제안한 재구성에 대해 말하지 않고, 원자론자들과 천체물리학자들의 주장을 모든 점에서 검증할 수 있겠는가! 예를 들어 정신분석학은 일반적으로 인정된 학문이지만, 그렇다고 이러한 사실

이 그것으로 하여금 검증 가능성의 요구와 반박 가능성의 요구에 시원찮게 저항하는 것을 막아 주지 못한다. 어떤 인식론자들은 그것에 초심리학에 부여된 것보다 신뢰를 덜 부여한다.[81]

과학철학을 촉진시킨 후 더 이상 부정할 수 없는 상대주의의 혜택을 누리면서 초과학은 또한 여론에서 상당히 호의적인 주시를 받고 있다. 《르 몽드》지(1994년 5월 12일자)가 프랑스인들의 믿음에 대해 실시한 대단위 조사에 따르면, 이들 가운데 71%가 사상의 유전을 믿으며(어쨌든 이 수치는 신을 믿는 사람들보다 많은 수치이다), 60%가 점성학을, 46%가 투시력을, 41%가 마술에 걸릴 수 있다는 것을, 39%가 외계를, 31%가 호구리(물론 이것은 다소 강한 믿음이다. 우리는 설문에 '그렇다, 완전히 믿는다'와 '그렇다, 조금 믿는다'를 덧붙였다)를 믿고 있다.[82]

1980년대초 이후 득세하고 있는 운동은 뉴 에이지인데, 이는 유물론적이고 합리적인 개념들로 이루어진 조그만 범위에서 벗어나려는 동일한 욕망에 의해 결집된 다양한 이론과 실천을 묶어 놓은 것이다. 뉴 에이지는 공인된 과학이 거부하거나 소외시키는 모든 것, 즉 프시 요소, 다른 실체들(심령이나 외계의 실체들), 비인습적인 치료법 등과 같은 것을 통합시키는 패러다임의 근본적 변화를 설파한다. 그것은 순수하게 천복년설적인 의미에서 물질에 대한 정신의 승리, 인간의 변모, 그리고 세계적인 의식의 출현을 드러내게 되는 시대에 인류가 진입했다고 선언한다.[83]

구체적 세계 밖으로 탈출할 수 있는 가능성은 또한 가상 현실의 기술에 의해 단언되고 있다. 다른 환경의 모의실험은 머지않아 현실 세계와 '구체화된' 환상 사이의 구분이 어렵게 될 정도로 리듬 있게 전진하고 있다.

이와 같은 모든 경향들이 드러내는 과학적 외양은 그것들이 매우 긴 시간 속에 들어가 있음을 숨길 수 없다. 초과학들, 뉴 에이지, 그리고 가상 현실은 예전의 매혹적 세계를 '재구상하는 것'에 지나지 않는다. 그것들은 사회 조직과 지식의 대전을 동시에 지배하려고 언제나 노력해 왔던 이데올로기들──중세 신학, 근대 합리주의와 과학주의──에 대한 지속적인 저항의 현재적 표현인 것이다. 그것들은 오래 전부터 학자의 지식과 민중의 지식을 대립시키고 결합시키는(게다가 어떠한 방수격벽도 두 영역을 분리시키지 못한다) 동일한 변증법의 성격을 띤다. 오늘날 민속에 나오는 선녀들은 변모되어 유사과학과 합류하고 있다. 반면에 공인된 과학은 하나의 진정한 신학을 보존하고 확고히 하는 역할을 수행하고 있다. 배경은 더 이상 중세가 아니지만, 원형들은 배경을 모른다.

현대의 신화

과학은 지난 세기 이래로 신화의 가장 큰 생성 주체가 되었다. 현대인의 신화는 본질적으로 과학적 토대를 지닌 신화이다. 실제로는 과학이 되찾고 변모시키며 유통시킨 훨씬 오래 된 신화인 것이다. 과학의 유약 아래로 우리는 언제나 원형을 알아본다. 비행접시와 보다 일반적인 차원에서 외계의 신화인, 이와 같은 현대의 신화(이 말은 C. G. 융이 《현대의 신화》, 1959에서 명명한 것이다)가 지닌 과학적이고 동시에 원형적인 모양새는 더 이상 증명할 필요가 없다. 이 점에 관하여 우리는 매우 의미 있는 변화의 가장 진전된 지점에 와 있다. 원형적인 근본(통일성과 이타성, 전설적 민족들)──과학과 철학(가정)──통속화(거의 확신)──문학과 영화의 허구(시각화)──그리고 끝으로 신화가 즉각적인 현실 속에 투영되는 마지막 단계라는 식으로 진전된 것이다. 외계와 비행접시(이것들은 1947년부터 목격되었다)는 현존하는 존재가 되었다. 그것들은 우리의 세계에 속하며, 다소 조심스럽게 우리의 역사와 미래의 계획에 참여하고 있는 것이다.[84]

과학적 가정——문학적 허구——현실 속 편입으로 이어지는 이런 유형의 옮겨가기는 요컨대 상당히 일반적인 것이다. 비밀동물학의 가장 훌륭한 전문가인 베르나르 외벨망은, 이와 같은 새로운 과학을 창시하는 텍스트로서 쥘 베른의 《해저 2만리》와 아서 코난 도일의 《잃어버린 세계》를 내세웠다.[85]

두 세기 이래로, 그리고 특히 최근 몇십 년 동안 풍요로워진 것 이상이 되어 버린 재앙의 시나리오들 대부분은 차례로 과학적 논거로부터 영감을 얻고 있다. (이 과학적 논거들은 또한 '세계의 종말'이나 '영원한 회귀'처럼 원형들에 뿌리박고 있다.) 세계의 결빙 또는 온실 효과(먼지들이나 공장들이 배출한 탄산가스에 기인한), 우주적인 사건들, 경우에 따라서는 '핵겨울'로 이어지는 핵전쟁, 구멍난 오존층 등, 모든 것이 새로운 과학적·기술적 발견들과 추측에 신속하게 적응하고 있다.

미래의 신화 역시 매우 광범위하게 과학이나 그에 관한 어떤 관념에 의존하고 있다. 대재앙이라는 종국적 해법을 제외하면, 선택은 낙관적 변형과 비관적 변형 사이에, 인간을 위해 이용되는 기술공학과 반대로 인간을 노예상태로 전락시키는 기술공학 사이에 그 폭이 크다. 과학적·기술공학적 게임 덕분에, 미래(미래는 상상력의 세계가 철저히 지배하는 영역이다) 읽기는 현대인의 지속적인 관심이 되었다.

과학이 지닌 현실적 또는 추정된 힘은 중심 인물이 과학자인 매우 풍요로운 신화의 근원이 되어 있다. 과학자는 자신의 과학을 인류를 위해 이용하는 신같이 나타날 수 있을 뿐만 아니라 아주 나쁜 범죄를 저지를 수도 있고, 심지어 기술공학의 힘을 빌려 세계를 폭발시키고 인류를 멸절시키는 광인으로 나타날 수 있다. 메리 셸리의 《프랑켄슈타인》(1818)으로부터 오늘날까지 광인 과 학자의 신화는 결코 부인된 적이 없는 유행을 일으키고 있다.[86]

원형들이 현대적 감성과 문화의 형태들에 맞게 각색되는 것은 완전한 도시적 전설들(이 용어는 비록 약간 제한적이지만 이미 공인되어 있다)로 구조화된, 풍부한 규모의 소문들을 통해 매우 암시적인 방법으로 부각된다. 전통과 현대성의 얽힘을 예시하기 위해서는 몇몇 예들로 충분하리라.[87]

그리하여 이상한 동물들(거대한 낙지에서부터 신비스러운 고양이과의 동물에 이르기까지)과 관련된 소문들은 매우 전통적인 환상적 투사를 현재 속에 연장시키는 것에 불과하다. 그러나 이 투사는 SF소설 또는 비밀동물학의 기여로 흥미진진한 인물이 되고, 현대의 몇몇 변화와 강박관념들(농촌의 소외화, 산업과 자연의 이분법, 야만적인 삶에 대한 두려움, 또는 반대로 이 삶의 강한 가치화, 생태학적인 염려 등)과 연결되어 있다.

또한 우리가 어떤 놀라움을 가지고 확인할 수 있는 것은 이타성의 원형적 형태인 식인 풍습이 오늘날 도시를 배경으로 상당히 잘 전이되고 있다는 점이다. 그것의 공간적·인종적 배치(18세기와 19세기에 이와 같은 섭생 악습에 빠진 자들은 아프리카의 흑인들과 다른 미개인들이었다)는 도시 속에 뿌리내리도록, 말하자면 변형된 것이다. 인육을 먹는 미개인들과 거래하는 자들은 대개의 경우 우리들 사이에 있다. 예전의 두려움과 환상에다, 통제 불능 상태로 침투하는 기술공학(통조림된 인육, 탈수된 수프와 혼동되는 화장된 시체의 재 등)에 대한 불신이 추가된다.

이러한 행동은 육체적으로 온전한 상태를 파괴하는 것을 목표로 함으로써 또한 불안을 드러낸다. 이 불안은 물론 오래 된 것이지만 얼마 전부터 격화되고 있다. 종교의 퇴조는 육체와 건강으로 남아 있는 유일하고 확실한 가치들에 더욱더 가치를 부여하게 할 뿐이다. 이러한 토대 위에 신체기관의 암거래(납치, 비밀작전, 토막난 유아들 등)에 대한 끈질긴 소문이 퍼져 나갔고, 사람들이 자주 사라짐으로써 확인되고 있는 것 같다.

주기적으로 되돌아오는 하나의 소문은 자동차에 무료 편승하는 유령에 관한 소문이다. 자동차에 오른 한 사람이 갑자기 그리고 굉장한 모습으로 사라지는 것이다. 이 경우 기술공학적인 환경(고속도로·자동차)이 매우 오래 된 동기들(유령·귀신·선녀, 가시적 세계와 비가시적 세계의 왕래)을 살짝 감추고 있다.

외계, 예티와 그의 동료들, 그리고 삼각 버뮤다 군도의 소멸에 방향을 맞춘 세 개의 큰 시리즈로 된 연속적 소문들은 상상력의 세계가 드러내는 일부 영속적인 충동들을 과학이 되찾아서 기술공학적으로 위장하고 있음(은하계로부터 오는 미확인 비행물체들, 빨려 들어간 비행기들과 배들)을 증언하고 있다. 체계적이고 외관상 거의 끝나 버린 탐험에도 불구하고 지구는 여전히 신비한 모습을 간직하고 있으며, 현실의 다른 차원들로 이끄는 비밀스러운 길들을 조심스럽게 감추고 있다. 과학과 기술공학은 옛 환상들에 현대적인 배경을 제공할 뿐이다. 실제로 멜라네시아인들의 백인 복수신앙(조상이 되살아나서 배에 현대 문명의 이기를 싣고 돌아온다)과 비교하여 어떤 차이점이 있단 말인가?

영속성과 변화

최초의 질문——단 하나의 상상력의 세계인가, 아니면 전통적 사회들을 기술공학적인 사회로부터 분리시키는 불명확한 경계선에 의해 단절된 두 개의 구별되는 체제인가?——으로 되돌아가

자. 대답은 이미 우리의 항해 속에 나타나 있다. 사실 그것은 여전히 본질적으로 애매하다. 적어도 우리가 확정된 것으로 간주할 수 있는 바는, 역사적인 두 구조들 가운데 구분이 세계에 대한 허위적(아니면 매우 변형된) 비전과 현실적이고 객관적인 비전 사이에 정반대 현상으로 표현될 수 없을 것이라는 점이다. 과학과 이성은 이전의 종합들을 주관했던 것들과 동일한 상상력의 세계가 지닌 법칙들에 의해 일정한 방향으로 이끌어진다. (그것들이 어떤 본질적인 진리들에 도달했다, 또는 못했다는 사실은 상상력의 세계를 다루는 역사가가 나설 계제가 아니다.)

이성-과학-기술공학이라는 콤플렉스에서 나오는 신화적 행동을 확인하는 것은 현대 세계를 '마술이 풀리고 신성한 것이 박탈된' 세계로, 다시 말해 사실상 상상력의 세계가 지닌 중요성이 줄어든 세계로 약간 성급하게 특징짓는 것을 반박하게 만든다. 이성을 보다 덜 합리주의적으로 해석하고, 과학을 보다 덜 과학만능주의적으로 해석하는 일에, 전통적 상상력의 세계가 지닌 형태들이 살아남아 있을 뿐 아니라 생명력까지 드러내고 있음을 덧붙여야 한다. 이 형태들은 그것들이 차지한 영역의 일부를 새로운 신화들에 양보했지만, 나머지는 간직했다. 하나의 문화공간에서 다른 하나의 문화공간으로 이동하고, 하나의 사회환경에서 다른 하나의 사회환경으로 이동함에 따라 배분은 차이를 드러낸다. 뿐만 아니라 혼합, 즉 배합된 해결책들도 없지 않다.

예를 들어 우리가 인정해야 하는 것은 매우 자주 원용된, 종교적인 신앙(그리고 일부 마술적 관행까지)의 퇴조뿐만 아니라 또한 그것의 활력이다. 종교적 신앙의 종말은 마침내 성숙의 단계에 다다른 세계에서, 계몽주의 시대의 합리주의자들에게, 또는 마르크스의 제자들에게 피할 수 없는 것처럼 보였던 것이다. 사실은 '탈신성화시키는' 요소들에 의해 가장 영향을 많이 받은 공간———

서양(그리고 특히 프랑스)이라는 공간──에서조차 종교적 신앙은 계속해서 의미 있는 지위를 간직하고 있다. 앞서 언급한 1994년 5월의 조사에 따르면, 프랑스인들 가운데 24%가 스스로를 확신에 찬 신앙인, 24%는 관례적 신앙인, 17%는 불확실한 신앙인이라고 표명했다. 비록 확신에 찬 신앙인들의 무게가 감소하고 있을지라도(1986년의 30%에 비하여), 신앙인들이나 '준신앙인들'로 이루어진 다수가 드러나는 것 같다. 또한 질문을 받은 사람들의 57%가 기적을──다소──믿고 있으며, 51%가 그리스도의 부활을 믿고 있다는 점을 주목하자. 죽은 자들의 부활(38%)이나 지옥(33%)을 인정하는 사람들은 이보다 숫자가 많지 않다. 종교적인 계율의 실천율은 물론 낮아지고 있지만, 전투적인 무신론의 비율 또한 낮아지고 있다. 질문을 받은 사람들 가운데 19%만이 정말로 무신앙인이라고 표명했다.

우리가 두 개의 형태, 다시 말해 종교적 믿음과 현대적 신화들(심령적 요소, 외계 등)에 대한 믿음──이것들은 양립할 수 없는 것은 아니지만 흔히 별개의 신앙들인 것이다──을 결합한다면, 전체 백분율은 100%에 충분히 접근할 수 있을 것이라는 결론이 나온다. 이러한 측면에 천복년설의 새로운 물결을 덧붙이자. 상상력의 세계는 태초와 마찬가지로 오늘날에도 똑같이 인간 의식에 배어들고 있다. 그것의 총괄적인 토대도 힘도 줄어들지 않은 것이다.

원형들이 지속되고 있다고 해서 연구자들이 시간에 의해 창조된 새로운 형태들에 무감각해서는 안 될 것이다. 과학과 기술공학은 인간의 삶과 지표들을 변화시켰다. 그것들은 새로운 방식으로 우리의 두려움과 희망을 만들어 냈다. 과학적인 모양새를 지닌 신화들은 원형들과의 연고에도 불구하고 하나의 한정된 사회적·문화적 맥락에 부합하는 기능들을 수행한다.

타협은 불가피하다. 역사적 관점에서 보면, 우리는 현대적 감성에 부여된 상상력의 세계가 지닌 특수한 형태들과 기능들을 당연히 강조할 수 있다. 보다 높은 수준에서 보면, 우리는 새로운 모든 창조가 정신의 항구적인 구조들에서 그것의 원천을 찾아내고 있다는 점을 역시 인정하지 않을 수 없다. 물론 하나의 변혁이 합리적이고 기술공학적인 서양에서 일어났다. 그러나 이것이 의미했던 것은 한결같은 원형적 자산을 근본적으로 새롭게 표명했다는 것이다. 상상력의 세계는 두 개의 체제인가, 아니면 단 하나의 체제인가? 이것은 말싸움에 지나지 않는다. 진정한 문제는 가능한 한 정확하게 영속성과 변화 사이의 연결관계를 파악하는 것이다.

양극적인 도식: 지옥과 천국

순수상태에서 상상력의 세계

상상력의 세계 내의 '하부 체제들' 가운데 내세는 특별한 위치를 차지한다. 순수한 상태에서 상상력의 세계가 자양을 얻는 것은 자신의 고유한 자원으로부터이다. 우리가 원한다면 언제나 역사적 신화들을 체험된 역사로 귀결시키고, 타자의 낯선 형상들을 인종과 문화의 실질적인 다양성으로 귀결시킬 수 있다. 그러나 내세의 경우는 변모시킬 수 있는 구체적 모델이 전혀 없다. 우리가 내세울 수 있을 만한 유일한 '지상의' 연결고리는 엄격히 말해서 심리적 성격의 것이다. 그것은 필요한 경우 우리가 오직 정신의 성향에만 기인하는 토대 위에 구축할 수 있는 보충적인 증거이다.

내세의 이와 같은 '이상적인' 조건은 그것이 지닌 일반적이고 추상적인 의미에서 바로 원형과 관련되어 있다. 반대로 내세의 다양한 구체화는 세계의 구체적 질서로부터 영감을 얻은 형태들에 불가피하게 도움을 청한다. 우리는 감소되었거나 확장된 즐거움과 고통을 내세에 연장시키며, 지구환경에 속한 풍경·사물 그리고 습관을 자주 투영시킨다. 요컨대 내세는 역사의 역동적 힘에 참여하는 것이다. 각각의 문화와 시대에 불변하다고 상정되는 초월적인 실재, 그렇지만 끊임없이 현실화되고 이데올로기화되는 그러한 초월적 실재에 대한 특별한 담론이 대응한다.

우리가 지적한 것들에는 어떠한 모순도 없다. 아니 모순이 존재한다면, 그 책임은 전적으로 상상력의 세계가 지닌 논리성으로 돌아간다. 내세에 대한 믿음은 인간의 정신이 태어날 때부터, 다시 말해 인간 정신이 최종적으로 결정화될 때부터 그것을 특징짓는 것 같다. 이것이 바로 수만 년 전의 호모 사피엔스에게서 확인할 수 있는 장례 의식이 입증하는 것이다. 다음으로 어떤 예외도 없이 모든 문화와 문명은 동일한 신념을 공유했다. 내세에 대한 믿음은 보편적인 원형구조이며, 진귀한 힘이라는 것은 이론의 여지가 없다. 그것의 본질은 인간성에 기인한다. 이러한 차원에서 역사적 모양새를 띤 모든 해석은 만족스럽지 못하다고 할 것이다. 그러나 다른 한편, 그것의 발현은 인생처럼 다양하고 문명의 운동 속에 들어간다.

한계가 있는 짧은 하나의 장에서 문제를 완벽하게 검토하려 한다는 것은 건방지다 할 것이다. 큰 줄기들은 미셸 윌랭에 의해 명쾌하게 규정되었다. 그는 중심적인 네 개의 표상축을 구분한다. 내세의 '소재지'(인접 혹은 멀리 있음), 존재 양태(순전히 정신적 혹은 육체적 재통합), 개별화된 운명 혹은 계속적인 환생, 정의(영벌을 받은 자들과 선택받은 자들을 구분지음) 혹은 용서(모두가 모두와 궁극적으로 화해함)가 그것이다.[88] 우리는 체제의 일반적 법칙을 개괄적으로 도출하기 위해 몇몇 예들과 지적 사항들을 드는 데 만족할 것이다. 한편으로는 원형의 불변하는 형태가 있으며, 다른 한편으로는 내세가 변화의 거울이자 동력으로서 역사의 전진에 알맞게 각색되는 것이 있다. 또한 주목되는 것은 내세가 역사가에게 귀중하고 무궁무진한 원천뿐 아니라 해독을 가능케 하는 열쇠를 제공한다는 점이다. 원형이 인간 정신의 근본적 갈망을 밝혀 주는 데 비해, 그것의 다양한 판들은 문명의 제도들이 지닌 가장 심층적인 곳으로 들어가게 해준다.

대전환: 내세의 분극화

　우리가 지표로서 선택하는 것은 원형의 변화에서 결정적인 전환점이다. 이 전환점은 모의인생을 영위하는 망령들의 체류지로서 무차별화된 내세로부터, 정의로운 사람들에게 예정된 체류지와 영벌을 받은 자들에게 운명지어진 영역 사이에, 매우 극화되고 분극화된 내세로 이동하고 있는 시점이다. 그리하여 내세의 원형은 대립되는 것들을 격화시키는 경향인 또 다른 원형적 경향에 동조한다.

　그리스도교가 설립되기 이전 시대에, 그리스인들의 하데스와 유태인들의 셰올은 원래 죽은 자들 모두에게 열려진 고통 없는 지옥들이었으나, 죽은 자들이 받는 운명을 사후에 다르게 분리시키는 방향으로 서서히 그러나 확실하게 변화한다. 보상과 형벌의 체계는 서로 다른 강도로 메소포타미아와 이집트에서 작용했다. 그러나 이 체계는 오랫동안 단호함이 부족했다. 영벌을 받은 자들의 운명은 제대로 명시되지 않았고, 형벌은 원칙적으로 영원한 것이 아니었다. 힌두교와 불교는 순환적인 역사의 범주 내에서 수많은 지옥 체류와 환생을 배합시킴으로써 더욱 복잡한 해법을 생각해 냈다.[89]

　양극적 원리의 궁극적인 결과를 도출한 것은 그리스도교이다. 그리스도교의 정지작업을 했던 유대교와 그리스도교의 뒤를 이은 이슬람교는 유사한 분극화에 의해 특징지어진다. 그렇지만 두 종교는 그리스도교의 구조물이 지닌 엄격함과 이것이 사회생활에서 강박적으로 존재하는 현상에는 결코 미치지 못했다. 유태인들은 그리스도교인들보다 종말론에 관심이 적었다. 그들에게 그리고 이슬람교도들에게 형벌의 영원성은 하나의 교리적인 요점으로서 결코 강제되지 않는다. 어쨌든 세 종교는 세계 종말과 최후 심판을 통함으로써 결정적으로 이루어지는 역사에 대해 강조한다.[90]

내세를 '완벽하게 하는 것'은 점점 더 복잡해지는 사회, 권리와 도덕 조항에 보다 엄격하고 특히 개인적인 책임에 대해 보다 관심을 기울이는 사회의 요구 및 조심성과 일치한다. 내세의 다양화는 개인이 긍정되는 리듬에 따라 진전된다. 그것은 또한 법률적인 규범 및 준수와 밀접한 관련 속에서 변화한다. 어느 정도 사회가 복잡해진 단계에서부터, 법률적인 규범과 준수는 집단의 조직이 제대로 작용하는 것을 보장하기에는 더 이상 충분치 않은 것 같다. 보다 완전하고, 보다 강경한 신의 정의가 보다 많은 정연함과 조화를 강제하기 위해서 필수적이라는 것이 명백해진다.

내세에 대한 그리스도교의 비전은 분극화-극화라는 이러한 과정에서 도달한 초월할 수 없는 상태를 나타낸다. 선한 자들과 악한 자들을 영원히 가르는 심판은 역사와 인류의 운명이 지닌 의미에 대한 매우 분명한 개념에 부합한다. 그러나 창설적인 텍스트들——성 요한과 성 베드로의 서한 및 복음서——은 내세, 특히 체계의 중심 부분으로 되어 있었던 지옥에 대한 구체적 윤곽에 대해서는 다분히 신중하다. 그리스도교의 내세가 드러내는 매우 잘 알려진 이미지들, 그토록 충격적이고 상세한 것들이 풍부하게 되어 있는 그 이미지들은 신학자들의 지적인 작업과 일부 민속적인 각색 덕분에 피어나게 되었다. 《성서》와 《신곡》을 비교하면 충분하다. 위대한 피렌체의 단테가 매우 고심하여 구상한 끔찍한 지옥은 중세말의 신학적 주석에 상당히 충실한 시적 창조물로서, 《성서》에 나타나는 짧은 언급보다 훨씬 더 멀리 나아가고 있다. 그것은 상상력의 세계에 고유한 역동적 힘을 탁월하게 예증하고 있다. 상상력의 세계는 계속적인 가필을 통해서 내세의 구체화를 이룩했던 것이다.

그리스도교가 마무리한 정신적 변화는 일정한 역사의 단계와 관련되어 있음에 틀림없다. 양극적 도식으로 이처럼 경직화된 현상은 오랫동안 이어진 일련의 혼란을 동반하고 있다. 유대 민족의 불행은 《성서》의 구상에 직접적으로 영감을 불러일으켰다. 그러나 그들의 특수한 역사는 예수 그리스도가 태어나기 이전 시대로부터 로마 제국이 해체되고 중세에 새로운 유럽 질서가 정착될 때까지, 근동과 지중해에서 긴장과 모순을 누적하면서 전혀 다른 규모를 지닌 과정 속으로 들어간다.[91]

역사의 리듬이 가속화되고 동시에 역사의 구조가 확대되는 현상이 있었다. 마음에 안정을 준 전통적 공동체의 공간은 거대하게 통일된 영토(헬레니즘 세계, 그리고 로마 세계)를 향해서 변화했다. 이러한 현상은 닫혀진 세계로부터 열려진 세계로의 이동이었다. 개인과 개인의 자유에 보다 의미 있는 무게를 부여하는 세계로 말이다. 이 세계는 감당하기가 더 어려우며, 자유——자유란 사실 인연의 단절에 불과하다——가 불안의 물결을 야기시키는 그런 세계이다. (이와 관련하여 E. R. 도즈가 《그리스인들과 비이성의 세계》에서 보여 주는 탁월한 분석을 참조하기 바란다.) 역사에 대한 이와 같은 두려움은 비이성의 세계가 힘 있게 올라오는 현상을 설명하고, 상상력의 세계가 지닌 어떤 경향, 즉 위험을 쫓거나 단순히 세계를 변모시키는 데 사용하도록 예정된 경향에 의존하는 현상을 설명한다. 고대 세계 최후의 위기, '야만인들'의 쇄도, 영원할 것으로 믿어졌고 외쿠메네 전체와 거의 혼동되었던 제국의 분쇄, 이 모든 것들은 역사의 종말, 어쩌면 인류 모험의 종말에 대한 전조를 드러내는 것 같았다. 그리스도교가 개화한 것은 바로 이런 토대 위에서였다. '격화된' 역사는 엄청난 양의 모순에 의해 파괴된 채 구세주의 기다림으로 승화되었던 것이다.

새로운 종교는 고통의 종말과 역사의 혼돈스러운 운동 대신에 원초적인 조화의 정착을 선언했다. 정의, 영원히 선한 자들과 악한 자들을 분리시키는 타협 불가능한 정의가 이룩될 것이다. 세계의 종말은 역사의 최고 순간이 되었다. 선과 악, 빛과 어둠은 하늘과 땅에서 격화되었다. 천복년설 운동은 역사의 종말에 위치한 낙원의 형식을 창안하면서 지상낙원을 재현했다. 우리는 이 주제를 다시 다룰 것이다. 첫번째 단계에서 선은 바로 이 지상에서 승리를 거두게 되어 있었다는 점에 유념하자. 1천 년 동안의 지상행복은 역사의 종말 다음에 올 것이고, 결정적 종말과 최후의 심판 이전에 위치할 것이다. 그리하여 선과 악, 그리스도와 반그리스도의 결정적 대결은 두 단계로 전개되는 것이다. 이것은 대립되는 원리들을 더욱 강조하는 반복현상이다. 교회는 단 하나의 결말만을 간직하는 것으로 끝난다. 이 결말은 최후의 심판이자 보상과 형벌의 초시간적인 영원함이다.[92]

동일한 시대, 그리고 동일한 공간——근동과 지중해——에서 선악의 대립은 절대적인 이원론을 설파하는 종교적 종합들 속에서 더욱 급진적인 출구를 찾아냈다. 이 종합들은 이란의 마니교와 그리스도교의 그노시스설인데, 이것들은 중세 동안에 보고밀파〔10세기 불가리아에 나타난 이원론적인 이교도 종파〕와 카타리파〔11세기에서 13세기에 전파된 신마니교 종파〕 같은 종파들에 의해 추종되었다. 그것들의 경우 물질 세계 가치의 평가절하, 나아가 악마화는 정신적 신의 왕국과는 화해할 수 없는 반명제로서 극단까지 나아갔다.[93] 이러한 측면은, 어떻게 해서든 반대되는 것들의 대결은 역사의 본질적인 요소가 되었다는 진단을 확인해 준다.

현실 세계의 거부는 초월에 대한 충족되지 않은 갈망을 입증한다. 그리스도교의 내세는 하나의 주요한 역사적 결말, 다시 말해 즉각적이고 근본적인 출구를 요구하는 좌절과 희망에 제공된 해법을 가리키는 것이다.

역사의 리듬을 타는 그리스도교의 내세

내세에 대한 그리스도교의 개념이 지닌 특징은, 세월에 따라서 교리적인 엄격함과 역사의 연속적 단계들에 대한 불가피한 적응 사이의 균형을 추구했다는 점이다. 교회가 지배적 위치에 정착함에 따라, 지옥과 천국은 역사에서 혜택을 받지 못한 자들에게 보상적인 해결책을 훨씬 넘어선 그 무엇이 되었다. 그것들은 또한 사회 조직이 제대로 잘 돌아가는지를 감시하는 임무를 떠맡았던 것이다.

먼저 결과적으로 가장 풍요로운 사건은 '관용주의자들'에 대한 '엄격주의자들'의 승리였다. 자연의 결정론 교리는 모든 사람들 (경우에 따라서는 악마까지도)에 대한 최후의 구원을 생각했다. 교회의 아버지 오리게네스는 (3세기 전반기에) 지옥의 형벌은 엄밀히 도덕적인 성격일 것이며──영벌을 받은 자들의 회환으로 나타남──어쨌든 시간이 제한되어 있을 것이라고 주장했다. 이와 같은 경향은 싸움에서 패배했다. 승리를 거둔 것은 성 아우구스티누스에 의해서, 그 다음으로 토마스 아퀴나스에 의해서 이론화된 끔찍하고 영원한 지옥이었다. 이 지옥은 어느 한 사람도 예외 없이 '타자들'에 운명적으로 예정되어 있었다. "가톨릭 교회 밖에 있는 어느 누구도, 이교도·유태인·무신앙자도, 통일체로부터 분리된 어느 누구도 영원한 삶에 참여하지 못할 것이다. 반대로 그는 영원한 불에 떨어질 것이다……."(피렌체 종교회의, 1439)[94]

하나의 의미 있는 혁신──이것은 이를테면 지옥의 그와 같은 경직화에서 비롯된 것이다──은 지옥과 천국 사이 '중간에' 연옥을 설치한 것이었다. 최초 교리의 이와 같은 신학적 발전은 13세기에 마침내 결정화되었다. 자크 르 고프는 그것에 대한 모범적인 연구를 했다.[95] 연옥은 인간 의식에서 세계의 종말과 최후의 심판이, 고대 말엽과 근대 초기를 연결하는 1천 년이 흐르는 동안 멀어져 가는 혜택을 받았다. 이와 같은 연기는 정의의 궁극적 행위에 앞서는, 예상보다 약간 더 긴 기간을 메우기 위한 중간 해결책을 바람직하게 만들었다. 지옥-천국이라는 절대적 이원론은 다소 뉘앙스가 결핍되어 있으므로 '중간 장소'의 추구는 또한 형벌과 보상의 보다 세밀한 개별화에 부합했던 것이다. 사실 그것은 특히 도시들이 비약적으로 발전하고 중산층이 형성되는 시기인 1200-1300년대에, 다양화가 힘 있게 주장되는 사회 요구에 알맞게 적응된 제도였다. 연옥은 또한 시간에 대해 보다 구체적이고, 보다 분명한 지각을 반영했다. 연옥의 형벌은 그 기간이 살아 있는 자들의 기도와 선행에 일치하기 때문에, 헤아려질 수 있었다. 이에 반해 시간은 지옥과 천국에서 어떠한 영향력도 없었다.

　연옥은 내세의 체계에 뉘앙스를 주고, 동시에 그것을 견고하게 하면서 세련되게 만들었다. 그것은 일부 사람들이 끊임없이 주장했던, 일시적인 지옥의 가정을 거부하기 위해 놓아야 했던 균형추였다. 지옥의 형벌을 받을 만하지도 않지만, 또한 천국의 환희도 즉시 누릴 만하지 않던 광범위한 범주의 죄인들을 위한 해결책이 마침내 찾아진 것이다. 이와 같은 신학적 구축은 오로지 서양적이다. 그리스 정교는 이를 거부했던 것이다. 연옥이 자유와 다양성이라는 해결책(물론 상대적이지만)을 제시했다는 점에서, 동방에 연옥이 없다는 것은 혁신에 유혹을 받은 서양에 직면하여 전통주의적인 공간을 규정지었다. 이로부터 서양은 신학 및 다른 모든 분야에서 끊임없이 혁신을 하게 된다. 유럽의 역사는 두 번의 속도를 경험했다. 내세를 배타적 동력의 원칙으로 제시하자는 것이 아니다. 이 원칙은 많은 전조들 가운데 하나에 불과한 것이다.

내세의 역사에 있어서 또 하나의 강렬한 순간이 서유럽에서 중세 말엽과 근대 초기, 다시 말해 14세기에서 17세기 사이에 나타난다. 봉건구조의 해체와 근대성의 침투는 고대 세계의 마지막 시기를 특징지었던 것 못지않은 규모로 구조적 위기를 초래한다. 천복년설의 이론과 운동은 중세기 동안 상당한 퇴조를 경험한 후 힘 있게 되살아난다. 세계의 종말은 모순적이거나 보완적인 두 해석, 즉 천복년설을 주장하는 자들이 내세우는 이중의 종말 또는 결정적 종말과 최후의 심판에 따라 다시 화제가 된다. 형벌을 나타내는 상상력의 세계는 분명히 경직된다. 죄인들에게 예정된 무한한 온갖 고통을 이미지를 통해 나타내거나, 말을 통해 상기시키는 가학적 즐거움이 있을 것이다. 게다가 지옥이 지구를 사로잡는다. 악마가 지칠 줄 모르는 자신의 대리인들, 즉 이교도·이단자·마법사와 같은 자들의 도움을 받아 작업을 하면서 편재하는 것 같다. 선과 악의 분극화는 지상과 하늘에서 절정에 이른다.[96]

같은 시기의 종교개혁은 교리적인 엄격함을 지닌 추가 요소를 도입한다. 칼뱅주의와 개신교의 다른 경향들은 '예정설'을 내세우면서, 모두가 내세를 통과한다는 점에 입각해 선택받은 자들과 영벌을 받은 자들을 분리시키는 것에 더 이상 만족하지 않는다. 영벌을 받은 자들은 처음부터 분리되어 있고, 각 개인의 운명은 미리 결정되어 있다. 그리하여 이미 그리스도교에서 극단적인 내세의 분극화는 궁극적인 표현을 만난다. 모든 것은 영원 속에 기록되어 있다는 것이다. 막스 베버는 유명한 저서(《프로테스탄티즘의 윤리와 자본주의 정신》, 1904-1905)에서 자신의 운명에 대해 각자가 무지하고, '마술적' 수단을 통해서 은총을 얻을 수 없음으로써——이 불가능성은 선택받은 자들 사이에 끼고자 하는 희망과 결합된 것이다——어떻게 프로테스탄트들이 활동과 노동에 특권을 부여하면서, 비종교적인 형태의 금욕으로 방향을 잡았는지를 보여 주었다. 그렇게 신교와 자본주의 사이의 관계는 엮어진 것이다.

17세기말경에 서양은 새로운 상대적 균형을 찾아낸다. 종교개혁과 반종교개혁은 상상력의 세계를 훈련시키려고 시도했다. 철학적이고 과학적인 합리주의가 뒤를 이어 이와 같은 시도를 했다. 지옥과 천국은 르네상스의 '넘침'을 단념한다. 그것들은 지상을 포기하고, 오로지 내세에 틀어박힌다. 그러나 형벌에 대한 담론은, 비록 이전 시대의 지옥에 대한 상상력의 세계보다 이를테면 보다 추상적이지만, 여전히 대단한 힘을 가지고 유지되었다. 근대 사회는 억압 위에 세워졌고, 내세는 지상의 질서를 보장하는 원리들을 책임질 수밖에 없었다. 19세기가 한창일 때 내세가 경직화되는 현상을 확인할 수도 있다. 이 경직화는 사회적인 긴장과 계급간의 갈등이 불거져 나왔다는 사실에 의해 설명될 수 있으며, 또한 자신의 위상이 위협받고 있다고 느껴진 교회의 방어전략과도 부합했다.[97] 이러한 측면이 설명하는 것은 1900년경의 담론이 이전 세기들과 비교하여 그렇게 변화하지 않았다는 점이다. 반면에 변화를 한 것은 사회적인 기대였다. 모델을 새로운 시대에 적응시키는 사명이 20세기에 떨어졌다. 그리스도교의 내세에 대한 현재의 몇몇 경향들을 도출하는 시도에 앞서, 이와 같은 짧은 역사적 여행으로부터 비롯되는 주요 결론을 표현해 보자.

우리는 내세 속에서 상상력의 세계가 지닌 보편적 메커니즘의 작용을 보장하는 법칙들을 재발견했다. 모든 것은 다른 현실에 대한 직관, 사후의 삶, 반대되는 것들의 게임과 같은 원형적인 구조들 위에 세워진다. 이러한 토대 위에 세계의 종말, 최후의 심판,

지옥 및 천국과 같은 역사의 결실인 모델이 구축된다. 이 모델은 차례로 중세나 20세기 같은 매우 다른 맥락들에 적응할 수 있는 뚜렷한 구조적 고정성을 나타낸다. 끝으로 역사적·문화적 맥락으로부터 비롯되는 혁신들은, 본질은 문제삼지 않은 채 다소 의미 있게 강조점을 이동하도록 함으로써 내용을 풍요롭게 하거나 정화시킨다.

해석을 지나치게 강요하지 않고, 우리가 말하고 싶은 것은 내세의 강력한 분극화가 갈등적이고 역동적인 사회 유형을 가리킨다는 것이다. 분극화의 이와 같은 배치는 인간의 운명에 대한 보편적이며 동시에 개인적인 비전을 함양시킨다. 그것은 또한 변화와 진보로 통할 수 있는 완벽함에 대한 갈망을 나타낸다. 다른 한편, 인류를 '영벌을 받은 자들'과 '선택받은 자들'로 나눈 것은 '타자들' ——이교도들·무신앙인들·이단자들—— 에 대한 고도의 불관용과 근본적 공격성을 입증한다. 분명하게 분극화된 내세에 방향을 맞춘 두 종교인 그리스도교와 이슬람교를 특징짓는 정복 정신 ——십자군, 또는 성전—— 은 이와 같은 정신상태를 증언한다. 요컨대 고도의 사회적 책임에 결합된 개인의 긍정과, 자신의 고유한 가치들을 도처에 강요하는 데 목표를 둔 세계적 확장은 서력 기원 두번째 1천 년 동안 서양사의 본질적 특징들이었다. 이것이 의미하는 것은 지옥과 천국이 우리가 현재 살고 있는 세계를 구상해 내는 데 강력하게 기여했다는 것이다.

지옥의 종말?

20세기, 특히 20세기 후반기는 그리스도교 내세의 근본적인 재구조화를 증언하고 있다. 거의 2천 년 동안 반복된 지배적 담론과 관련하여 진정한 단절의 윤곽이 뚜렷이 드러나고 있다.

내세에 대한 고전적 상상력의 세계에서 지옥불은 천국의 빛보다 더욱 강렬하게 빛난다는 점을 우리는 확인한 바 있다. 천국은 물론 도달해야 할 목표였다. 그러나 지옥은 천국의 축복보다 말하자면 더욱 설득력 있고 동기를 부여하는, 내세체계의 중심 부분으로 여전히 남아 있었다. 위협은 약속보다 더 분명하게 메아리쳤다. 가장 긴급한 것은 다소 막연하게 규정된 보상에 대해 생각하기에 앞서 구체적이고 끔찍하며 영원한 형벌에서 벗어나는 것이었다. 게다가 사람들은 지옥이 천국보다 무한히 더 사람들로 가득 차 있다고 믿었다.

유럽 그리스도교 역사에 심층적으로 흔적을 남긴 이러한 '지옥에 대한 교양'과 관련하여, 우리 시대에 인상적인 것은 바로 지옥의 매우 의미 있는 후퇴라는 것이다. 내세를 구성하는 양극체계의 종말이라 할 것인가? 현재로서는 완전히 그런 것은 아니다. 그러나 어쨌든 경향의 전복은 특별히 현저하게 나타나고 있다. 선택받은 자들의 범주는 예전에는 소수에 불과했지만, 원칙적으로는 아무도 제외하지 않고 거의 모든 사람들을 포용하는 경향을 보이고 있다. 이러한 측면은 분명 적어도 서양이란 공간에서는 문명의 새로운 종합을 나타내는 신호이다. 봉건적이 되었든, 부르주아적이 되었든 옛 체제는 공개적으로 위협과 억압(미셸 푸코의 말을 인용하면 '감시와 처벌') 위에 구축되었다. 현대의 서구 사회는 보다 신중하고 덜 난폭한 구속의 유형을 행사할 정도로 충분히 성장한 것 같다. 사회적 관계와 풍습의 실질적 변화는 아직도 담론을 통해 확대되고 있다. 인간의 권리가 의무보다 더 자주 내세워지고 있다. 죄의 목록은 적어도 여론의 눈으로 볼 때 적지않게 줄어들었고, 개인의 죄보다는 사회, 사회의 불의, 그리고 낙오자들을 다분히 비난하는 경향이 윤곽을 뚜렷이 드러내고 있다. 우리가 이미 언급한 1994년 5월의 《르 몽드》지가 발표한 조사에서, 질문을 받은 사람들의 78%가 '사회가 너무도 많은 불의의 원인이다'라고 단언하고 있다. 13%만이 '인간은 죄 속에서 살고 있는 존재'라고 주장한다. 사법제도가 그에 따라서 변화했다. 그것은 벌을 주기보다는 재교육시키려고 노력하고 있다. 빵을 훔쳤다고 때때로 교수형에 처한 것이 불과 두 세기 전의 일이었다. 그러나 오늘날에는 살육을 저지른 장본인조차도 목숨의 보전만은 보장되어 있다. 대부분의 유럽 국가들에서 사형제도의 폐지는 금세기말에 커다란 문명적 사건 가운데 하나로 손꼽힌다.

최후의 심판이 인간들에 대한 심판을 내세에 투영하고 확장한다는 점을 우리는 이미 지적했다. 각각의 시대는 죄과와 형벌에 대한 고유한 체계를 가져온다. 그리하여 중세에는 첫줄에 나타나는 것이 오만과 인색이었다. 물론 이것들은 거의 공감을 주지 않는 태도들이지만, 오늘날에는 상상할 수 있는 가장 나쁜 죄들로 간주될 수는 없을 것이다.

지옥 풍경의 그같은 전형적인 고문은 매우 지상적인 관행을 차례로 적절하게 조정한 내용이 되었다. 사실 지상과 내세에서 활동의 규칙을 특별히 심각하게 왜곡시키는 경우 죄진 사람의 죽음이 요구되었다. (우리 세계에서는 때때로 벌을 받지 않거나 불충분하게 벌을 받는다.) 이러한 관점에서 지옥의 형벌은 신에게 행한 모욕과 내세의 영원성에 맞추어 끝이 보이지 않는 처형처럼 나타난다. 1757년 루이 15세를 칼로 찌른 죄를 지은 다미앵의 끔찍한 처형은, 지옥의 형벌을 미리 맛보게 하도록 대대적으로 조직되었다. 죄인은 손발이 태워지고 뼈가 으스러졌다. 그는 능지처참을 당하기 전에 살점이 뜯겨졌으며, 상처에는 녹인 납이 부어졌다.[98]

서양의 진보된 사회들에서 고문과 사형의 폐지는 내세에 대한 유사한 재구상이 동반되었다. 지상의 정의가 다분히 관용 쪽으로 기울고 있는 때에, 어떻게 형벌을 격화시키는 가학적인 불의의 신을 상상할 수 있겠는가? 보다 일반적인 차원에서, 지옥은 소비 사회의 요구 앞에 굴복했다. 지상에서 완전히 실현된 것은 아닐지라도 적어도 추구된 어떤 '살아가는 즐거움'이 점점 덜 억압적인 내세 속으로 연장되고 있다.

여론 조사는 교훈적인 수치들을 늘어놓고 있다. 1968년에 프랑스인들의 39%가 내세를 믿었지만 지옥을 믿은 사람들은 22%에 불과했다. 영국인들은 54%라는 다수가 내세를 인정했지만, 지옥에 관한 백분율은 23%로 내려갔다. 독일 연방에서는 두 믿음 사이의 관계가 43% 대 25%이고, 네덜란드에서는 54% 대 28%, 핀란드에서는 52% 대 29%, 스웨덴에서는 43% 대 17% 등이었다. 따라서 지옥은 내세를 믿는 자들과 절반밖에 관련을 맺지 못했다. 국가마다 상당히 뚜렷한 차이가 있지만, 이 차이들은 가톨릭교도와 개신교도를 합한 서구 유럽의 모든 나라에 나타나는 유사한 변화 속으로 들어간다.[99]

반면 우리가 설명하는 일람표 속의 두 나라가 다른 유형의 행동에 의해 특징지어진다. 그리스인들의 65%가 내세를 믿으며, 이보다 약간 낮은 62%가 지옥을 인정했다. 그리스 정교는 여전히 전통에 충실한 모습을 보이고 있는 것이다. 대양 건너편 미국에서는 질문을 받은 사람들 가운데 85%라는 인상적인 숫자가 내세를 믿었고, 여전히 상당히 높은 숫자인 65%가 지옥을 믿었다. 미국인들의 의식 속에 집요하게 지옥이 존속하고 있는 것과 사형제도의 폐지가 실패했다는 점을 접근시키는 것은 불가피하다. 사형은 힘 있게 복귀하고 미국의 여론에 이상한 유혹적 힘을 행사하고 있는 것 같다. 필경 선과 악은 유럽인의 의식보다 이 나라에서 더욱 분명하게 윤곽이 드러나고 구분되는 것 같다. 미국 문명의 구세주적인 광맥은 내세를 꾸미는 데서와 마찬가지로 지상에서도 나타난다.

1981년에 지옥의 믿음은 프랑스와 네덜란드에서 15%, 그리고 독일에서는 14%로 더 낮게 내려갔다. 반면에 그것은 영국에서는 27%로 약간의 이변을 나타냈다. 같은 조사에 따르면 프랑스인들의 27%, 독일인들의 31%, 네덜란드인들의 39%, 그리고 영국인들의 57%가 천국에 대해 호의적인 입장을 표명했다.[100] 서구 유럽의 다른 국민들에 비해 영국인들의 약간 특별한 행동(이 행동은 내세로 요약되지 않으며, 내세가 이 행동에 대한 하나의 표지이다)에 주목하자.

그러나 사람들은 지옥의 종말을 다소 너무 빨리 경축했던 것 같다. 우리가 이미 알고 있듯이, 상상력의 세계가 지닌 형태들은 끈기 있는 생명력을 가지고 있다. 가장 낮은 지점에 도달한 후, 지옥은 안정되어 회복세까지 보이기 시작하는 것 같다. 1994년 《르 몽드》지에 의해 발표된 대단위 조사는, 1986년의 앞선 조사에 비해 한편으로 종교적인 믿음이 메마르고 있다는 점과, 다른 한편으로 새로운 회복을 하고 있는 것 같은 지옥의 '분발'을 확인해 주고 있다. 사실 지옥은 상승하고 있는 유일한 믿음이다! 프랑스인들의 33%가 '완전히' 혹은 '약간' 지옥을 믿고 있다. 이에 반해 1986년에는 23%였는데, 이 수치는 1981년의 15%보다 이미 높은 것이었다. 그런데 이러한 상승은 영원한 영혼의 존재가 확실하거나 가능하다고 판단하는 프랑스인들(56%)의 5분의 3에만 관련되어 있으므로 여전히 상대적이다. 신문 해설에 따르면, 이러한 결과에 '명확하고 유일한 해석'이 내려질 수 없다는 것이다. 그러나 역사가는 해석의 위험을 부담해야 할 의무가 있는 것이다! 먼저 이러한 경향이 견지되고, 이 사실이 서구 전체에 관계되는지를 알아야 한다. 이 경우는 몇십 년 전부터 세번째

1천 년의 시대가 가까워짐에 따라, 서구 문명에 전보다 '불만족한다는' 징후를 나타낸다고 할 것이다. 신속한 성장과 소비 사회의 미덕에 의해 야기된 열정은 어떤 우울증에 자리를 내주면서 사라졌다. 오늘날 우리는 결산의 부정적 측면, 즉 세계의 다른 지역들을 혹독하게 강타하고 있는 참사에 대해서는 말할 필요도 없고, 가장 풍요로운 사회들에서 영속되고 있는 명백한 불의를 확인하고 싶은 생각이 더 든다. 미래는 불확실한 것 같다. 이러한 전후 상황 속에서 그리고 지난날의 그 찬란함에 되돌아갈 수 없다고 할지라도, 지옥은 운좋게도 살아남을 수 있는 몇몇 으뜸패들을 간직하고 있다.

그렇지만 여전히 대다수 현대인들은 종교가 전하는 종말론적인 메시지에 거의 관련이 없다고 느끼고 있다. 비록 사람들이 지옥보다 천국을 선호하지만, 실제 영향을 받는 것은 내세 전체이다. 현실적이든 허구적이든 지상의 지옥과 천국(핵전쟁과 몰살수용소로부터 '소비 사회'나 '빛나는 미래'까지)은 내세의 유사한 형태들을 이차원으로 밀어냈다. 요한네스 파울루스(요한 바오로) 2세는 《희망 속으로 들어오십시오》(1994)라는 제목의 저서에서 이와 같은 현상을 완벽하게 파악하였다. 교황은 신학자들이 '지옥으로 위협을 줄 용기가 더 이상 없다'는 점을 인정한다. 그리고 그는 이렇게 덧붙인다. "신학자들에게 귀를 기울였던 사람들이 이제 지옥을 두려워하지 않게 되었을 가능성도 있다. (……) 현대인들이 최후의 종말에 거의 무감각해졌다는 점을 분명히 인정해야 한다."[101] 그러므로 오늘날 사람들은 내세에 지나치게 열중하지 않고도 그리스도교도가 될 수 있다. 내세 못지않게 그리스도교적인 다른 가치들이 그것과 교대하고 있는 것이다……

사실 교황 자신이 지옥이라는 매우 논란거리의 문제에서 특별히 낮은 프로필을 채택하고 있는데, 이는 시대를 나타내는 기호이다. 그는 한스 우르스 폰 발타사르 등의 신학자들을 인용하는데, 이들은 다소 애매한 방식으로 결론을 내리기 위해 그저 단순히 지옥을 거부하고 있다. "인간을 그토록 사랑했던 신은 인간이 신을 거부하고, 이로 인해 끝없는 고통을 선고받는 것을 받아들일 것인가? 그러나 그리스도의 말씀은 명확하다. 〈마태복음〉에서 그는 영원한 형벌을 맛보게 될 사람들에 대해 분명하게 말하고 있다. 그들은 누구일 것인가? 교회는 결코 입장을 취하려 하지 않았다. 여기에는 신의 성스러움과 인간의 의식 사이에 불가해한 신비가 있다. 그러므로 교회의 침묵은 적절하고 유일한 태도인 것이다." 교황에게 지옥은 실질적인 신의 형벌이라기보다는 다분히 인간들에 대한 도덕적 요구인 것 같다. "돌이킬 수 없는 벌은 매우 복잡한 인류사에서, 말하자면 일종의 도덕적 균형을 확립하는 데 필요하지 않겠는가? 지옥은 인간의 도덕 의식을 위한 구원의 궁극적 발판이 아니겠는가?"[102]

도덕적 요구는 이론의 여지없는 진실과는 다른 것을 의미한다. 반대로 교황은 연옥의 정화 기능을 분명하게 단언한다. 그리하여 연옥은 지옥에 관한 유산이 지닌 본질을 구원과 천국의 방향이라는 완전히 반대되는 방향으로 유도하면서 그것을 되찾는다.

신앙인들에 대해 말하자면, 그들은 내세의 분명한 모습에 대해 교황보다 덜 확신한다. 이와 같은 재구상이 입증하는 것은 어떤 것도——교의조차도——상상력의 세계로 하여금 역사의 각 순간에 나타나는 꿈·두려움, 그리고 희망에 그것의 이미지들이 적응되는 것을 막지 못한다는 점이다. 예전의 고상한 확신들은 무수한 가정 속에 폭발해 버렸다. 미셸 윌랭은 이렇게 쓰고 있다. "모든 증언들 가운데서, 예를 들어 모든 점에서 가톨릭 교의에 일치하는 것은 겨우 20분의 1이나 될 것이다. 지옥을 믿는 어떤 이는 지옥이 영원한 것으로 제시되기를 거부한다. 아니면 그는 지옥을 바로 이 지상의 삶에서 회한이 주는 상처와 동일시한다. 다른 사람들은 내세에서의 차이가 이승의 삶에서 경험하는 자선의 강도에 비례한 다양한 등급의 환희에 불과할 것이라고 생각한다. 많은 사람들은 부활의 실체를 생각해 내지 못하거나, 개체적 존재들이 대전체와 융합하는 데 있을 것이라고 판단한다."[103] 이렇듯 다양한 탐구는 많은 종파들, 특히 불교와 같은 극동의 종교들이 행사하는 매혹적 힘이나 강신술의 강력한 회귀 등과 나란히 한다. 불교·강신술, 그리고 뉴 에이지와 같은 다양한 운동들에 의해 공유된 환생의 교리에 대한 이론의 여지없는 심취를 우리는 확인할 수 있다. 어떤 자들은 환생을 그리스도교에까지 적응시키려 하고 있다. 1994년의 조사에 따르면, 프랑스인들 가운데 11%가 환생을 믿고 있다. 이것은 정신의 점진적인 개화가 전통의 억압적 기능을 없애는 표현양식이다. 이처럼 양극적인 도식은 사방에서 이의가 제기되고 있는 것이다.

내세가 탈극화되고 있으며, 동시에 구원의 길이 다양화되고 있다. 점점 더 개방적이고 분화되는 문명 속에서 원형은 그 실체를 간직하지만 다양성도 획득한다. 믿음의 분열은 사회 조직의 분열과 짝을 이룬다. 이러한 현상은 자유의 신호인가, 파탄의 신호인가? 그것을 즐기거나 불안해하기에는 다소 시기상조인 측면이 있다.

내세에 관한 상상력의 세계에서 관찰할 수 있는 패러다임의 변화는, 1천 년이 끝나가는 시점에서 인류의 본질적인 문제, 즉 문명을 새롭게 종합하려는 탐구 속에 이론의 여지없이 자리잡는다.

4

이타성의 게임

타자: 현실인가 허구인가?

상상력의 세계가 지닌 모든 구조들에서 이타성(異他性)은 아마 가장 많이 통용되는 것일 터이다. 우리와 타자들이라는 용어들을 연결시키는 중심축으로서 그것은 인간간의 상호관계가 지닌 본질적인 것을 재규합한다. 역사 자체가 자기 정체성과 이타성이라는 대립되면서도 보완적인 원리들을 중심으로 한, 이를테면 다양한 형태의 담론에 불과한 것이다.

타자는 대개의 경우 상상력의 세계가 지닌, 변형시키는 필터를 통해 관찰된 실제 인물이거나 공동체이다. 우리가 지각하는 것은 타자의 이미지이고, 이 이미지는——모든 이미지가 그렇듯이——현실과 허구의 성격을 동시에 띠고 있다. 구체적 세계로부터 상상력의 세계로 옮겨가면서 타자는 단순화와 확장의 작용을 겪으며, 극단적인 경우에는 풍자와 상징에 이르게 된다. 평범성은 그에게서 거부된다. 그는 의미를 간직하고 있어야 한다. 왜냐하면 우리에게 특별한 무언가를 말할 것이 없다면, 타자란 아무 소용이 없기 때문이다.

클로드 레비 스트로스는 《야만적 사고》에서 이타성과 보편성이라는 모순적인 두 개의 가치가 공존하고 있음을 주목했다. 종족에게 자기 구역 밖에 있는 것은 다른 인류, 나아가 비인간에 속한다. 그러나 동시에——토템적 제도 덕분에——인간 존재들(그리고 몇몇 동물들까지도)은 일종의 보편적인 형제애를 권유받는다.[104] 기술공학적 사회는 이에 관해서 아무것도 혁신하지 못했다. 지난날과 마찬가지로 오늘날도 우리는 집단과 종 사이에 동일한 동요를 확인할 수 있고, 차이에 대한 가치를 부여할 뿐 아니라, 차이를 격화시키는 경향과 그것을 소멸시키는 경향 사이에 동일한 동요를 확인할 수 있다.

그러나 역사는 이타성이 보편성보다 더 활동적이라는 것을 입증하고 있다. 이타성은 상상력의 세계가 침입하도록 내버려둘 수 있고, 그것에 의해 휩쓸려 버리기까지 할 수 있는 것 같다. '이국적인' 문명의 특별한 모습은 인종과 문화가 지닌 공통적 유산이 그것들의 특수성보다 훨씬 더 본질적이라는 점을 쉽게 잊게 만든다. 동굴에 살았던 인간과 기술공학적 시대에 사는 인간 사이라 할지라도, 다름은 유사성에 비해 궁극적으로 부차적이다. 인간들을 결합시키는 것은 그들을 분리시키는 것보다 더 중요하다. 인간성의 변화는 인간성 자체에 비하면 거의 중요하지 않다. 그러나 차별이 유사성보다 인간 정신에 보다 잘 각인되었다는 점을 인정하지 않을 수 없다. '종족주의·민족주의·인종차별주의'는 상상력의 세계가 지닌 지속적인 구조로부터 비롯된다. 이것들을 오로지 어떤 역사적 상황들과 결부시킬 수만은 없을 것이다. 비록 물론 역사가 그것들을 격화시키거나 가라앉히는 데 기여한다 할지라도 말이다.

타자의 '비정상성'은 매우 긴 계층체계로 배치된, 탈가치화시키거나 또는 가치부여적인 특질들에 의해 표현된다. 규범에 비추어 볼 때 이 '이방인'은 확실히 더 낮거나 더 나쁘게 드러날 수 있으며, 경우에 따라서는 더 나으면서 동시에 더 나쁘게 드러날 수도 있다. 악덕과 미덕이 뒤섞인 그의 '칵테일'은 다르다. 이타성이 그것이 지닌 모든 찬란함 속에서 표명될 때, 통용되는 도덕과 공통적인 행동은 더 이상 통하지 않는다.

　그러므로 현실적인 타자는 상상력의 세계가 펼치는 유희를 감추는 구실이나 알리바이에 지나지 않는다. 이 점에 관해서 상상력의 세계에 대한 연구는 관점의 중요한 수정을 실행하고 있는 중이다. 타자의 변증법에 연루된 두 당사자 중에서 지배하는 자는, 외관상 드러나는 것과는 반대로 이야기의 대상이 되는(그리고 자기 옷이 아닌 옷으로 괴상하게 옷차림을 하여 자신을 거의 알아보지 못하는 경우가 아주 흔한) 자가 아니라, 이야기를 하고 타자 속에서 자신의 환상과 계획을 풍부하게 해줄 수 있는 수단을 발견하는 자이다.

유럽의 반대: 중국

　서양인의 상상력의 세계에서 중국의 변천은 우리가 앞서 한 고찰을 탁월하게 예증해 주고 있다. 첫번째 커다란 종합적 견해를 수립하는 데 근거가 된 것은, 13세기의 여행들과 특히 당시 일종의 '베스트 셀러'였던 마르코 폴로의 책이었다. 서양은 탐험과 식민화의 대모험에 나서려고 하던 참이었고, 다른 사람들이 지닌 보물들을 꿈꾸고 있었다. 중국과 극동은 현혹적인 풍요로움을 지닌 세계로 빛나게 변모되어 있었다. 콜럼버스는 자신의 많은 동시대인들처럼 중국의 황금에 사로잡혀 있었다. 그는 전설적인 제국의 강안에 도달하기 위해 대서양을 횡단했다. 아메리카의 발견을 선도한 것은 중국이었던 것이다.[105]

　두번째 종합적 견해는 17세기와 18세기에 이루어졌다. 그것이 가능하게 된 것은 특히 예수회 수사들이 중국에 정착하여 관계를 맺었으며, 특별히 호의적인 시각으로 중국의 문명과 정치제도를 소개하는 저서들을 썼기 때문이다. 철학자들은 횃불을 다시 밝혔다. 서양의 사회 조직을 혁신시킬 수 있는 해결책이 모색되고 있던 시기에, 중국의 교훈은 매우 진지하게 받아들여졌다. 일부 이론가들에게 이 먼 나라는 훌륭한 통치와 정치적 지혜의 모델이 되었다. 유럽만큼이나 큰 제국이, 분열되어 끊임없이 정치적·사회적으로 갈등을 빚는 유럽과는 완전히 대조적으로 경이롭게 돌아가고 있었기 때문이다.[106]

세번째 종합적 견해는 19세기 중반에 결정화되었는데, 앞선 두 개의 것과 전혀 어울리지 않았다. 서양은 경제적·식민지적으로 팽창이 최고조로 이루어지는 가운데 다른 사람들에 대해 멸시밖에 나타내지 않았다. 정치적 모델로서 추락한 중국은 (토크빌의 성격 규정에 따르면) '어리석고 미개한 통치' 이상의 것이 아니었다.[107]

몇십 년이 지난 후, 새로운 변화가 일어난다. 1900년경, 서양이 자신의 능력이 세계 지배를 무한히 확보할 수 있을지 의심을 품기 시작했던 시기에, 중국은 '황화론'의 상징이 되었다. 억압받는 자들의 반항은 세상의 이치 속에 들어가 있는 것 같았고, 이러한 맥락 속에서 중국과 일본이란 커다란 두 황색 국가가 제휴하는 것만큼 더 불안한 것은 없었다. 어떤 이들은 아시아의 침략에 유린되는 백인 유럽과 문명의 머지않은 추락을 미리 예언하고 있었다.[108]

중국에 대한 게임은 20세기에도 계속되었고, 아직도 계속되고 있다. 세세한 것을 장황하게 늘어놓지 않겠지만, 적어도 1960년대 말 마오쩌둥 사상이 서양에 유행했다는 점은 기억하자. 왜냐하면 문화혁명의 비상한 소동은 인류에게 새로운 길(부패한 자본주의와도 다르고 고착된 공산주의와도 다른 길)을 제시했다고 여겨지기 때문이다. 보다 최근에는 중국의 경제 '기적'이 번영하는 시장경제를 공산주의의 이데올로기적·정치적 정통 교리에 연결시키는 새로운 모델을 확립하려 하고 있다.

이와 같은 모든 종합적 견해들 가운데 중국의 현실은 유럽의 기대보다 중요성이 덜하다. 중국의 거대함과 인간적 잠재력, 오랜 역사적 전통, 문명의 복잡성은 이 나라를 진정한 유럽의 짝으로, 다시 말해 특별히 명료한 이타성에 의해 특징지어진 동시에 '대등한' 구조물로 만들고 있다. 이렇게 중국은 대립적이거나 보완적인, 매력적이거나 불안을 주는 무궁한 해법들, 그러나 항상 유럽의 어떤 '요구'에 부응하는 그런 해법들을 제시함으로써 '반유럽'의 역할을 수행하고 있다. 유럽인에게 중국은 환상과 계획의 집합소처럼 나타난다. 상상력의 세계가 책임을 짐으로써 하나의 현실적인 국가가 유토피아의 나라로 변모되는 것이다.

음식-섹스-의복

사람들은 인간이란 무엇을 먹느냐에 따라 규정된다고 주장할 수 있다. 이와 같은 재담은 상상력의 세계가 지닌 논리를 잘 예증해 주고 있다. 다르게 음식을 섭취하는 사람은 달라야 한다. 그의 기호와 습관이 기준으로부터 멀어지는 만큼 더욱 다른 것이다. 식인종의 신화는 이와 같은 변증법 속으로 들어간다. 그것은 음식과 관련된 용어로 표현된 이타성의 극치를 나타낸다. 또 다른 극단에서 우리는 정의로운 자들이나 성인들을 특징짓는 채식주의, 나아가 금욕과 만난다. 그리하여 인간은 그가 먹는 것을 통해서 신들이나 동물들에 가까이 갈 수 있다. 그러나 그렇게 멀리 가지 않고도 우리가 확인할 수 있는 것은 우리와 타자들, 즉 자기 정체성과 이타성의 관계 역시 음식과 관련된 다양한 기준과 의식을 거친다는 것이다.

인간은 또한 성적 행동을 통해 특징지어진다. 이 영역에서 실제이든 추정되었든, 관행이 다르면 간격이 생길 수 있다. 극단적인 경우들이 음식에 관한 상상력의 세계에서처럼 여기서도 못지않게 분명히 나타난다. 혼잡함과 근친상간은 흔히 식인 풍습과 나란히 한다. 반면에 정숙함은 식사의 간소함과 맞닿아 있다. 각각의 사회는 성에 관한 유희의 법칙을 상당히 엄격하게 규정하고 있다. 금기 사항들은——이것들은 불가피하다—— '타자들'을 소외시키거나 거부하는 방향으로 통한다. 그러나 그것들은 동시에, 그리고 반대로 환상을 품게 한다. 실질적인 행동에 비하면 성적인 상상력의 세계는 분명히 더 풍요롭고, 더 자유로우며, 더 다양화되어 있다. 그것은 현실 사회가 인정하지 않을 자유의 공간들을 구축한다. '타자' 덕분에 우리는 적어도 상상력의 세계에서만은 새로운 삶과 경험을 체험할 수 있다. 이것이 거부와 유혹 사이에 끊임없이 변화하는 게임이다.

끝으로 우리가 잘 알고 있듯이, 인간을 만드는 것은 의복이다. 의복이 없다면 인간은 매우 다른 모습이 될 것이다. 상상력의 세계가 지닌 형태로서 나체는 당연히 혼잡함과 식인 풍습에 연결되어 있다. (특히 근대 초기에 아프리카인들, 아메리카 인디언, 그리고 폴리네시아인들의 경우가 그러하다.) 육체를 '가리거나 드러내는' 방식은 상상력의 세계에서 특별히 광범위한 공간을 포괄하며, 이 공간에서 사회 계층구조 및 문화 행동과 마찬가지로 성적인 서열 의도들도 반영된다.

사실은 이 모든 요소들이 결합되어 분열된 인류의 감정을 강화시키는 것이다.[109] 나체의 '야민인'은 우리가 외양만 보고 결론을 내리고 싶은 것 이상으로 꼼꼼한 옷차림을 한 부르주아에 확실히 더 가깝다. 상상력의 세계는 이타성의 외적 표시들——어떤 것들은 실제적이고, 어떤 것들은 상상된 것들이다——을 확장시키고, 전후 상황과 특수한 문화적 논리로부터 떼어 놓으면서 그것들을 세심하게 수집하였다. 그리하여 차이 목록은 인류의 통일성이란 평범한 확인보다 더 인상적이 되었다.

중심에서 주변으로

이타성의 유희는 중심을 주변에 연결시키는 메커니즘과 중심의 개념에 본질적으로 달려 있다. 상상력의 세계가 지닌 가장 강력한 형태들 가운데 하나는 세계의 중심이다. 사람들이 위치시키고자 하는 곳에 언제나 위치하는 세계의 중심은 정상상태의 영역을 나타내고, 사람들이 우주 전체를 바라보고 판단하는 지점을 나타낸다.[110] 이 원리는 개인과 집단·민족·문명 등 모든 수준에서 작용한다.

각각의 종족은 중심에 위치한다. 종족들의 세계에서 중심은 도처에 있다. 사실 역사적 변화의 리듬에 따라 어떤 중심들은 다른 것들보다 더욱 '대등하게' 되면서 견고해졌다. '대문명들'·'제국들'·'세계적인 경제 조직들'은 다른 것들을 주변으로 밀어내는 데 성공했다. 천지만물과 역사의 중심에 위치한다고 의식하는 이와 같은 강력한 구조들은 공간을 매우 이데올로기화시키고, 고유한 가치들에 따라 구조화시킨 건축물들을 개발해 냈다. 중국은 스스로를 '중심의 제국'으로 오랫동안 간주해 왔다. 국경 너머에 있는 인류는 이상한 윤곽(괴물, 인간-금수, 아니면 반대로 매우 정신화된 존재들)을 하고 있다는 것이었다. 옛 그리스인들에게 그리스는 '외쿠메네'의 중심을 차지하고 있었다.[111] 14세기에 이븐 할둔은 '정상적인' 문명을 이슬람교 지역인 북아프리카에 위치시켰다. 두 세기가 지난 후, 장 보댕은 정상상태를 프랑스에 위치시켰다.[112] 근대와 현대의 승리에 찬 서양은 문제를 해결한 것 같다. 정상적인 중심 공간은 백인 문명의 공간일 수밖에 없었던 것이다. 그리하여 의미 있는 이동들이 이 공간 내에서 또한 이루어졌다. 우선권은 먼저 남쪽에, 다음으로 북쪽에, 그리고 마지막으로 미국의 모델로 돌아갔다. 새로운 이동들의 전망이 나오고 있다. 태평양권은 이미 지구의 새로운 '중심'으로 부각되는 경향을 보이고 있는 것이다.

'강요된' 정상상태와 관련하여 문명들을 이처럼 상상력에 의해 배치하는 것은 역사적 방법론의 본질적인 문제와 관계된다. 역사가들이 자유롭게 이용할 수 있는, 기록된 출처의 대부분은 지배적인 문명들을 표현하고 있다. 그것들은 '세계의 중심'에서, 아니면 '세계의 다양한 중심들'에서 만들어진 출처들이다. 그것들은 중심 공간뿐 아니라 주변을 포괄한다. 이 주변은 상당히 최근 시대까지 스스로를 거의 표현하지 못했다. (아니면 고전적인 역사기록학이 공인하지 않은 출처들을 통해 표현했다.) 이것이 바로 완전하게 작동했던 함정이다. 정보의 비판적 처리는 출처의 생산과 관련된 본질적 문제를 오랫동안 제외시켜 왔다. (아니면 거의 제외시켜 왔다.) 세계의 광대한 부분을 다루는 역사는 필연적으로 방향이 잡혀지고 이데올로기화되며, 변질된 이상한 담론을 따라 다른 곳에서 만들어진 '출처'의 도움을 받아서 재구성되었다.

이 출처는 여행 관련이 되었든, 역사·지리 또는 인류학 저서들이 되었든, 정치적 혹은 외교적 관계가 되었든 새로운 독서를 요구한다. 누가 상상력의 세계에 대해 면역될 수 있겠는가?

'출처'의 개념 자체가 문제된다. 헤로도토스가 스키타이인들에 대해 말할 때, 그의 이야기는 스키타이 역사를 드러내는 출처가 아니라 그리스인들이 지닌 이데올로기와 상상력의 세계를 드러내는 출처로서 구성된다. 그것은 주변에 대한 중심의 이야기이다. 우리는 경우에 따라서 이 이야기 속에서 '진실된' 요소들을 분리시킬 수 있고, 또한 순전히 허구적인 요소들, 즉 상상력의 세계가 지닌 힘을 통해서 그리고 그것의 법칙을 따라서 논리정연하게 표현된 종합 속에 결합된 요소들을 확인할 수 있다. 아마 여행은 스키타이 지방에서 전개될 테지만, 사실 우리는 오히려 그리스인의 정신적 공간 내에서 여행하고 있는 것이다.

스키타이인들은 그리스인들이 이데올로기를 지리에 연결시키면서 특별히 엄밀한 방식으로 구조화시킨 세계의 광대한 파노라마의 세세한 부분에 불과한 것이다. 그리스인들이 자신들의 고유한 문명을 위해 자리로 확보한 '외쿠메네'의 중심지로부터 계속적으로 이어지는 층계들은 세계의 주변부 쪽으로 통한다. 그이유는 이타성의 정도가 거리에 부합하기 때문이다. 스키타이인들보다 그리스인들에 더 가깝게 있었던 트라케인들[그리스인들이 발칸 반도 동쪽에 살던 민족들에 붙인 이름]은 스키타인들보다 차이가 덜 났다. 반대로 사람이 살고 있는 공간의 극단은, 인간성이 인간적인 것과 비인간적인 것을 동시에 띤 전설적인 민족들에 속해 있었다.[113]

이와 같은 유형의 정보들에 의존하는 것 ——때때로 유일하게 그런 경우가 있다——은 역사가로 하여금 어려운 선택을 하지 않을 수 없게 만든다. 그는 커다란 공허에 직면할 위험을 무릅쓰고 그저 그것들을 인정하지 않을 수도 있다. 반대로 그는 현실 세계와 상상력의 세계를 풀어낼 수 없을 정도로 뒤섞어 버릴 위험을 무릅쓰고 그것들을 유용하게 이용할 수 있다.

하나의 예를 들자면, 루마니아 역사가들은 현 루마니아의 옛 거주민들인 게타이인들과 다키아인들의 역사를 재구성하기 위해 이용할 수 있는, 토착민이 기록한 어떠한 출처도 없다. 물론 고고학이 있긴 하지만 그것이 모든 문제들에 대답을 줄 수는 없다. 그리하여 그리스와 로마 작가들의 필요성이 불가피하게 되었다. 옛 다키아의 정치·문화·종교의 역사는 본질적으로 그들 덕분에 재구성되었다. 그러나 그들이 전달하는 정보는 막연하고 단편적이다. 사실 그들은 도나우 강 너머에 위치한 영토에 대해서는 대단한 것을 알지 못했다. 잘모시스가 만든 종교는 그 출발점이 헤로도토스가 쓴 막연한 대목인데, 참고 도서가 이미 하나의 서가 전체를 차지하고 있다. 아무도 다키아 자체에서는 이 신비한 인물에 대해 어떤 흔적을 발견하지 못했다. 반면에 그가 창조한 것으로 여겨지는 가치들은 피타고라스의 학설과——조금 지나칠 정도로——닮아 있다. 요컨대 세계의 경계 쪽으로 이동된 그리스의 철학적·종교적 사상을 이와 같은 유형으로 공간적 투영을 시도하는 현상은 상당히 통용되고 있다. 피타고라스식의 태도는 게타이인들 사이에서 뿐만 아니라 스키타이 지역, 동방, 그리고 인도에서도 간직되어 있다. 궁극적으로 게타이인들의 진정한 종교에서 남아 있는 것은 무엇인가? 헤로도토스가 전달하는 상상력의 세계에 근대의 역사가와 작가들이 지닌 상상력의 세계가 덧붙여졌다. 온갖 결론이 가능하지만 어떤 결론도 확실치 않다.[114]

상상력의 세계는 출처의 '부실'에 대해 치유책을 제시할 수 없다. 그러나 그것은 자신의 고유한 분야를 획정할 권리와, '실증적 사실들'을 다루는 역사가가 진정한 세계 및 이 세계에 대한 담론을 혼동할 위험에 대해서 경계시킬 권리가 있다.

서양에서 본 세계

우리가 우리의 시대로 전진함에 따라서 정보는 보다 풍요로워

지지만, 여전히 그것은 변형을 가져오는 동일한 필터를 통과해야 한다. 고대 사람들을 본떠서 근대인들은 자신들의 이데올로기·꿈, 그리고 계획과 밀접한 관계 속에서 계속적으로 공간에 가치를 부여했다. 르네상스 시대에 세계체제 속에 통합된 미국의 미개인들은 야만인들이나 국경지대의 전설적 민족들이 나타낸 고대의 모델과 같은 취급을 받으면서, 동시에 근대의 종교적·철학적·이데올로기적 편견의 득을 누렸다. 이교도이고 미신을 믿으며, 궁핍하고 식인 풍습을 지닌 그들은 종교·이성·유럽 문명에 비추어 가치가 평가절하되었다. 그러나 이타성의 변증법에 따라서 그들은 동시에 가치가 부여되었다. 세계 끝까지 자신들의 종교적·철학적 이론이 구체적으로 실현되어 있다고 상상하는 그리스인들이나 중국인들의 방식으로, 근대 서양은 서양의 관점에서 본 동시대 야만인들에게 도움을 청하는 것을 잊지 않았다. 선량한 야만인들과 나쁜 야만인들이 역할을 분담했다. 바로 이와 같이 대조가 뚜렷한 관점에서 우리는 아메리카가 되었든(최상과 최악의 종합), 아프리카가 되었든(야만성의 부정적 극점), 폴리네시아가 되었든(전적인 찬란함을 드러내는 야만적인 귀족) 이국적 공간에 대한 담론을 판단해야 한다.[115]

선량한 미개인이 ——자연상태의 관점에서 볼 때——서구 사회가 드러내는 불충분한 면들을 비판하는 임무를 맡았다. 그렇게 하여 그는 자신도 모르게 철학자들과 개혁가들의 귀중한 동지가 되었다. 장 자크 루소에게 원시인들의 '건강한' 삶——진보된 사회의 문명, 사유재산, 위선에 의해 부패하지 않은 삶——은, 당시 그의 동시대인들 일부가 원용한 중국의 모델 못지않게 모범적인 모델을 구성했다.

이와 같은 모순적 태도들은 근대 사회가 유럽 이외의 공간과 유지한 관계를 규정해 준다. 이 관계는 다양한 비율로 거부와 욕망, 매력과 두려움, 찬양과 멸시가 혼합된 것이다.

19세기는 총괄적으로 가치를 평가절하하는 방향으로 논쟁을 단순화시켰다. 이 세기가 드러낸 기술공학적·사회적 계획은 이국의 모델, 선량한 미개인, 그리고 전통적인 황금시대와는 아무런 관련이 없었다. 인종차별주의와 진화론이 다른 인종들을 생물학적으로 덜된 것으로 선언하면서, '비유럽인'에게 돌이킬 수 없는 열등성의 낙인을 찍는 데 동일한 비율로 기여했다. 다른 인종들은 시간의 척도에서 백인 문명이 오래 전에 초월한 단계들을 나타내고 있었다. 그리하여 민족학은 선사시대와 결합했다. 선사시대의 인간에 접근하기 위해서 시간을 거슬러 올라가는 여행을 할 필요가 더 이상 없게 되었다. 공간 속에서 여행을 하면 충분했다.

이와 병행하여 민족주의——근대 유럽을 창설한 원리——는 백인 문명 내부 자체에 이타성의 체계를 극화시키는 데 기여했다. 낭만주의자들에게 귀중했던 민족 정신은 유럽이라는 오래 된 대륙에 내부적 경계들을 파놓았다. 각자는 자기 민족을 이상화시키고, 이웃 민족의 모습을 희화거리로 만들기 위해 최선을 다했다. 19세기 문학을 줄기차게 따라다니는 신기한 인물은 외국인이다. 호감을 주든 반감을 주든, 우스꽝스럽든 경멸할 만하든 그는 완전한 신사는 아니다. 그의 명백한 이타성은 이야기하는 사람의 정체성을 견고하게 만들었고, 그리하여 민족적 실체들 사이의 간격을 부각시켰다. 신체인류학은 이러한 흐름을 따랐다. 그것은 단 하나의 유럽 백인종을 결국 열 개 이상의 인종으로 만들어 버렸다![116] 유럽은 유럽이 지배하고 개화시키려 했던 나머지 세계에 비해 필경 동질적인데도, 자기 자신의 집에 하나의 온전한 균열 시스템을 파놓았다. 1900년대의 고개를 넘으면서 이러한 경향들은 20세기의 소요 속에서 책임져야 할 몫을 갖게 되었다.

사실 우리는 '헤로도토스의 거울'로부터 그렇게 멀리 있는 것이 아니다. 자료들은 세기가 거듭되면서 축적되었고, 방법들 또한 확실해졌다. 그러나 이데올로기의 틀은 여전히 훌륭한 지위에 자리잡고 있었다.

현대 인류학은 자신의 담론을 문화 개념에 집중시킴으로써 궁지를 벗어나려고 시도했다. 그것은 계층체계를 창안하고, 이상한 현상들의 채집을 단념했다. 그것의 진정한 문제는 특히 각각의 문화체계가 지닌 특수한 가치들과 작용에 대한 이해이다. '연구 대상'을 '객관화하거나,' 아니면 '정체성을 확인하는' 이와 같은 노력이 끝까지 추구될 수 있는 것인지 판단하는 일이 남아 있다. 우리는 이것에 대해 의심할 수 있다. 이러한 측면은 오늘날 인류학적 지식이 통과하고 있는 위기를 설명한다. 일원적인 큰 비전들은 고갈되었다. '식민지 상태에서 해방된' 세계에서 인류학적 담론은(역사적 담론이나 타자에 대한 모든 담론처럼) 차례로 폭발했다. 잠재적인 '중심들'이 예전에 '주변부'에 불과했던 곳이면 다소간 어디서나 주장된다. 인류학자는 자신의 학문 분야가 타자의 현실을 진정으로 파악하는 데 성공하고 있는지 당연히 자문할 수 있다. 아니면 기껏해야 일종의 대화, 문화들 사이에 일종의 '중재'에 만족해야 할 것인지 자문할 수 있다.

어떤 이들은 인류학적 담론을 문학 텍스트와 비슷한 서술적인 허구로 간주하면서 더욱 멀리 나아간다. 연구의 주관성을 고도로 표명하는 것은 북아메리카식 영감을 드러내는 포스트모던한 인류학이 채택한 입장이다. "포스트모던한 인류학자는 자신의 인격·동기, 그리고 경험을 기술인류학적인 대면의 중심으로 만들면서 그후부터 '타자'를 자기 자신 안에 위치시킨다. 그리하여 그가 생산하는 텍스트는 타자를 '기술한다는' 모든 주장을 잃게 된다. 그는 고독한 주인공으로 변모되어 이국적인 모험을 통해 자신의 정체성을 추구하고 있는 작가의 힘을 강화시키는 것말고는 기여하는 것이 없다."[117]

이러한 평가에 동의하지 않고도, 우리는 그것을 어떤 징후를 나타내는 것으로 간주할 수 있다. 진정한 의미로 타자에 대한 학문인 인류학이 자신의 주관성을 의식하게 된다면 보다 덜 개발된 담론의 유형들에 대해서, 또는 여론 속에서 타자의 이미지가 받는 왜곡에 대해서는 무엇이라 말할 수 있겠는가?

도시의 내부에

우리는 지금까지 공간 속에서 다소 멀리 떨어져 있는 타자에 대해서 이야기했다. 그러나 또한 우리가 살고 있는 도시 내부에도 타자가 존재한다. 이 타자 역시 외부에 있는 타자 못지않게 낯설고 불안감을 준다. 중심을 주변에 연결하는 변증법은 이 경우에 또한 작용한다. 비록 이번에는 공간 배치가 부차적일지라도 말이다. 문화적이고 정신적인 성격의 거리는 지리적 거리와 마찬가지로 중요하다는 것이 뚜렷이 드러난다. 인접성이 이타성을 배제하는 것은 아니다. 때때로 그것은 이타성을 강화시키기까지 한다.

역사가의 주의를 끌었던 것은 특히 제한된 몇몇 경우들이다. 1985년 슈투트가르트에서 열린 역사과학 세계대회는 '외국인, 소수파, 소외된 자들'이라는 부제를 가지고 '타자의 이미지'를 토론의 중심에 놓았다.[118] 이 세 개의 범주는 물론 특별히 부각된 이타성의 특징들을 나타낸다. 그러나 사실 타자가 하나의 공동체를 구성하는 모든 요소들을 규합하는 망 속 어디에나 존재한다는 것이다. 각자는 중심과 관련하여(아니면 고유한 관점을 지닌 여러 개의 중심과 관련하여) 어떤 위치를 차지한다. 우리는 수많은 관점에서 타자를 관찰할 수 있고 '창조할 수' 있다. 부랑자에 대한 부르주아의 시선은 부르주아에 대한 부랑자의 시선에 의해 보완된다. 그러나 무수한 관점들 가운데 하나의 관점이 불가피하다. 그것은 지배적인 이데올로기에, 일반적으로 인정된 가치들에, 공동체의 삶을 지배하는 규범에 부합한다. 우선 자기 정체성-이타성이라는 변증법을 분석하는 일은 이러한 '중심 지역'과 관련지어 이루어진다. 계속적인 손질은 중심부에서 주변부로 이끈다. 이 주변부에는 지리적 도식에서 세계의 외곽에 위치한 미개인들과 야만인들에 대응하는 소외된 자들이 존재한다.

어떤 경우가 되었든 소외된 자들은 공간적 또는 도덕적 의미에서 한 사회의 이미지를 거꾸로 제시한다. 그러므로 이타성의 논리가 안정되어 있다면 그것의 특수한 발현은 사회구조에, 그리고 역사가 만들어 놓은 이데올로기에 달려 있다. 그리하여 공간적으로 정착한 공동체에서 완벽하게 소외된 자는 유랑자이다. (이러한 의미에서 이타성에 대해 유럽인들이 지닌 상상력의 세계에서 집시가 차지하는 뛰어난 위치를 보아야 한다.) 거지와 방랑자·부랑자는 그와 가까운 위치를 차지한다. 종교적인 지배력이 강한 문화(중세 문화나 현대의 일부 신정체제, 또는 근본주의 체제의 문화와 같은)에서 신앙이 부실한 자와 이단자는 단단히 소외된다. 전체주의 사회에서 유별나게 사유하거나 살아가는 자는 '개방된' 사회에서보다 더 소외된다. 특히 공산주의 체제에서 '계급의 적'·'기식자'·'이단자'가 그러한 경우이며, 전반적으로 '굴라크'(구소련의 정치범 집단수용소)에 자리잡은 유사하고 확실한 사회가 그러한 경우이다. 어떤 질병들 또한 소외를 야기할 수 있다. 오늘날 에이즈가 잘 알려진 그러한 경우이다. 질병이 엄격하게 의학적인 함축성을 훨씬 넘어서면서 상징이 되는 경우들이 있다. 중세에 문둥병자들은 '제외된 자들의 사회'를 드러내는 소름끼치는 모델을 나타낸다. 이 사회는 질병에 의해 부분적으로 정당화되었지만, 그것이 지닌 이타성의 속성들은 사회적 상상력의 세계에서 강력하게 확장되었다. 이러한 예는 이타성의 메커니즘이 차이를 분리시키고, 이 차이에 의미를 부여하는 능력을 명백히 드러냄으로써 메커니즘 자체에 매우 의미가 있는 것이다. 문둥병자들의 조건은 중세가 지닌 상상력의 세계에 '원죄에 대한 알레고리'와 '신의 징벌에 대한 생생한 이미지'를 제공했다. (이러한 측면을 우리는 때때로 에이즈의 경우에서 재발견한다.) 격리는 그 결과로서 '다른 민족'의 탄생을 가져왔다. 같은 시대에 이단자들이 박해받고, 유태인들이 소외되는 현상이 분명하게 나타났다. 유태인들은 문둥병자들과 하나가 되는 일종의 아말감 취급을 '받았다.' 위기 상황에서 정치적·이데올로기적 구조를 확고하게 다지는(그리고 그렇게 함으로써 자기 정체성을 분명히 하는) 사회에서 '음모'는 더없이 많다. 따라서 건강한 민족에 대해 병든 민족이 획책하는 음모들을 상상하는 것보다 더 논리적인 것이 무엇이 있겠는가? 1321년에 하나의 정신병이 프랑스에 번졌다. 사람들은 문둥병자들이 '샘과 강, 그리고 우물에 그들이 만든 부패시키는 독극물 가루를 뿌려 도처에서 물을 중독시키려 했다'는 점을 알고 있다고 생각했다. "(……) 문둥병자들은 권력을 갈망했고, 이미 그들 사이에 권력을 나누어 가졌으며, (……) 지배자·백작·남작 등의 칭호를 서로에게 부여했다"는 것이다. 그 결과 남프랑스에서 '문둥병자들의 학살'이 확실하게 이루어졌다.[119]

　각각의 사회는 이단자들, 문둥병자나 광인들, 용의자들과 범죄자들로 이루어진 소수집단 및 소외된 자들의 지역을 가지고 있다. 메커니즘은 쉬지 않고 가동되지만, 역사적 변화에 일치하여 강도도 다르고 다양하게 나타난다. 그리하여 근대성을 향한 서양의 전진은 수세기 동안 비정상인들을 배척하려는 분명한 경향을 통해서, 그리고 벽과 울타리를 다양화시키고 강화시키려는 강박관념을 통해서 나타났다. 발광과 범법 행위는 특별히 유연한 개념들이 되었다. 정신병원과 감옥이, 미셸 푸코가 보여 주었듯이 근대의 진정한 상징물로서 세워졌다. (이들 상징물들의 '황금시대'는 17세기에서 19세기까지 연장되기 때문이다.)[120] 이러한 현상의 책임은 국가의 강화, 사회관계의 이데올로기화, 긴장의 팽배, 엘리트들의 자기 방어적인 반응 등에 있다.

　사회적 갈등이 첨예해지고 분극화될수록 타자에 대한 상상력의 세계는 더욱 침투적이 되며 불안을 야기하게 된다. 19세기는 가진 자들과 가난한 자들 사이에 특별히 뚜렷한 분할을 드러내며 인상적인 예를 제공한다. 가난한 자들은 루이 슈발리에가 말하는 바와 같이 '힘들고 위험한' 계급을 형성하기 때문이다.[121] 19세기가 한창일 때 마르크스가 '계급투쟁'을 발견한 것은 우연의 산물이 아니다. 불신과 대결, 그리고 억압으로 이루어지는 이러한 변증법은 결국 그로테스크한 상상력의 세계를 산출했는데, 여기서 타자, 다시 말해 '비참한 자들'로 이루어진 대집단은 유다르고 불안을 주는 인류의 모습을 띠었다. 롬브로소에 의해 이론화된 범죄적 인간에 대한 풍자까지 나왔다. 그는 서양 인구의 상당한 부분을 '잠재적 범죄자들,' 즉 타락하여 회복 불가능한 인간들로 이루어진 범주에 집어넣었다.[122]

　어떤 위치도 결정적으로 획득되거나 상실되지 않기 때문에 중심과 주변부의 순환은 영속적이다. 비참한 자들은 중세에 어떤 신비적인 후광을 누렸다. (예수가 가난을 축복했던 것이다.) 반대로 근대 사회 ——부르주아화되고 세속화되는 과정에 있던 사회—— 에서 가난은 저주가 되었고, 소외와 심지어 유폐(19세기의 유명한 사역원)의 강력한 논거가 되었다. 농촌 세계는 오랫동안 서양 사회의 수액을 보장해 주었다. 19세기 산업과 도시의 팽창은 농촌 세계를 주변부로 내몰았다. 전통적 상상력의 세계에서 강하게 가치가 부여되었던 숲과 산은 '미개한' 공간으로 인식되기 시작했다. '산악 지방의 주민'은 말할 것도 없고, 농부가 도시민과 부르주아라는 '개화된 사람'의 정반대가 되었다.[123]

오늘날 이타성의 형태와 정도는 19세기에 비하면 많이 수정되었다. '위험한' 계급들이 조직을 변화시켰다. 노동자는 지난 세기의 소외된 무산자가 더 이상 아니다. 부르주아적인 존경의 모델은 다소 부식되었다. 한 세기 전만 해도 예술가들과 체육인들은 애매한 신분상태를 누리고 있었다. 그러나 오늘날 그들은 중심에 단단히 자리잡았고, 찬양을 받으며 광범위한 부분이 여론에 의해 모방된다. 최근까지만 해도 멸시받고 억압되었던 성적 소수집단들은 인정되고 사회에 통합되었다. 상상력의 세계 속에서 인생의 나이를 새롭게 배치하는 일까지 있다. 전에는 원형이 성인이었다. 그러나 오늘날 우리는 청년기가 발휘하는 신기루를 확인할 수 있다. 청년기의 가치와 태도는 '제3기'인 노년기에도 위세를 드러내는 것 같다.

서구 사회가 이타성이 드러내는 가치 하락적인 함축성을 줄이고, 나아가 제거하기 위해 뚜렷한 통합 노력을 기울이고 있다는 점은 이론의 여지가 없다. 어떤 변화들은 눈부시다. 사람들은 상당히 갑작스럽게 순수하고 가혹한 인종차별주의로부터 '인종'이란 개념의 부정 자체로 넘어갔다.[124] 오랫동안 지배적이었던 남성적 가치들은 여성적 가치들에 대한 유사한 긍정을 받아들여야만 한다. 종교적이든 성적이든 도덕은 예전에는 하나로서 분할이 불가능하였지만, 이제는 여러 가지 변형으로 분열되었다. 장애자들도 모든 권리를 지닌 완전한 인간들로 간주되기 시작하고 있다. 에이즈가 상상력의 세계와 사회적 행동에 미치는 충격을 합당한 정도로 줄이는 데 목적을 둔 정보 작업은 동일한 '진정' 추세 속으로 들어간다.

그러나 이타성이 드러낸 옛 변증법이 사라질 것이라고 예언하는 것은 신중하지 못한 일이다. 새로운 조정만이 있는 것이다. 우리는 또한 어떤 사회교육법과 풍습 및 태도의 심층적 변화를 구분해야 한다. 그러나 인종차별주의를 고발하는 담론이 현재 통용되는 행위 속에 반드시 들어가야 하는 것은 아니다. 사람들은 때때로 관련된 당사자들을 바꾸면서, 계속해서 인종적인 계층구조를 만들어 내고 있다. 전통적인 인종차별주의가 특별히 선호한 주제들(흑인·유태인 등)의 퇴조는 옛 환상들이 회귀함으로써——때때로 상당히 유독한 회귀——아니면 민족주의·종교 대결·인구 이동, 이민자들의 문제 등과 같은 다른 동기들과 결합된 인종적 적대관계의 형태가 다양화됨으로써 방해받고 있다.

현실적인 소외——상상력의 세계에 의해 탈환되고 확장되는 소외——가 계속해서 서구의 가장 부유하고, 가장 개방된 사회들에서조차 나타나고 있다. 중심은 도처에 있을 수가 없다. (지리적으로도 사회적으로도 말이다.) 경우에 따라서 소외된 자들이 바뀌었지만 '이민자들'·'주소 부정자들'·'실업자들'·'에이즈에 걸린 환자들' 등이 다양한 자격으로 예증해 주는 소외로부터 사람들이 해방된 것이 아니다.

그러나 어떤 중심과 주변부 사이의 관계를 수정시키는 새로운 과정이 시작되었다. 일반적 차원에서 사회 조직과 인류의 점차적인 통일은 '분할'이라는 반대적인 현상을 수반한다. 세계는 결코 오늘날처럼 통일된 적이 없으며, 분할된 적이 없다. 강한 의미에서 '중심'은 그 권위와 힘을 상실하고 있다. 반면에 수많은 '부차적인 중심들'이 형성되고 있는 추세를 보이고 있다. 일종의 '성운'이 다분히 '태양계'를 닮았던 위치에 자리잡고 있다. 미셸 마페솔리는 1988년에 출간된 한 책에서 이제는 '종족들의 시대'라고 주장하고 있다. "하나의 한정된 모태 내부에 끌어당기는 수많은 극점들이 결정되고 있다. 증가하는 집단화와 소그룹들의 전개 사이에 한결같은 왕복이 확립되고 있다."[125] 영속적으로 동요하고 있는 이러한 사교집단들을 프랑스 사회학자는 '종족'이라고 부르고 있다. '탈중앙집중화'되고 '가변성의 기하학적 모습'을 띤 사회에서 타자는 많은 '중심'과 관련하여 더욱 현존하고 다양화될 것이다. 이러한 변화가 결국은 이타성의 고전적 게임을 탈극화하면서 현상을 평범하게 만들기를 희망하는 수밖에 없다.

상상력을 통한 여인

여자 또한 타자이다. 물론 남자 앞에서 말이다. 남자는 차례로 여자와 관련하여 동일한 위상을 차지하고 있다. 그러나 쌍방의 힘은 결코 같지 않다. 왜냐하면 역사, 그리고 특히 역사에 대한 담론은 의심할 여지없는 남성적 흔적을 지니고 있기 때문이다. 여자에 대한 상상력의 세계사를 재구성하는 데는 전혀 어려움이 없다. 출처는 여성에 대한 남성의 끝없는 담론을 구체화시키면서 풍부하게 되어간다. 여성의 담론은 훨씬 더 신중하고, 게다가 상당히 최근 시대까지는 어쩔 수 없이 지배적인 남성적 가치들에 의해 오염되어 있었다. 이것이 이타성의 문제에 있어서 여자가 남자와 동떨어져 지나가고 있는 이유이다.

여자는 완전한 타자이다. 다시 말해 여자는 이타성의 본질적인 모든 속성들을, 다른 조건이 지닌 모든 애매함을 농축하고 있다. 남자의 '정상상태' 앞에서 여자는 오랫동안 주변적이고, 이를테면 '미개한' 존재로 간주되어 왔다. 보다 나으면서 동시에 보다 나쁘다고 간주된 여자는 숭배와 모멸, 유혹과 두려움을 불러일으켰다. 풍요와 생명력의 상징인 여자는 또한 물질의 부패와 죽음을 상징할 수 있다. 그녀는 발광과 지혜(아테나)를, 순수함(동정녀 마리아)과 음란함을 동시에 나타낸다. 상황에 따라서 그녀는 신격화되거나 악마화되었다.

아리스토텔레스는 여자를 '불완전한 존재'라고 생각했다. 이것은 중세 그리스도교가 되찾아 다듬은 오래 된 편견이다. 독신남성 성직자 집단에 의해 이데올로기적으로 지배된 사회로부터 다른 무엇을 기대할 수 있겠는가? 여자는 성적인 죄의 도구이자 상징이 되도록 전적으로 정해져 있었다. 어떤 신학자들은 여자가 진정 영혼을 가지고 있는지, 죽은 자들의 부활이 여자에게도 해당되는지 자문하기까지 했다. 사실 인간 시체의 최초 해부는 여자들에 대해 행하여졌으며, 이것은 분명히 부활하리라고 약속된 남자의 육체를 해부하는 것보다 빈축을 덜 사는 수술이었다.[126] 그러나 이미 확인한 대조 법칙에 따라 기사도적 사랑과 여성의 순수함을 창조한 것(이것은 이미 세속화 경향, 즉 교회의 보호로부터 해방되고자 했던 세속적 문화를 나타내는 징후다)은 동일한 중세였다. 사실 '여성혐오자들'과 '여권주의자들'은 역사를 따라서 끊임없이 대결해 왔다.

위기의 시대들은 이타성을 격화시킨다. 이 법칙은 또한 여자에게도 적용되었다. 이는 그것의 가장 극적인 예증이 특히 16세기와 17세기에 저질러진 마녀사냥이었던 것만 보아도 알 수 있다. 이러한 현상은 물론 선조들의 편견에 따라, 저주스럽고 타락한 여자에 대한 두려움에 의해 부추겨졌다. 그러나 그것이 기승을 부리게 만든 것은 당시에 서구 문명이 통과한 구조적 위기였다. 당시는 '포위된 도시'라는 콤플렉스에 사로잡혀 두려움을 나타내던 세계였다. 장 들뤼모는 이 콤플렉스를 《서양에서의 두려움》(1978)에서 탁월하게 묘사하고 있다. 중세구조의 해체와 근대를 향한 어려운 전진은 불안정감을 야기시켜 이것을 확산시켰던 것이다. 페스트와 기근·전쟁, 그리고 세계의 종말, 최후의 심판 등과 같은 우주적인 혼란이 위협을 주었다. 사탄은 일을 하고 있었고, 이단자·이슬람교도·유태인·여자 등 모두가 서로 바꾸어 놓을 수 있는 온갖 종류의 소외된 자들 가운데 선택된 그의 '보조자들'도 일을 하고 있었다. 그러므로 여자는 아말감의 '대우를 받았다.' 대결의 이데올로기가 그녀의 '마녀적인' 전통적 적성을 되찾아 한 방향으로 이끌었다. 사람들은 또한 남자 마법사들도 확인했지만, 이들의 역할은 마법의 사이코드라마에서 명백히 부차적이었다.[127]

진정단계가 이어졌다. 여자에 대해 수집된 훨씬 복잡하고 다양화된 이미지들을 가차없이 단순화시킴으로써, 우리는 '길들여진' 여자가 '위험하고' 나아가 '악마적인' 여자와 교대했다고 단언하고 싶은 마음이 들 수 있다. 18세기와 19세기가 드러낸 서구적 상상력의 세계에서 여자의 특별한 장소는 가정이 되었고, 그녀의 본질적 임무는 가족과 아이들이었다. 사람들은 말하자면 어린아이나 환자와 동일시된 이 연약한 존재의 타고난 육체적 허약함, 그리고 부대적으로 지적 허약함을 명백하게 드러내려고 애썼다.[128] 이와 같이 여자를 '정상화시킨 것'은 물론 당시의 총괄적인 계획의 성격을 띤다. 여자를 '가두어 놓는 것'은 정신병자 수용소와 감옥에서 실행된 감금과 관련지어야 한다. (필요한 모든 구별을 하면서 말이다.) 남자들이 지배하는 사회에서 여자는 여전히 소외된 존재였고, 여자의 이미지는 남자의 환상과 계획에 따라 흔들렸다.

20세기의 해방적인 반작용은 새로운 모습을 추가했지만, 여성신화의 구조적 애매함을 수정하지는 못했다. 최근의 신화적 모습은 모든 이타성을 지우는 것(남자와 말하자면 동일한 여자)과, 남자와 다름에서 드러나는 여성성에 대한 가치부여 사이에서 흔들리고 있다. '동등한' 여자(그리고 때에 따라서는 '우월하기까지 한' 여자)가 사물화된 여자와 공존하고 있다. 오늘날 전달되는 이미지는 비록 전통적 이미지들과는 다르지만, 매우 대조적인 인격이라는 동일한 구조적 틀 속에 들어간다. '상상력을 통한' 여자는 남자보다 비할 데 없이 더 풍요롭고 더 복잡하며, 더 신비스러운 성격을 지닌 존재였고 지금도 여전히 그러하다.

인간에서 비인간으로

모든 사람들은 차이가 있다. 그러나 어떤 사람들은 다른 사람들보다 더 차이가 있다. 상상력의 세계가 다시 붙잡아서 변형시킨 현실적 타자와는 별도로 순전히 허구적인(아니면 현실적인 연관이 전적으로 부차적인) 타자가 존재한다. 이 존재는 다소 우리를 닮을 수 있다——왜냐하면 우리 또한 자기 정체성에 대해 유희를 하기 때문이다. 그러나 대개의 경우 이 존재는 그 자신을 강한 의미에서 다른 존재로 만드는 특질들을 나타낸다. 그는 인간을 금수나 또는 신들의 세계에 연결시킴으로써 인간적이며 동시에 비인간적이다. 어떤 분명한 경계도 이와 같은 형태의 근본적 타자를 '일상적으로 통용되는' 타자와 구분시켜 주지 않는다. 그 이유는 두 유형 사이의 이동이 계속적인 단계들을 통해서 양방향으로 이루어지기 때문이다. 모든 존재는, 이 존재가 현실적이라 할지라도 근본적 이타성의 속성들을 부여받을 수 있다. 이 문제는 후에 다시 다루겠다.

본질적으로 허구적인 이 인류들은 주지의 유일한 인류를 무한히 다양화시키면서, 구별되는 특징을 지닌 몇 개의 범주로 스스로를 특화시킨다. 가장 확실한 것은 생물학적 이타성이다. 이 이타성은 다르게 생긴 '사람들,' 즉 더 크거나 더 작고, 어떤 신체기관이 없거나 반대로 추가적인 신체기관을 가지고 있는 사람들이 있으며, 인간과 동물의 중간적인 존재들, 나아가 인간-식물들이 있다는 것이다. 유사한 생물학적 조직구조를 가진 것들('살아있는' 광물들, 비물질적이고 비가시적인 존재들 등)에 대해서는 말하지 않더라도 말이다. 이들 다른 존재들의 정신은 지성과 심리현상·초심리적 능력 등과 관련하여 마찬가지로 다르다는 것이다. 그들의 풍습도 달라서 성적 난잡함, 근친상간·식인 풍습과같이 인간 사회에서 용인할 수 없는 일들이 때때로 일어난다. 끝으로 이들 공동체들의 사회구조는 이와 같은 측면들에 대응하는무수한 공상적인 해결책들을 제시한다.[129]

이타성의 메커니즘은 언제나 동일하다. 다시 말해 그것은 타자에 대해 우리의 고유한 환상과 욕망을 투영하는 것이다. 당연히 이타성의 극단적 경우는 허구적인 타자를 매개로 하여 어떤것이나 상상할 수 있고, 더할나위없이 광적인 꿈들과 기상천외한 계획들을 구체화시킬 수 있는 가능성을 인간에게 제공해 준다. 그리하여 현실의 인간은 대리로 일종의 짐승이나 신이 될 수있고, 금기 사항들을 위반할 수 있으며, 지식의 한계를 무너뜨릴수 있고, 마법적 힘을 가질 수 있으며, 공간과 시간의 구속을 소멸시킬 수 있고, 우주의 경계에 도달하거나 비슷한 우주들 속에침투할 수 있는 등 어떤 것이든 가능하다. 이 모든 가능성들은 몽상적인 측면이 있는 데 반해 '일상적인' 이타성은 보다 통제되어 있으며, 어떤 '사실주의'에 보다 가깝다.

근본적인 해결책들은 물론 중심을 주변부에 연결시키는 도식속에서 그것들의 자리를 갖게 된다. 그것들은 우리 세계의 주변이나 별개의 세계들 속에 가능한 한 멀리 배치된다. 고대 세계에나타나는 전설적인 민족들은 알려진 공간 주변에 흩어져 있었다.

그들은 블레미(머리가 없고 얼굴이 가슴에 있는 인간), 큐노세팔레스(개의 머리를 한 인간), 시아포드(거대한 다리 하나만 있는 인간), 미개인(털투성이의 인간), 난쟁이, 그리고 세계 끝에 위치하고 인간과 비인간 사이의 경계에 위치한 다른 많은 잡다한 존재들로 나타난다. 그들은 그리스적인 '중심'에서 보았을 때, 스키타이인이나 인도인과 같은 외국인과 관련하여 이타성의 또 다른 단계일 뿐만 아니라, 다른 유형의 이타성이고 전혀 다른 조건이었다.

섬들도 유사한 역할을 수행하였다. 그것들은 우리 인류가 거주하는 거대한 섬과 이를테면 '대등한' 별도의 세계들로 간주되어 오랜 세월을 따라 놀라운 다양성을 지닌 여러 종류의 인류를 응축시켰다.[130] 섬과 관련된 상상력의 세계가 절정에 달한 것은 중세말이었다. 그리고 물론 먼바다와 섬들의 이와 같은 부름이 위대한 발견들을 이룩한 모험에서 본질적인 역할을 하였다. 마르코 폴로에 의해 '조사된' 1만 2천7백 개의 섬——1만 2천7백 개의 세계——과 더불어 인도양은 낯선 세계의 주요 중심지, 자크 르 고프의 말을 빌리자면 중세 서양의 '몽상적 지평'[131]이 되었다. 인도양의 해안들과 섬들은 당시의 유럽인에게 생물학적으로 기괴한 존재들 이외에, 금욕이나 성스러움과 마찬가지로 풍요 및 성적인 자유 등 가장 강박적인 꿈들과 욕망들을 환대하는 장소를 제공했다. 몇 세기가 지난 후, 우리가 이미 환기한 바 있는 폴리네시아의 낙원은 당연히 섬들의 세계에서 자기 존재의 이유를 발견했다.

최근 세기들은 세계의 경계와 섬들에 다른 인류들을 위치시키기 위해 그것들을 나름대로 결합시켰다. 천체들이 이전에 지상의 섬들이 한 것과 유사한 역할을 함으로써 태양계와 은하계는 이상적인 해결책을 제시했다. 그러므로 현대의 외계는 매우 오래된 신화를 우주적 규모로 연장하고 확장시키는 것에 불과하다.

그렇다고 이것이 지상에서 모든 '섬나라적 성격'이 사라진다는 것을 의미하는 것은 아니다. 미개한 인간들과 다양한 다른 존재들은 계속해서 현대인들 가운데 어떤 이들이 지닌 상상력의 세계를 떠나지 않을 것이다.

비록 근본적 이타성의 경우에 상상력의 세계는 이 세계가 지닌 고유한 자원에서 본질적으로 자양을 얻지만, 이 이타성은 일상적으로 통용되는 이타성들의 영역——필경 더 평범한 영역——을 때때로 침범한다. 어떤 역사적 변화와 이데올로기의 발생은 실제 인류의 일부를 '비인간'의 경계 쪽으로 이동시킬 수 있다. 가장 극적인 경우는 흑인들의 경우로 남아 있다. 그들의 조건은 ——백인들의 눈으로 볼 때——대조가 뚜렷한 피부색과 유럽인이 지닌 상상력의 세계에서 검은색의 부정적인 함의 때문에 처음부터 애매했다. 이러한 전제는 서구 제국주의의 확립과 상호관계 속에서 근대에 이데올로기적으로 확장되고 절대화되며 구조화되었다. 그리하여 흑인은 '하급 인간', 또는 좀더 분명하게 말해서 인간과 원숭이의 중간적 종이 되었다. (이것은 당시의 과학자들이 과학적으로 증명할 수 있다고 믿었던 것이다.) 인간-원숭이는 순전히 상상력의 세계가 만들어 낸 산물이었다. (그리고 산물로 남아 있다.) 그러나 이 존재는——18세기와 19세기에——또한 상상력의 세계에 의해 변모된 현실적 존재였으며, 동시에 진화했지만 덜 성공한 산물로서 우리 인류와는 아무 상관이 없는 다른 인류를 나타냈다.[132]

20세기의 전체주의적인 이데올로기들은 차례로 이타성의 메커니즘을 매우 멀리 밀고 갔다. 나치들에게 유태인은 강한 의미에서 '다른 인간', 즉 우월한 '아리아인의 유형'과는 정반대가 되었다. 공산주의 제도에서 부르주아는 기식자이자 타락한 자로서, 사라지고 있는 과정에 있는 종과 같았다. 반대로 스펙트럼의 다른 쪽 극단에는 새로운 인류가 우월한 생물학적·지적·도덕적 조건을 제시하면서 태어나고('새로운 인간') 있었다. 이렇게 '인간-신'과 '인간-금수'는 실제 사회에서 나타났던 것이다. 물론 이로부터 비롯되는 모든 결과——불가피하게 비극적인——와 더불어 말이다.

　이처럼 이타성의 게임은 정신의 항구적인 구조이다. 이 구조는 미미한 변형에서부터 순수한 허구에 이르기까지 매우 확대될 수 있는 규모를 따라서, 현실적이거나 순전히 상상적인 '타자들'에 힘을 발휘할 수 있다. 메커니즘은 역사적인 변화와 이데올로기적인 발현과 밀접한 상호 관련 속에서 기능한다. 어쨌든 이 게임은 무상한 게임이 아니다. 인간들의 행동과 역사의 전진을 일정한 방향으로 이끄는 강력한 원동력인 것이다. 모든 것은 결국 이 무궁무진한 거울의 시스템을 통과한다.

5

탈 주

피난처의 간단한 목록

인간은 역사적 삶의 소용돌이에 따르지 않는 한결같은 조화로운 시간 속에 피난처를 찾기 위해 역사로부터 탈출하기를 갈망한다. 이러한 욕망은 보편적이다. 단지 이 욕망을 달성하는 수단들이 다를 뿐이다.

구체적 세계로부터 벗어나기 위해 상상력은 고갈되지 않는 자원을 가지고 있다. 인간 존재는 모든 점에서 현실의 삶을 추월하는 데 이용되는 허구들을 지칠 줄 모르고 생산하는 자이다. 예술과 문학·게임·축제 등에 의해 전달되는 허구 말이다. 그것들은 그저 단순히 현실의 기지 사항들을 재구성할 수 있다. 그것들은 또한 인간 조건을 재창조하려는 목표로 이 기지 사항들을 뒤집거나('거꾸로 된 세계,' 카니발이 선호하는 주제) 초월할 수 있다. 사회적인 압력이 증가하면 할수록, 밸브는 더욱더 잘 기능하게 되어 있다. 오늘날 레저산업의 침투나 바캉스에 대한 강박관념 (섹스나 마약과 같은 보다 기초적인 피난처는 말할 필요도 없고)은 '다른 삶'을 언제나 현재적으로 추구하고 있다는 성격을 매우 명료하게 드러낸다.

종교 역시 탈주의 전략으로 해석될 수 있다. 종교적인 모든 종합은 어떤 초월적 실재에 비하여 현재의 세계를 가치 하락시키는 것을 전제한다. 한편에는 물질의 불완전성과 불가피한 부패가 있고, 다른 한편에는 절대와 영원성이 있다. 두 조건 사이의 경계는 죽음을 통과한다. 그렇지만 이것이 일상적 삶이라는 기간 내에서 바로 수련과 일종의 '초월'을 가능케 하는 어떤 종교적 의례를 막는 것은 아니다. 금욕과 명상, 수도생활은 다른 조건에 이르는 길들 가운데 들어간다. 동양은 이것들에 대한 우선권을 간직하고 있다. 불교와 도교·요가는 입문자들에게 물질의 무거움과 시간의 지배로부터 해방되게 해주는 정도까지 탈주의 기술을 세련되게 하였다.[133)]

그러므로 우리는 누구나 꿈속으로 피신할 수 있다. 우리는 존재의 다른 차원에 기대를 걸 수 있다. 그러나 우리는 또한 역사를 폭파해 버릴 수 있는 수단들도 상상할 수 있다. 상상력의 세계가 제공하는 차원을 따라서 인간과 사회를 재창조할 수 있는 수단들을 말이다. 이와 같은 전략은 세 개의 계획 유형을 포함하는데, 그 모델들은 황금시대·유토피아 그리고 천복년설이다.

기원에 대한 향수: 황금시대와 낙원

질서와 자유라는 두 개의 원리가 모든 사회를 지배한다. 그것들이 이루는 커플은 결코 완벽하게 기능하지 않는다. 무수한 개인적·사회적 불행이 조정의 결여로부터 파생되는데, 상상력의 세계는 바로 두 항목 가운데 하나를(또는 둘을 동시에) 절대화하면서 이 결여를 없애겠고 나선다.

첫번째 해결책은 '반역사적인' 신화들 가운데 가장 오래 되고, 가장 보편적으로 확산된 황금시대에 해당한다. 이것은 더할나위 없는 반역사적인 원형이고, 게다가 종의 진화에서 실질적 단계에 해당하는 것으로 여겨지는 유일한 원형이다. 황금시대는 최초의

'현실'을 상기시키면서 할 수 있다는 가능성에 대한 보장을 제공한다. 즉 비역사적인 종합이 정신의 단순한 목표가 결코 아니라 만사의 이치 속에 당연히 들어간다는 '증거'를 제공한다. 인위적인 구축은 황금시대가 아니라 역사이다. 역사는 완성된 천지만물, 조화로운 세계, 그리고 행복한 인간 조건을 부패시킬 뿐이다.

역사는 구속을 의미한다. 역사의 반대로서 황금시대는 자유, 절대적 자유의 개념과 혼동된다. 이 시대는 사회와 개인, 인간과 자연 사이에 어떠한 모순도 없으며, 무한한 자유에 어떠한 방해물도 없는 시대이다. 그것은 또한 생물학적으로 완벽하고(장수·질병의 부재) 풍요로운 시대이다. 자연이 어떠한 노력도 요구하지 않고 풍요로움을 인간들에게 한껏 베풀어 주기 때문이다. 그것은 최초의 위대한 통일성이 지상에 구체화된 충만함의 시대인 것이다.

헤시오도스는 《노동과 나날》에서, 오비디우스는 《변형담》에서 젊고 무심하고 행복한 이 인류의 모습을 그려냈다. "그들은 마음이 모든 근심으로부터 자유롭고, 고통과 불행으로부터 떨어져 안전한 상태 속에서 신들처럼 살았다. 비참한 늙음이 그들을 짓누르지 않았다. 팔과 다리가 언제나 젊은 채, 그들은 모든 악으로부터 멀리 떨어져 향연 속에서 즐거움을 누렸다."(헤시오도스)[134] "그리하여 사람들은 황금시대가 시작되는 것을 보았다. 이 시대에는 힘도 법도 아무도 구속하지 않았고, 각자는 자신의 고유한 성향을 통해서 정의와 신의의 법칙을 따랐다. 개간하기 위해 쟁기를 전혀 갖다댈 필요가 없는 대지는 스스로 모든 것을 생산해 냈다……. 인간들은 나무·산·울타리 등 도처에서 나는 과일들을 땄다."(오비디우스)[135]

인간들은 '신들처럼 살았고,' 신들과 교감하며 살았다. 신성한 것과 속된 것은 아직 구분되지 않았다. 황금시대의 신화는 이 두 중심점을 결합하거나 둘 사이에 흔들린다. 종교적인(그리고 도덕적으로 만든다는) 의미에서, 그것은 지상낙원의 모습, 실제로 낙원의 광범위한 모습을 띠었다. 다른 의미에서 그것은 꿈과 무정부주의적인 계획으로 나타났다. 후자의 경향은 세계의 탈신성화 (특히 서양의 공간에서)가 뚜렷이 나타남에 따라 전자보다 우위를 차지했다. '세속화된 낙원'은 이데올로기에 의해, 그리고 보다 최근에는 관광선전에 의해 전달되어 근대 세계에 침투했다.

황금시대가 이 시대의 접근 가능성, 또는 불가능성과 더불어 시간과 공간 속에 편입됨으로써 수많은 가정이 나타났다.

우선 보기에 황금시대는 영원히 잃어버린 세계이고, 우리가 단지 향수를 느끼며 회상할 수 있는 지나간 시대이다. 그것을 상징적으로 현재화시키는 것은 전통적인 사회에서 본질적 역할을 한다. 이러한 실현은 새해의 축제가 의미하는 것으로, 싱싱한 기운으로 가득 찬 세계에 대한 보편적 준거를 나타낸다. 창조의 이와 같은 주기적 재현은 기원에 대한 강박관념을 분명히 해준다.[136] 그러나 그것은 또한 어떤 불가능성에 대한 의식을 입증한다. 왜냐하면 간청된 회귀는 분명히 상징적인 것으로, 체험된 시간의 평범한 현실을 주기적으로 자르는 상상력의 단순한 발휘이기 때문이다.

역사에 대한 전통적 비전은 근본적으로 비관적이다. 완벽함은 기원에 위치하며, 다음에 오는 것은 끊임없는 타락을 나타낼 뿐이다. 끝없이 타락하는 세계에서 황금시대는 점점 더 먼 과거 속에 남아 있다.

그러나 이러한 변증법 속에는 희망의 싹이 존재한다. 주기는 불가피한 해체로 끝나고, 또 다른 역사, 새로운 주기가 시작되게 되어 있다. 황금시대는 우리가 달리고 있는 사이클 내에서는 되찾을 수 없지만, 계속되는 사이클은 회귀의 약속을 제공한다. 머시아 엘리아데가 거의 보편적 성격을 분명하게 드러낸 '영원한 회귀의 신화[137]는 회복의 잠재적 가능성에 문을 열어 놓고 있다. 순환적인 개념은 기본적인 우주현상을 반영하는 것으로 인간 의식 속에 단단하게 뿌리박고 있다. 유대교-그리스도교의 신학이 주장한 일직선적인 전진(단 한번의 시작과 단 한번의 종말)조차도 시간의 종말이 드러내는 충만함과 일치하는 최초의 충만함으로 돌아가는 대회귀와 상반되지 않는다. 성 요한이 약속한 '새로운 하늘과 새로운 땅'은 잃어버린 낙원의 복원처럼 나타난다.

　시간의 초기, 또는 말기에 위치한 황금시대와 낙원은 또한 공간 속에서도 찾아야 한다. 《성서》의 에덴은 확실하게 정해진 장소였다. 불교의 낙원 역시 그러하다. 마찬가지로 그리스인이 드러낸 상상력의 세계에서 나타나는, 헤스페리데스〔신들의 낙원을 지키는 세 명의 님프들〕의 낙원도 그러하다. 〈창세기〉는 이 최초의 장소를 낙원처럼 제시한다. "주 하나님은 낙원을 동방의 에덴에 마련하시고, 당신께서 빚어 만드신 사람을 그곳에 데려다 살게 하셨다. 주 하나님은 보기 좋고 맛있는 열매를 맺는 온갖 나무를 땅에서 돋아나게 하셨다. 또 동산 한가운데는 생명나무와 선과 악을 알게 하는 나무도 돋아나게 하셨다. 에덴에서 강 하나가 흘러 나와 그 동산을 적신 다음 네 줄기로 갈라졌다."[138]

　중세 그리스도교에서 전형적인 묘사는 《성서》가 그리고 있는 엄숙한 풍경을 보완하고 '부드럽게 만든' 세비야의 이시도루스〔7세기 스페인의 교회를 조직한 세비야의 주교〕가 개괄적으로 묘사한 것이다. 그것은 과수가 심어져 있고, 네 개의 강물로 뻗어 나가는 솟아오르는 샘이 물을 대고 있는 가운데, 영원한 봄을 누리는 '환희의 낙원'이다.[139] 그것의 소재지는 온갖 종류의 변형을 만들어 냈고, 그곳에 접근하기 위한 허구적 또는 실질적 여행을 자극하기까지 했다. 당시 지도에 낙원은 동방의 끝 지점으로 나타나 있었다.[140] 그곳은 접근이 불가능하다는 것이 매우 명백하게 나타나 있었다. 불덩이로 된 벽에 둘러싸여 있고, 경우에 따라서는 높은 산 위에 위치해 있으며, 생명체가 사는 광대한 물과 땅의 공간에 의해 분리되어 있는 그곳의 모든 것은 낙원의 울타리를 일상적 세계로부터 분리시키는 데 협력하고 있다. 그러나 6세기 아일랜드의 수도사 성 브렌던은 여행 끝에 대서양을 횡단하는 데 성공했다.[141]

중세말 서양이 세계를 발견하러 돌진하고 있던 때에 의미 있는 변화가 일어났다. 불덩이로 된 벽이 일반적인 벽으로 대체된 것이다. 헤리퍼드의 지구전도(1290) 위에는 이 벽의 문들이 뚫어져 있기까지 했다. 1389년에 장 드 에스는 그가 '대단히 밝은 빛 속에서' 보았던 벽 아래에 도착했다.[142] 이 시기는 또한 낙원의 장소가 다양화되는 것을 증거하고 있다. 어떤 사람들이 에덴을 실론이나 나일 강 근원 쪽으로 위치시킴으로써 에덴은 이주를 시작했다. 조금씩 조금씩 낙원은 평범하게 되었고, 접근이 가능하게 되는 것 같았다. 중국의 금 다음으로, 그것은 콜럼버스의 탐험에서 두번째로 큰 동기였다. 아메리카의 발견자는 본의 아니게 오리노코 강 하구 부근에서 낙원의 풍경을 확인했다. 큰 강과 무성한 초목에 의해 형성된 삼각주의 지류는 고전적 묘사와 완벽하게 일치했다.[143]

고대 고전시대가 표현한 황금시대의 구체적 모습은 더욱 풍부하고 다양했다. 고대 세계의 주변부가 그 다양한 이타성의 해결책들과 더불어 그리스인들이 먼 과거 속에 잊어버렸던 어떤 시기의 환희를 모를 리가 없었다는 것이다. 역사적 시간이 비워진 최초의 시대는 '외쿠메네'의 변방에 영속되고 있었다. 시간은 공간으로 변모했다. 왜냐하면 이 두 범주는 상상력의 세계에서는 완전히 서로 바꾸어 놓을 수 있기 때문이다. 공간 속에서의 여행은 시간 속에서의 여행과 같은 가치가 있다. 이것은 고대로부터 오늘날에 이르기까지 확인할 수 있는 법칙이다. 황금시대를 계속해서 충만하게 살아가고 있는 민족들 가운데, 그리스인들은 세계의 두 경계에 있는 북방 낙토의 백성(아폴로의 보호를 받는)과 남쪽의 에티오피아인들을 언급했다. 에티오피아인들은 즐거움 속에서 생애를 보내고 신들과 향연을 함께 했다.(호메로스, 《오디세이아》) 역사가 손대지 않은 인류들은 또한 화려한 환경, 수많은 풍요로운 것들, 그리고 한결같고 쾌적한 기후의 혜택을 입었다. 자주 상기되는 '꽃이 핀 포근한 초원'은 이미 《성서》의 낙원을 암시한다.[144] 중국인들은 차례로 불멸의 인간들에게 예정된 낙원의 섬들을 가지고 있었다. 아랍인들은 인도양에, 그리고 보다 멀리 극동에 이와 같은 섬들을 다양화시켰다.[145] 인도양의 몽상적 지평은 중세 서양에, 종교적인 영역이 되었든——《성서》의 낙원을 향한 일종의 단계들로서 정의로운 사람들이 살고 있는 섬들——세속적인 영역이 되었든——풍요·자유·삶의 즐거움을 형상화시키는 섬들——낙원의 무궁무진한 컬렉션을 제공해 주었다.[146] 그것은 근대 여명기에 대립했던 모순적인 정열들을 농축시키면서 황금시대에 대한 잠재적 가능성들을 완벽하게 종합한 것이다.

콜럼버스——그는 그의 여행이 지닌 진정한 의미에서 보면 아무것도 이해하지 못했다——의 열정에도 불구하고, 위대한 발견들은 에덴의 위치를 확인하는 데 성공하지 못했다. 반대로 그것들은 세속화된 낙원들에 유리한 논거들을 제공했다. 16세기는 엘도라도를 생각해 냈는데, 이것은 남아메리카 적도의 밀림이 감추고 보호하는 전설적인 제국으로서 풍요의 최고 상징이었다.[147] 선량한 미개인은 차례로 먼 곳에 있는 수많은 나라와 섬들에 황금시대를 연장시키고 다양화하는 데 기여했다. 그의 도정은 18세기에 타히티인(폴리네시아인)의 신화와 더불어 절정에 이르렀다.[148] 이 신화는 종교를 제외하고는 황금시대의 모든 특징들을 농축해

놓았다. 이국적인 환경과 '낙원의' 기후, 놀랍도록 아름다운 남녀들, 풍요로움, 노력의 불필요, 절대적 자유, 특히 풍습과 성의 자유 등의 특징들을 말이다. 환경은 계몽주의 시대의 철학자들과 자유주의자들이 꿈꾸었던 환경이고, 낙원은 유일한 종교 의식이 육체적 사랑인 신 없는 낙원이다.[149]

산업혁명은 이미 시작되었다. 이러한 전후 상황 속에서 계몽주의 시대가 선량한 미개인과 행복했던 옛 시대를 고집한 것은 일종의 저항, 나아가 도전을 예증하는 것이었다. 장 자크 루소는 《인간 불평등 기원론》에서 황금시대에 관한 신화를 철학적 언어로 다시 쓰고 있을 뿐이었다. 그는 또한 헤시오도스와 마찬가지로 원형에 가깝게 있었다. 생물학적이고 도덕적인 탁월함은 태고시대에 귀속되었다. 문명은 이성을 완벽하게 하고 인간의 힘을 증가시켰지만, 그 대신 인간을 타락시키고 불행하게 만들었다. 아직 피해를 입지 않은(그러나 얼마나 오랫동안 입지 않을 것인가?) 섬들의 이상화와 선사시대의 사회가 상호 기대면서 나란히 하고 있었다. 황금시대를 통해서 상상력의 세계는 전진하고 있는 기술공학적 세계에 대항해 커다란 싸움을 벌였던 것이다.

기술공학적 문명은 싸움에서 이겼지만, 물질적 성격의 어떠한 승리도 원형을 지울 수 없다. 그러나 그것은 이 원형으로 하여금 적응하지 않을 수 없게 만든다. 오늘날 고도로 기술공업화된 세계에서 자연에 관한 새로운 종교가 정착되는 경향을 보이고 있으며, 이 종교와 더불어 야만적 삶에 다시 가치를 부여하는 경향이 나타나고 있다. 한창 확산되고 있는 생태학적 의식은 인간과 환경을 화해시키겠다는 계획을 내세운다. 행동의 차원에서 보면, 바캉스객들이 자연상태가 다소간 그대로 남아 있는 곳으로 몰려가고 있는 현상보다 더 교훈적인 것은 없다. 이로부터 바다·산·숲, 이국적 섬 등에 대한 현대적 신화가 비롯된다.

이국 취향은 관광과 광고 덕분에 낙원의 유사품들을 다양화시키면서 잘 나가고 있다. 1991년에 데이비드 로지가 출간한 소설 《낙원의 소식》(소설은 하와이의 '낙원적인' 배경에서 전개된다)에 나오는 한 인물의 이야기에 귀를 기울여 보자. "내가 나의 책에서 방어하는 주장은 관광이 종교적 의식의 대체물이라는 것이다. 관광 여행은 세속적인 순례와 같다. 방문한 문화적 성소가 많으면 많은 만큼 은총이 쌓이는 것이다. 기념품이 성유물을 대체하고 있고, 여행 안내책자가 경전을 대신하고 있다. (······) 관광은 지구의 새로운 종교이다. (······) 낙원의 신화로서 관광은 나의 다음번 책의 주제가 될 것이다." 이를 뒷받침하는 증거로 컬러로 된 표지가 "열대의 해변을 나태내고 있다. 바다와 하늘은 찬란한 푸른색을 띠고, 흰 모래는 눈부시며, 좀더 멀리에는 몇몇 인간들이 태평스러운 모습으로 녹색의 야자수 아래 누워 있다." 그림의 표제어는 '낙원으로 가는 여권'이다.[150] 이런 종류의 낙원이 중세에 추구된 지상낙원과 마찬가지로 결국 상상력에 의한 것으로 확인될 수 있다 하더라도 별수없는 일이다. 끝으로 낙원의 신화가 확산되어 나타나고 있음을 언급하자. 이런 확산은——지난날과 마찬가지로 오늘날도—— '행복한 옛시대'와 '모범적 역사'(물론 이 역사는 신화화된 역사이다)에 매우 자주 호소하는 현상 속에서 간파된다. 현대의 계획은 아주 흔히 과거에 의해 정당화된다. 인간은 머리는 뒤쪽으로 돌린 채 미래를 향해서 전진한다. 역사적이고 정치적인 신화를 상기함으로써 우리는 이 주제를 다시 다룰 수 있을 것이다.

자유에 반하는 질서: 유토피아의 건설

황금시대는 자유를 절대화했다. 유토피아는 질서를 절대화한다. 무관심에 책임이 대립하고 법의 부재, 나아가 무정부 상태에 규제의 치밀한 제도가 대립한다. 낙원 신화의 상징인 미개한 자연은 인공적이고 추상적인 공간에 의해 대체된다. 황금시대는 목가적이고, 유토피아는 도시적이다. 유토피아의 상징은 도시인데, 아무 도시가 아니라 엄밀하게 건설된 기하학적인 도시이다. 무질서의 원리는 모두 제거된다. "유토피아의 세계에서는 아무것도 일어나지 않는다. 사건이나 오류·다툼·전쟁도 없다. 도시는 최초의 창조자에 의해 공표된 규칙에 따라서 평화롭게 돌아간다."[151]

유토피아는 꾸며낸 것이다. 그것은 황금시대와는 달리 근원으로의 회귀를 제안하지 않고 초월을 제안한다. 재규정된 인간의 조건은 더 이상 신들에도 자연에도 달려 있지 않다. 순전히 인간의 힘에 의한 새로운 창조가 중요하며, 이 창조는 이성의 법칙에 따라 구조화된 것이다.

황금시대는 보편적인 원형이었다. 반대로 유토피아는 일부 공간과 일부 시대에 한정되어 있는 것 같다. 그것은 균형의 파괴를 전제하고, 새로운 사회계약을 바람직하게 만드는 긴장과 모순을 축적하는 역동적 힘의 관계를 전제한다. 역사의 맹렬한 적수이지만 그것은 역사의 딸이기도 하다. 그것은 역사가 위협적이 되는 순간에 나타난다. '전통적인' 사회들은 유토피아와 관련된 상상력의 세계에 관심을 거의 불러일으키지 못한다. 유토피아가 보상적인 해결책을 제안하기 위해서는 역사가 전진해야 한다. 구조들이 부스러지고 사회적 아말감이 유동적이 되는 순간, 일부 사회적 범주들이 자신들의 정체성을 상실하여 더 이상 자신들의 위치를 되찾지 못하고, 위협받고 소외되었다고 느끼는 순간, 바로 그 순간에 유토피아의 시대가 왔다. 개방적이고 안정된 세계에서는 인간들이 안심을 가져다 주는 메커니즘을 찾는다. 자유는 짊어지기가 무겁다. 사람들이 자유보다 확실성과 안전을 종종 선호한다는 점은 전혀 놀라운 일이 아니다.

유토피아의 담론은 인간 정신에 단단하게 뿌리내린 경향 가운데 단지 가장 구조화되고 유독한 부분을 나타낼 뿐이다. 그것은 질서와 조리의 보편적 원리를 격화시킨 것에 지나지 않는다. 닫혀 있고 엄밀하게 통제된 전통 사회는 유토피아의 모델과 명백히 유사한 모습을 제공한다. 우리는 왜 유토피아가 이 사회에 더 이상 아무것도 가져다 주지 못할 것인지 이해한다. 중세는 귀족·성직자·평민이라는 '세 계급'과 봉건적 체계라는 단순하고 기능적인 구조와 더불어 뚜렷한 유토피아적 특질들을 나타낸다. 수도원의 공동체는 모델의 순수성과 더욱 가깝게 있다. 수도원 생활은 대단한 정연함과 간단하고 반복적인 기계적 모습으로 인해 본질적으로 유토피아적 공간이다.[152] 유토피아의 가장 까다로운 문제가 성생활의 규제, 나아가 통제이기 때문에 비록 이 경우 상대방 성의 부재가 사태를 대단히 단순화시키고 있긴 하지만 말이다.

정연함이 다양화와 개방화의 과정에 의해 위협받는 순간에 사람들은 유토피아를 꿈꾸기 시작한다. 이것이 유토피아적 계획이 나타난 지역——독점적은 아니라 할지라도 어쨌든 특권적인 지역——이 중세말과 우리 시대를 연결하는 그 기간 속에 있는 서양 세계인 이유이다. 그 당시 서양은 전통적 세계의 구조가 무너져 그 결과 사회구조와 인간 조건이 전례없이 혼란상태에 빠졌던 시간과 공간이었다. 유토피아가 어떤 식으로든 재건되어야 했던 해체된 세계에 자리잡는 것은 그 어떤 것보다도 당연한 것이다. 1516년에 나온 토머스 모어의 《유토피아》는 일종의 출생증명

서로 간주될 수 있다. 어쨌든 그렇게 그것은 이름을 받았다.

그러나 유토피아의 유형을 드러내는 보다 오래 된 초안이 있었다. 이 점에 관해서, 다른 많은 점에서 그렇듯이 그리스는 특징들을 예고했다. 그리스는 2천 년이 지난 후 다시 추진하도록 되어 있었던 변화에 착수하였던 것이다. 이상적인 도시의 창안자는 히포다모스 데 밀레라 한다. 그는 우주적 조화를 지상에 투영시킨 것으로서, 엄격하게 기하학적인 바둑판식 분할방식을 고안해 낸 것으로 알려지고 있다. 다음으로 플라톤이 왔다. 그는 《공화국》에서 유토피아 유형의 몇몇 기본적인 테마들을 서술했다. 철인통치와 노동의 엄격한 구분, 재산, 여자들과 아이들의 공동 소유, 계집과 사내 그리고 모든 젊은이들에 대한 동일한 교육, 공동체 속에 가정의 해체, 출산의 통제 등이 그것이다.

소유권과 섹스라는 두 문제가 유토피아 주창자들을 매우 난처하게 만들었다는 점을 분명히 하자. 유토피아는 공동체적이다. 그것은 반드시 공산주의식일 필요는 없지만 종종 공산주의식이다. 사유재산의 폐지는 개인의 자율을 없애 도시국가에 복종시키는 가장 효과적인 방식으로 나타난다. 다른 한편 섹스는 자유, 나아가 무정부적 상태의 공간을 나타내고 가정은 보호의 공간을 나타내는데, 이것은 유토피아적 도시국가가 인정할 수 없는 것이다. (동일한 반응이 20세기 전체주의 제도에서도 나타난다.) 유토피아 주창자들은 성적 충동을 막고, 내밀한 관계를 파기하며, 남녀관계를 공적인 일로 만들기 위해 최선을 다해 행동했다.

플라톤 '옹호자들'은 그의 제도에서 단순히 철학적인 탐구 수단의 구실을 할 수 있는 '이상적 모델'만을 보고 있다. 이 제도가 '실질적인' 해결책은 될 수 없다는 것이다.[153] 그렇다고 변하는 것은 아무것도 없다. 왜냐하면 유토피아는 여전히 대부분의 경우 이상적인 구축물, 일종의 '유희'로 남아 있기 때문이다. 그러나

이 유희는 이유 없는 것이 결코 아니며 매우 진지한 유희이다. (게다가 유희의 무용성이란 외관상 그럴 뿐이다.) 유토피아는 '어디까지 갈 수 있는지'를 관찰하게 해주는 '실험'으로서 나타난다.

'명료하게 드러나는' 유토피아를 제외하고, 유토피아에 유혹을 받는 사회는 또한 보다 신중하지만 그 못지않게 계시적인 다른 기호들을 드러낸다. 그리하여 그리스 문명이 지닌 '기하학적' 경향은 그것만으로도 세계를 엄격하고 추상적인 기준에 따라서 다시 만들고자 하는 유혹을 나타낸다. 근세기들이 드러낸 상상력의 세계에서 기계가 차지하는 최상의 위치도 마찬가지이다. '기술공학적 기계구조'로부터 '사회적 기계구조'까지는 한 걸음밖에 안 된다.

유토피아와 황금시대는 이것들의 조건이 근본적으로 다름에도 불구하고 때때로 융합할 수 있다. 항상 그렇듯이 상상력의 세계가 지닌 논리는 반대되는 것들을 화해시킬 수 있음을 명백히 드러낸다. 시칠리아의 디오도로스 시켈로스가 《세계사》에서 묘사하는 이암불루스의 섬은 이에 대한 좋은 예를 제공한다. 그 섬의 거주자들은 낙원 같은 자연 가운데서, 하지만 모든 것이 세밀하게 질서가 잡힌 그런 사회에서 건강하고 쾌적한 삶을 누린다.[154] 자유와 압제가 나란히 있는 것이다! 2천 년이 지난 후, 계몽주의 시대의 유토피아 주창자들은 여러 번에 걸쳐 이와 같은 신기한 혼합물을 만들어 냈다. 그들은 미개한 삶의 미덕과 훌륭한 통치의 미덕을 화해시킬 수 있다고 믿었다. 당시는 개인·공동체, 그리고 자연 사이의 모순들을 해결하도록 되어 있는 일종의 '목가적 공산주의'를 생각한 시대였다.[155]

18세기는 유토피아의 세기였다. 유토피아의 유형이 개화되고 다양화된 것은 점점 더 강하게 느껴진 사회적·정치적 재편의 필요성에 부응한 것이었다. 이상적 사회에 대한 허구적 계획으로서 유토피아는 전통적으로 '어느곳에도' 위치하지 않았거나, 아니면 막연하게 규정된 공간, 아득한 이국의 어떤 섬에 위치했다. 이러한 '섬의' 단계는 계몽주의 시대에 여전히 지배적이었는데, 시간 속에 편입된 새로운 유토피아에 횃불을 전달하게 되었다. 18세기는 진보와 미래라는 근대성의 주요한 두 개념을 막 발견한 시기였다. 이것들은 유토피아를 기능하게 하기 위한 이상적 장치였다. 사람들이 유토피아적 섬들의 실체에 대해 의심을 품을 수 있었지만, 미래에 대해서는 어떻게 의심할 수 있었겠는가? 새로운 전망은 인류, 지구 전체에 관련되어 있었을 뿐 단지 몇몇 흩어진 공동체에만 관련된 것은 아니었다. 그리하여 미래로 방향이 잡혀진 유토피아는 총괄적이고 실현 가능한 것이 되었다. 진보의 힘에 의해 변모된 다가올 세기들에는 모든 것이 가능한 것처럼 보였다. 세바스티앙 메르시에는 1772년에 출간한 《서기 2440년》에서 이에 대한 모범을 보였다. 물론 상당히 조심스러웠지만 이것은 시작에 불과했다. 조금씩 미래 세계의 유토피아는 섬으로 된 옛 유토피아의 자리를 차지했다. 유토피아에 관한 상상력은 허구적 계획을 구체화된 계획과 분리시키는(적어도 잠재적으로) 단계를 뛰어넘었다. 미래는 약속으로 충만했다. 역사는 황금시대의 분위기에 지배되기 시작하였고, 유토피아의 분위기에 지배되어 마감될 것이다.

미래를 기다리면서 18세기는 시간적으로 정확한 몇몇 실험을 했다. 가장 괄목할 만한 것은 파라과이에서 예수회의 수사들이 시도한 것이었다. 프랑스 절반 크기의 영토에서 구와라니스족 인디언들은 모두가 획일적인 마을들에 집결되었다. 유토피아의 모든 요소들이 규합되었다. 공동 재산, 동일한 집들, 평등한 교육에다 부유한 자도 가난한 자도 없고 돈도 봉급도 없었다. 그러나 1767년에 예수회 수사들이 스페인 영토로부터 추방됨으로써 이와 같은 비상한 실험은 막을 내렸다.[156] 어떤 사람들은 유사한 방법을 프랑스에 적용시킬 수 있을 것이라고 믿기까지 했다! 프랑스 영토를 바둑판식으로 지역별로 분할하자는 안이 1789년의 제헌의회에서 상정되었다. 동일한 네모꼴들이 옛 지역들의 자리를 차지할 뻔했다.[157] 도(道)들로 보다 합리적으로 나누는 해결책이 결국 승리했지만, 프랑스를 유토피아의 나라로 변모시키려는 계획은 당시의 정신상태로선 의미가 있는 것이었다. 자코뱅당 정부의 유토피아적 경향 역시 분명하며, 그라쿠스 바뵈프의 계획은 더욱 분명하다. 이 계획은 무엇보다도 경제의 계획화, 노동의 의무, 그리고 국가가 어린이를 책임지는 것을 내다보았다.

　18세기에 개괄적으로 드러난 변화는 19세기에 분명하게 되었고 일반화되었다. 유토피아는 그것의 약속들이 실현 가능하고, 나아가 불가피하다는 것을 점점 더 강조하면서 미래의 탐험에 결정적으로 뛰어들었다. 1900년경에 미래로 향한 여행은 유토피아 섬들의 발견보다 더욱 일반화되었다. '섬의' 유토피아조차도 미래의 계획에 종속되었다. 천체들——공간 속에 떠도는 섬들——에 존재하는 것으로 상상된 다른 사회들은 사실상 지구의 변화를 미리 나타내고 있었다. 천체들은 새로 기술공학적·경제적·사회적 해결책, 그뿐만 아니라 인간 존재의 생물학적 변모까지 그 효과가 시험되는 실험실들이 되었다.[158]

　우리와 좀더 가깝게 있는 것들로서, 지구에서 섬을 통한 일부 해법들은 더 이상 허구적인 것을 아무것도 포함하지 않았다. 그것들은 이미 구체화되고 제도화된 유토피아들이었다. 샤를 푸리에의 팔랑스테르나, 책으로부터 1848년 정착된 실제 식민지에 옮겨진 에티엔 카베의 이카리아가 그런 것들이다.[159] 이러한 작은 공동체들은 미래를 준비하고, 인류가 장차 들어서게 될 길을 보여주는 것에 불과했다.

　1900년경 미래의 삶에 대한 상상력의 세계가 최고조에 달했던 때에 담론의 방향이 변하기 시작했다. 유토피아는 대항 유토피아 (또는 반유토피아)로 변모했다. 그것의 원리들은 동일했다. 완벽하게 통제되고 경이롭게 기능하는 사회인 것이다. 변화하고 있던 것은 전망이었다. 19세기는 미래 국가도시의 적절한 기능작용과 모두에게 행복을 보장해 줄 수 있는 과학과 기술공학에 기대를 걸었다. 그러나 20세기초 진보의 신화는 애매한 모습을 띠었다. 미래는 최상뿐만 아니라 최악도 가져올 수 있고, 나아가 최상보다는 최악을 더 가져올 수도 있는 것처럼 보였다.[160] 뒤이어 온 '유토피아의' 실험(온갖 종류의 전체주의)은 가장 비관적인 예측을 확인해 줄 뿐이었다. 행복을 조직화한다는 것은 고전적 유토피아로서는 즐거운 전망으로 보였지만, 반유토피아로서는 노예상태로 가는 가장 확실한 길인 것이다. 하나의 영역에서 다른 영역으로 가는 과도기를 예증하는 H. G. 웰스로부터 올더스 헉슬리의 《멋진 신세계》(1932)와 조지 오웰의 《1984년》을 거치면서, 유토피아 유형의 허구를 벗기는 작업이 우리 세기의 문학적·이데올로기적 풍경을 심층적으로 특징지었다. 유토피아는 죽지 않았지만, 그것은 점점 더 약속보다는 오히려 위험으로 느껴지고 있었다.

혁명의 길: 천복년설

천복년설은 황금시대와 동시에 유토피아의 성격을 띠고 있다. 그러나 그것은 이것들에 독창적인 부가적 특질들을 덧붙이고 있다. 그것이 지닌 낙원적인 영감은 전적으로 분명하다. 천복년설을 신봉하는 자들은 세계를 최초의 순수성을 지닌 모습으로 복원하기를 갈망한다. 그들은 에덴, 단순한 행복, 그리고 태초의 조화를 재현하기를 갈망한다. 무정부주의적인 충동을 쉽게 간파할 수 있다. 천복년설의 모든 계획에는 '극락의 고장'과 같은 측면이 있다. 그러나 또한 다른 한편으로 엄격성도 있다. 천복년설의 세계는 이데올로기적 계획에 따라 '구축된' 세계이다. 소유의 폐지와 공동체적 정신은 그것을 유토피아와 접근시키는 특징들이다. 낙원과 동시에 유토피아의 성격을 띤——의도에서는 다분히 낙원의 성격을 띠고, 구체화에서는 다분히 유토피아의 성격을 띤다——천복년설은 또한 특히 혁명적 정신에 의해 특징지어진다. 그것은 시간이 다해 지나가 버린 황금시대나 막연한 유토피아를 꿈꾸는 데 만족하지 않는다. 그것은 그저 현상태의 세계를 무너뜨리고 역사를 없애겠다는 계획을 가지고 있다. 근대의 유토피아를 본떠서 천복년설은 미래의 계획을 전제하는데, 이 계획은 분명하고 긴급한 것이다. 반역사적인 모든 표현 중에서 그것은 실질적으로 역사에 참여하는 유일한 것이다. 그러나 이 역사는 결정적으로 멸절시켜야 할 역사이다.[161]

황금시대 격앙된 자유를 구체화시키고 있다면, 그리고 유토피아가 극단으로 치달은 질서라면 천복년설은 모두 쓸어 버리고 새로운 건설을 해야 한다는 혁명의 원리를 절대화시킨 것으로 나타난다.

천복년설은 유토피아와 마찬가지로 전진하고 있는 세계를 징후적으로 나타낸다. 우리는 그것을 역사가 가속화되고 불균형과 단절이 있는 곳에서, 흔히 격렬하고 완성된 형태로 만난다. 그것의 고전적 출현은 근동과 유럽, 좀더 분명히 말하면 유대교와 그리스도교에 속한다. 1천 년의 지배(천복년설이란 말이 파생된 밀레니엄)를 시작하는 메시아의 도래는 부패한 세계의 붕괴, 황금시대로의 회귀, 역사의 종말을 의미했다. 〈다니엘서〉(기원전 165년경에 씌어져 《성서》에 통합되었다)는 이미 이와 같은 역사 이후의 단계를 상기시켰다. 이 도식을 그리스도교가 되찾았다. 성 요한(1세기말)이 쓴 것으로 전해지는 〈묵시록〉은 계속적인 두 번의 세계 종말을 등장시키는데, 이 둘 사이에 천년왕국이 위치했다. 고대 세계의 위기와 로마 제국의 붕괴는 천복년설에 대한 상상력의 세계를 긍정하는 데 유리한 형세를 만들어 주었다. 반대로 고전적 중세는 상대적으로 안정적인 구조로 퇴조를 나타냈다. 일단 공식적으로 인정되자 교회는 천복년설의 기대를 내던졌다. 그러나 이 기대는 서구 문명을 뒤흔드는 동요를 동반하면서 중세 말과 근대초에 엄청난 위세를 떨쳤다. 당시는 세계를 다시 만들어야 하거나, 아니면 언젠가 다시 만들어야 할 때이었다. 어떤 사람들은 유토피아의 꿈을 선택했고, 또 다른 사람들은 직접적이고 혁명적인 행동에 몸을 던졌다. 주인공들은 대부분 소외된 자들이었고, 뿌리뽑힌 자들이었다. 그들은 그리스도의 두번째 강림을 기다렸다. 그러면서 그들은 종교적인 기다림과 이미 자리잡은 종교적·정치적 모든 구조들을 파괴하는 것을 목표로 하는 근본적인 사회를 결합시켰다. 전형적인 예는 보헤미아에서 후스파와의 싸움 때 타보리의 진영이었다. 여기서 사람들은 공동체적이고 평등주의적이며 무정부주의적인 사회를 건설하려고 시도했다. 천복년설의 혁명은 16세기초 독일에서 절정에 달했다. 이때 토마스 뮌처(1525)〔독일의 종교개혁가〕의 '공산주의적' 반란에 이어 뮌스터의 일화(1534-1535)가 뒤따랐는데, 이 일화에 따르면 얀 라이드〔네덜란드의 종교개혁가〕가 이끄는 종말론의 투쟁자들은 권좌에 앉는 데 성공했다고 한다. 그들은 사유재산을 폐지하고, 《성서》를 제외한 모든 책들을 불태웠으며, 일부다처제를 확립했다. (《성서》의 족장들을 본떠서.) 이전의 타보리와 마찬가지로 뮌스터는 새롭게 만들어진 세계에 빛을 비추도록 되어 있는 새로운 예루살렘이 되었다.

　서양의 천복년설이 드러내는 이와 같은 고전적 양상은 종교적인 원리와 지상에서의 쾌락(성적인 난잡을 포함해서)이라는 모순적인 양극단 사이에서 흔들렸다. 이 두 극단은 성신의 영향을 받아(1200년경 천복년설의 대이론가인 이탈리아의 조아키노 다 피오레의 선견에 따르면) 수도사들이 통치하는, 정의로운 사람들의 사회가 지닌 엄격함과 무조건적인 무정부 상태를 나타낸다. 그것들은 예언들이 실현되는 것을 조용히 기다리는 것과 때때로 피바다를 부르는 극단적 행동주의(그 이유는 희생자들의 선택이 성직자·귀족·유태인등 두드러지게 절충적이기 때문이다)를 나타낸다. 다른 탈주의 양식들보다 더 복잡한 천복년설은 또한 가장 애매하고 가장 불안정하며, 과격한 행동의 유혹을 가장 많이 받는다.

17세기부터 종교적-혁명적 모양새를 띤 방향은 서쪽에서 퇴조했다. 그러나 천복년설의 종파들은 계속해서 나타났고, 19세기와 20세기에는 번창(그리스도 재림론자들, 여호와의 증인들)하기까지 했다. 문명의 심층적 위기와 최근의 소외현상에서 비롯된 정체성의 위기로 인해 얼마 전부터 새로운 역동적 움직임이 나타나고 있다. 최근의 집단적 자살(1994년부터 스위스·프랑스 그리고 캐나다에서 일어난 태양사원 교단)과 전적인 죽음산업에 의해 부추겨진 테러(1995년 일본에서 옴진리교 종파)의 경우들이 증명하듯이, 천복년설의 폭력성마저 화려한 회귀를 하고 있다. 혁명적 유형을 드러내는 천복년설 주창자의 행동은 또한 서양이 소외시키거나 착취한 세계(오늘날의 제3세계)에서도 전개되었다. 19세기 중엽에 일어난 태평천국의 난이나 1900년경 브라질에서 발생한 '세계 종말전쟁'이 그 경우였다. 보다 최근에는 멜라네시아인들의 '카고우 컬트'(조상들이 되살아나서 배에 현대 문명의 이기를 싣고 돌아온다는 백인 복수신앙)나 콩고인들의 킴방구주의(예수의 재림과 흑인들을 위한 황금시대를 예고했던 시몬 킴방구가 창설함)는 동일한 논리에 들어간다. 배우들은 다르지만 시나리오는 같다. 소외된 자들의 역할은 비백인들이 맡고, 쳐부숴야 할 악은 서양 문명이다.

그러나 가장 괄목할 만한 현상은 천복년설의 세속화이다. 전통적 천복년설은 종교적인 목적론에 편입되어 있었다. 세속화된 천복년설은 하느님이란 요소만 빼면 유사한 도식에 들어간다. 신은 전적으로 인간적인 계획이나 역사의 법칙에 의해 대체된다. 결말은 여전히 유사하다. 역사가 초월되고, 새로운 세계, 새로운 사회, 새로운 인간이 나타나며, 모든 것은 완벽에 가깝다는 것이다. 진보의 신화는 나름대로 천복년설의 꿈을 흡수했다. 과학과 공학기술은 세계를 변화시키고 눈부시게 변모시키도록 부름을 받았다. 과학적으로 조직되고, 모든 어려움을 해결할 수 있고 풍요를 보장할 수 있는 공학기술을 갖춘 내일의 사회는 천복년설이 지닌 본래 계획의 합리적·과학적 현대판에 불과하다. 전체주의는 차례로 정화된 세계와 다른 인간의 창조를 강조했다. 히틀러가 내세운 '천년의 독일'은 이상하게도 천복년설 주창자들의 '천년왕국'을 닮고 있다.

그러나 본래의 천복년설과 가장 근접한 현대적 양식은 마르크스의 학설과 공산주의의 경험이 제공하는 양식이다. 우리는 이미 마르크스주의가 지닌 종교적 차원을 상기한 바 있다. 이제 그것이 지닌 천복년설적인 메시지를 재검토해 보자.

우리가 마르크시즘에서 과학적 겉치레 ——이 겉치레는 19세기 정신 속에 매우 강했다. (역사의 법칙을 따라서 과학이 세계를 변모시킨다는 것.) ——를 제거하면 남는 것은 놀라운 순수성을 지닌 천복년설적인 계획이다.[162] 1845년에 마르크스는 이렇게 표명하였다. "철학자들은 단순히 세계를 다른 방식으로 해석했다. 문제는 세계를 바꾸는 것이다." 몇 년 후 국제노동자연맹은 완전히 종말론적이고 천복년설적인 언어로 더욱 분명하게 의사를 표현했다.

"과거를 싹 쓸어 버리자." "세계는 근본을 바꿀 것이다." "이것은 마지막 싸움이다."

마르크스와 엥겔스가 만든 학설은 천복년설의 계획을 존중함으로써 본질적으로는 절대 자유주의적이다. 국가와 소유권·종교, 그리고 부르주아적 의미에서 가족까지 구속적인 모든 구조들은 사라져야 했다. 착취가 지배하는 사회에서 '소외된' 인간은 마침내 '자유로운 상태에서' 그 자신의 지배자가 될 것이다. 공산주의의 건설은 이를테면 역사의 종말을, 다시 말해 마르크스주의가 지닌 목적론의 종착점을 의미했다.

그러나 모든 천복년설이 그렇듯이, 공산주의의 계획 또한 그 안에 순전히 유토피아적인 원칙들을 간직하고 있었다. 이 원칙들이 약속된 자유와 공존할 수 있는 능력은 검증되어야 했다. 우선 더할나위없이 유토피아적인 특징으로는 소유권의 폐지가 있었다. 목적은 물론 노동으로부터의 해방이었고, 프롤레타리아의 해방이었으며, 빈자와 착취당하는 자 등으로 이루어진 거대한 집단의 해방이었다. 또한 부르주아적 구조들(국가, 사유재산 등)의 파괴와 신세계의 정착을 보장해 주는 하나의 단계——물론 이 단계는 일시적이다——가 중요했다. (후에 이 단계는 프롤레타리아 독재로 명명되었다.)

이와 같은 실험은 적어도 메커니즘을 적나라하게 드러내고 정착된 천복년설의 기능작용을 이해하게 해주는 장점이 있었다. (왜냐하면 역사로부터의 탈주 규모가, 예를 들어 뮌스터의 실험과 같이 시간적으로 정확한 이전의 실험들을 훨씬 초월하기 때문이다.) 발생한 본질적 현상은 무정부 상태의 원칙을 질서의 원칙을 통해 파기하는 것이었다. 유토피아적인 불씨가 조직 전체에 침투했다. '프롤레타리아 독재'는 어떠한 초월적 전망도 없이 지속되었다. 비극적 아이러니의 논리에 따르면 국가가 사라지는 것은 국가가 강화되는 것을 통과하도록 되어 있었다. 절대 자유주의의 측면에서 보자면, 천복년설의 꿈이 지녔던 그러한 측면은 구체화된 유토피아적 구조들이 지닌 난폭한 힘과 효율성에 저항하지 못하고 점차 소멸할 수밖에 없었다. 보통 세계의 법칙들과는 다른 법칙들에 의해 통제되는 다른 세계는 영속적인 구속이 없이는 존재할 수 없고 살아남을 수 없다는 것이 확실하게 드러났다.

　　많은 실험과 실패를 거듭한 후, 역사로부터의 탈출은 상상력의 세계라는 배타적인 영역 속에 영원히 갇힌 것 같다.

6

역사적 상상력의 세계

여타 학문들과는 다른 학문

"역사는 상상력의 세계가 열어 놓은 영역에 속한다." 질베르 뒤랑의 이와 같은 도발적인 단언은 역사가들을 놀라게 할 수 있고 난처하게까지 할 수 있다.[163] 그러나 그것은 본질적으로 옳다. 역사가들의 야심은 처음부터 진실된 사실들을 다시 이야기하는 것이었다. 두 세기 전부터 역사는 과학적인 위상을 갈망하고 있다. 그것은 실제로 하나의 과학이 될 수 있을까? 그렇다면 '과학'이란 말은 무엇을 의미하는가? 19세기는 확신으로 이끄는 완벽한 과학을 믿었다. 주변의 과학만능주의는 자신들의 분야를 '정확한' 자연과학의 엄밀성에 접근시키려고 시도했던 역사가들을 콤플렉스에 사로잡히게 할 뿐이었다. 그들은 사실들을 명확하게 고정시키고, 반박할 수 없는 방식으로 이것들의 밀접한 관계, 원인과 결과를 확립하려고 노력했다. 가장 야심찬 역사가들은 우주의 법칙을 발견한 뉴턴을 본받아서 '법' 체계를 구상했다. 오귀스트 콩트는 '사회적 물리학'을 과감하게 언급하기까지 했다.[164]

반대로 20세기에는 상대주의가 과학만능주의를 쇠퇴시키면서 승리했다. 어떤 과학도 오늘날 이론의 여지가 없는 결정적 대답을 줄 수 있는 것으로 여겨지지 않는다. 과학 클럽에 가입하는 것은 이제 차별이 덜한 것 같은데, 십중팔구 그것은 역사가들에게 만족스러운 동기가 될 것이다. 그러나 여전히 사실인 것은, 요구의 정도가 어떻든 역사는 과학적 스펙트럼의 모습이 나타나는 어떤 경우에나 이 속에서 변방 쪽에 위치한다는 것이다. 역사를 하나의 과학으로 간주하거나 안하는 것은 단순한 어휘의 문제이다. 진짜 문제는 그것의 구조들과 방법의 법칙들을 규정하는 데 있다.

역사의 특수성은 사실의 풍부함과 이질성에 있다. 자료들은 무궁무진한데 전체의 논리정연함은 전혀 분명하지 않다. 역사가는 엄격한 분류와 극도로 제한적인 선택을 해야만 한다. 그는 물론 '중요하고 의미 있는' 사실들을 선택할 것이다. 그러나 이것들의 중요성과 의미를 결정하는 것은 바로 그에게 달려 있다. 476년 로마 제국의 멸망은 오랫동안 세계사의 결정적 전환점으로 간주되었다. 아무도 당시에는 이것에 주목하지 못했었다. 당시 입장에서 보면 우리는 사건이 진짜로 일어났는지를 자문할 수 있다! 사건은 나중에 '구축된' 것이다. 각각의 역사적 사건은 이를테면 역사가가 '구축한' 것이다.

의미론적 성격의 혼동에 빠져서는 안 된다. 역사라는 말은 전혀 다른 두 개의 개념을 지칭한다. 한편으로 과거에 있었던 역사, 다시 말해 '실제적인' 역사가 있고, 다른 한편으로 역사에 대한 담론이 있다. 둘은 전혀 등가치가 아니다. '진짜' 역사는 결정적으로 전개되어 버렸고, 아무도 그것을 부활시킬 수 없다. 왜냐하면 역사에 대한 담론(이것을 우리는 일반적으로 '역사'라고 부른다)은 단순화되고 극화되며, 의미가 부여된 이야기에 불과하기 때문이다.

사건들을 선택하고, 이것들을 이야기로 정리하고 어떤 해석의 틀에 집어넣는 일, 역사기술학의 방법을 구성하는 이와 같은 기본적 세 요소는 복잡한 문화적·이데올로기적 지표에 달려 있다. 논쟁을 지배하는 것은 과거가 아니라 역사가이다. 역사가는 논리정연함과 의미를 지칠 줄 모르고 생산하는 자이다. 그는 진실한 요소들을 가지고 일종의 허구를 생산해 낸다.

역사는 문학적 연출과 동시에 이데올로기적 본질에 대한 추론을 전제한다. 헤이든 화이트는 현대 역사기술학의 물을 휘저어 놓았던 저서 《메타역사학》(1973)에서, 주저하지 않고 역사철학을 포함해 역사적 산물들을 문학이론에서 빌려온 네 개의 종류로 분류했다. 이 네 종류는 로마네스크한 것('로맨스'), 비극적인 것, 희극적인 것, 그리고 풍자적인 것으로 되어 있다.[165] 영국의 역사가 피터 버크는 '서술의 회귀'에 바쳐진 보다 최근의 에세이에서, 역사소설들과 '과학적인' 역사서들을 기꺼이 혼합하고 있다.[166] 과학만능주의적인 강박관념을 겪고 난 후 역사가들은 이야기의 지극한 즐거움을 되찾았고, 주석학자들은 이야기로서의 텍스트를 분석하는 즐거움을 되찾았다.

명시되어 있거나 함축되어 있는 이데올로기적 개입에 관해 말하자면, 이것은 불가피하게 존재하며 그것의 함량이 크다. 예를 들어 오귀스트 콩트가 설파한 실증주의 학설은 과학과 진보라는 당시 최고의 부르주아적 가치에 따라서 역사를 구조화시키고 있었다는 것이 명백하다. 또한 이에 못지않게 명백한 것은 역사에 대한 마르크스주의의 메커니즘이 프롤레타리아의 해방을 목표로 하고 있었고, 종말론적이고 천복년설적인 관점(계급투쟁, 공산주의 사회로 통하는 계속적인 사회 조직들) 속에 끼어들어 있다는 것이다. 그런데 필경 기록물의 '방법적 처리'와 '사건들'에만 관심을 가졌던 19세기말의 '실증적'이고 '비판적'인 역사기록을 어떻게 해석할 것인가? 그 다음의 패러다임, 즉 언뜻 보아 정치에 매우 초연한 (역사기록의 계획에 정치를 배제할 정도로) 아날학파의 '새로운 역사'를 어떻게 해석할 것인가? 이데올로기적 결단의 명백함이 덜할지라도 그것은 여전히 존재한다. 1900년대의 전형적인 역사가는 사건들과 기록물에 관심을 기울인 채 국가와 제도들을 존중하고, 자유적이고 민족적인 가치에 물든 정치사를 만들어 냈다. 그는 바로 그 자신이 당시의 부르주아 이데올로기에 잠겨 있었기 때문에 모든 이데올로기로부터 자유롭다고 느꼈다. 반면에 아날학파의 '새로운 역사'는 국가적이고 민족적인 범주를 파기할 정도까지, 개인들과 정치적 사건들을 어렴풋하게 나타냈다. 그것은 대중과 경제적 힘, 집단적 사건들을 강조했다. 에르베 쿠토 베가리가 입증했듯이, 그것은 프랑스 사회주의 이데올로기와 가까운 역사였다.[167]

역사는 과거에 대한 현재의 담론이고, 감성과 이데올로기에 연결된 다양한 형태(기조가 말했던 '역사를 만드는 수많은 방식')의 담론이다. 역사를 상상력의 세계가 만들어 낸 산물로 간주하느냐 안하느냐는 상상력의 세계에 대해 부여하는 정의에 달려 있다. 상상력의 세계가 '비진실의 세계'라면, 다시 말해 순수한 픽션의 영역이라면 역사(우화와 날조를 뺀)는 그 영역 밖에 있는 본질적인 것을 위해 존재하는 것이리라. 그러나 이것은 우리의 개념이 아니다. 우리가 제안하는 방법에 따라서 상상력의 세계는 '진실의 세계'와 '비진실의 세계'라는 범주들을 초월한다. 그것은 법칙에 따라 진실한 것과 거짓된 것을 동일한 정도로 동화시킬 수 있는 정신구조를 나타낸다. 역사적 신화는 완전히 창조될 수도 있고, 또한 의심할 여지없는 사건들에 입각하여 구축될 수도 있다. 알렉산더 대왕과 샤를마뉴 대제·잔 다르크·나폴레옹은 실제 인물이자 동시에 신화적 영웅들이다. 같은 방식으로 역사 전체는 신화화된다. 다시 말해 그것은 상상력의 세계에 대한 기준에 따라 구조화되고 방향이 잡히는 것이다.

역사적인 상상력의 세계가 드러내는 범위와 개입에 대해 정확한 개념을 갖기 위해서 우리가 또한 분명히 해야 할 것은, 역사에 대한 담론이 설정된 하나의 학문과 직업의 한계를 광범위하게 초월해야 한다는 것이다. 물리학은 물리학자들에 의해 만들어진다. 그러나 역사는 역사가들 이외에는 개방되지 않는 금렵지역이 결코 아니다. 모든 사람들이 다양한 수준에서 역사 의식을 만들고 새롭게 갱신하는 데 참여한다. 구전되는 전통과 정치적 선전, 학교·교회·언론·책·영화·텔레비전 등이 역사적 상상력의 세계를 극도로 방대하고 복잡한 영역으로 만드는 데 기여한다. 여론은 사건들을 단순화시키고 극화시키며, 인격화하고 선과 악의 이분법적 변증법 속에 집어넣는 경향이 있으며, 기지의 사항들을 과장하는 경향이 있다. 다소 신중하기는 하지만 동일한 경향이 역사가들의 작업 속에도 있다. 이들은 신화의 생산자들이자 동시에 수신자들이다. 그들은 그들에게 가해지는 사회적 압력에서 벗어날 수가 없다. 그들은 결국 확산된 신화적 의식에 보다 많은 엄밀성과 어떤 합리성을 부여하는 데 그친다.

초월적인 진리를 찾아서

우리가 제1장에서 정의한 상상력의 세계가 지닌 큰 구조들은 역사기술적 담론 속에, 그리고 일반적으로 말해 역사 의식 속에 전적으로 확인된다. 가장 근본적인 구조부터 시작하자. 이 구조는 명백한 현실보다 우월한 본질을 지니고 있고, 전통적으로 신성한 것을 통해 표현되는 다른 현실을 나타내는 구조이다.

경이로운 것들은 고대와 중세의 역사기술 속에 풍부하게 있다. 오늘날 회의적인 독자는 수많은 기호와 상징으로 인해, 그리고 인상적으로 계속 이어지는 신기한 일과 기적·전조·예언, 전조적 꿈들(그리고 심지어 의미를 띤 하찮은 사건들)로 인해 당황할 위험성이 있다. 그는 비판 정신의 심각한 결핍이라고 결론을 내리고 싶은 유혹에 빠질 수 있다. 그러나 이것은 그런 경우가 아니다. 문제가 된 역사가들은——그들이 원할 때——진실된 것과 거짓된 것을 분리시킬 수 있고, 신화를 추론할 수 있고, 기만을 고발할 수 있는 능력이 있음을 확실하게 드러낸다. 그들의 이성은 우리의 이성과 마찬가지로 취약했다! 그들은 아무 '기호'나 받아들이지 않았고, 확실한 것들만을 받아들였다. 그들이 내세운 기호들은 엄밀한 의미에서 아마 '진실하지' 않을지도 모른다. 그러나 그것들은 분명히 일상적인 삶의 평범한 사건들보다 '더 진실하다.' 왜냐하면 그것들은 초월적이고 보다 근본적인 진리에 일치하기 때문이다. 《로마 제국에 대한 로마인의 역사기술에 있어서 경이로운 것의 기능》(1988)이라는 아름다운 글을 쓴 로랑 마티우스를 인용해 보자. "경이로운 것은 저절로 각인되는 것이 아니다. 그것은 그 자체로서는 아무데도 존재하지 않는다. 그렇기 때문에 그것은 동일한 문화 내에서도 극도로 다양한 형태로 나타날 수 있다. 하늘을 나는 독수리, 핏빛으로 해석되는 월식 동안의 불그스름한 달빛, 이리떼의 울부짖음 앞에서 물러서는 개들, 탄식 소리를 내는 밤의 새들, 태양의 어슴푸레한 빛 등의 형태로 말이다. 내재적인 것 속에서 항상 초월적인 것을 읽을 수 있도록 방향이 잡혀진 시선에는 모든 현상이 근본적으로 다른 차원을 드러내 보일 수 있다. 그렇지만 이 차원은 객관적인 관점에서 볼 때 드러나는 사물들의 존재에서 어떤 것도 없애지 않는다. 신기한 현상들에 대한 자연적 설명을 제공하기 위해 일부 해설자들이 전개하는 노력은 헛일이다. 옛사람들은 때때로 이것을 알고 있었다. 그렇지만 그들은 오늘날의 사람들이 볼 때 신뢰성이 없다고 생각되는 태도——왜냐하면 그들은 이 태도가 비롯되는 원리들을 모르기 때문이다——를 고집했다." 사실 경이로운 것은 "현실의 완성된 재현으로서, 이 현실 속에서의 자연은 즐거움의 도구, 즉 계획화된 개발의 대상이라기보다는 내세의 사자인 것이다." 우리는 "밋밋하고 우중충하며 평범한 현실, 하지만 진정한 실체를 드러내야 하는 그 현실의 빛나는 변모"[168] 앞에 있게 된다.

고대인들은 진실을 보다 잘 말하기 위해 '거짓말을 했던 것이다.' 고대 말기와 중세에 주장된, 역사에 대한 그리스도교적 개념은 현상의 이와 같은 이중적 성격이 드러내는 궁극적 결과를 끌어낼 뿐이었다. 고대의 신기한 일들에 기적들이 뒤를 이었다. 이 기적들은 오랫동안 신의 섭리에 의한 세계의 구도 속에 통합되었다. 다분히 무질서하게 나타난 것으로 인식된 전통적인 신기한 일들은 신의 계획과 관련된 질서의 원리에 종속되었다. 역사는 신과 성인들, 그리고 사탄이 제각기 해야 할 역할을 가지고 있는 '불가사의'가 되었다. 중세의 역사기술에 나타나는 기적의 '일상적인' 현존에 대한 합리주의적인 항의는 그렇게 합리적인 모습이 아니다. 우리는 종교의 토대를 부정할 수 있다. 그러나 우리가 이 토대를 받아들이면, 나머지는 자연적으로 고리가 연결된다. 중세의 역사기술에서 결핍된 것은 논리정연함이 아니다. 전혀 그 반대의 것이다.

근대의 합리주의는 이처럼 세계를 신화적으로 '양분시키는' 토대를 파괴하겠다고 나섰다. 그 결과 우리가 이미 확인한 대로 신화적 구조의 파기가 아니라, 이 구조의 세속화와 과학적이고 이데올로기적인 현대적 용어로의 '번역'이 나온 것이다. 신성한 것과 종교가 비워진 땅에 역사철학이 들어섰다. 동일한 형이상학적 논리가 '역사의 법칙'이나 불가피한 역사의 '흐름'에 대한 기원을 활성화시키고, 전통적인 신화적 또는 종교적 해석을 활성화시킨다. 신들과 하느님은 결정론의 유희에 의해 대체되었다. 지리적 환경과 인종, 경제적 힘, 자연과학과 이성의 완성이 역사에 의미를 주입하기 위해 차례로 부름을 받았다. 두 개의 큰 믿음,

즉 진보의 종교와 민족적 신비 사상이 최근 세기들 동안 논쟁을 지배했다. 첫번째 믿음은 인류를 미래로 이끄는 저항할 수 없는 힘의 작용을 전제했다. 두번째는 민족들을 개별화시키고 운명짓는(그리고 '선택된' 민족들에게 진보의 횃불을 짊어지는 사명을 부여하는) 민족 정신, 다시 말해 일종의 '정신적 분신'을 전제했다. 어떤 이름이 되었든 작용하는 것은 언제나 운명이고, 주장되는 것은 언제나 이상적인 계획이다. 우리는 이 계획의 '배우들'이고, 역사적 사건들은 해독을 초대하는 '기호들'이다.

시대와 이데올로기를 관통하는 하나의 지속적인 원형이 자신의 사명을 완수하고 있다. 우주적 힘, 보편적 관념, 또는 어떤 메커니즘이 현상들을 이끌어 가고, 그렇게 하면서 인류의 모험에 의미와 궁극성을 부여한다는 믿음 말이다.

운명의 신이 보낸 사자들

운명의 신은 그가 선택한 자들을 통해 자신을 나타낸다. 선택된 자들은 인간 공동체와 '보다 우월한' 세계 사이의 중개자들처럼 나타난다. 역사에 대한 일반적 비전은 매우 '인격화되어' 있다. 사건들과 가치들·경향들·모순들, 이런 것들은 각각의 상황에 적응된 인물들 속에 구현된다. 때로는 종교나 제국을 창설하고, 우주적 힘들을 생생하게 종합하는 예외적 인물들이 나타난다.

영웅은 태어날 때부터 '표가 나고,' 전통적으로 '표시들'을 통해 예고되며 이 표시들이 수반된다. 그의 삶은 모범적이고, 그의 죽음은 다분히 외관상에 불과한 것으로 그를 반신으로, 영원 속에 결정적으로 고정된 상징으로 만든다. 수에토니우스가 쓴 로마 제국의 전기(이 전기는 후에 아인하르트가 《샤를마뉴의 생애》

에서 모방하였다)는, 다른 사람들과 같지 않은 이와 같은 인간들의 완성된 모델을 제공한다. 선량하든 사악하든 황제들은 일상적이고 우주적인 경이로운 사건들, 즉 그만큼의 신호들과 전조들로 인해 두 겹의 인생을 살아간다. 가장 절정에 선 사람은 물론 세계의 대통일자인 아우구스투스 황제로서, 그의 시대는 세계가 로마 제국과 혼동되었다. 그의 어머니는 뱀에 의해 임신된 것으로 알려지고 있다. 그의 몸은 '일곱 개의 별로 된 곰자리 모양으로 가슴과 배에 배치된 표시들'로 반점이 있었다.[169] 이것은 이를테면 우주의 축소판이며, 이로 인해 아우구스투스는 명백하게 신성을 '지상에서' 대표하는 자가 되었다.

탈신성화는 본질적으로 전통적 유형학에 영향을 미치지 못했다. 왜냐하면 영웅들은 계속해서 역사에 나타나는 모든 충동들에 인간의 얼굴을 제안했기 때문이다. 지난날과 마찬가지로 오늘날에도 예외적인 인물이 선이나 악, 또는 둘 모두를 구현하고 있다. (근대의 영웅 유형인 나폴레옹이 이 경우이다. 그는 프로메테우스이자 죽음의 신 오르쿠스이며, 그리스도이자 반그리스도이다.)[170] 영웅은 운명의 신을 위해 일할 수 있거나, 운명의 신에 반항할 수 있다. 뿐만 아니라 볼테르는 건설적인 계획을 수립하는 당사자들인 '위대한 사람들'과, 그가 역사의 모험가로 판단한 '영웅들'을 구분하자고 제안했다. 미개한 나라를 유럽의 강국으로 변모시켰던 러시아의 표트르 대제는 전자의 범주에 속했다. 자기 나라의 힘을 와해시킨 스웨덴의 카를 12세는 표트르 대제의 불행한 반대자로서 두번째 범주에 속했다.[171] 19세기에 칼라일은 하느님의 사자들인 위대한 인간들에 의해 만들어진 역사에 대해 가장 완성된 표현을 내놓았다.(《역사상의 영웅과 영웅 숭배 및 영웅시에 관하여》, 1841) 반대로 마르크스는 개인적인 행동을 사회경제적 구조와 변화에 종속시키면서 위대한 인물들의 혁혁한 공을 적지

않게 축소시켰다. 이러한 해석은 플레하노프에 의해 재시도되고 (《역사에서 개인의 역할》, 1898) 난 후, 실제로는 공산주의 정체를 특징짓는 '개인 숭배'에 의해 우롱당했다. 그러나 위대한 인물들을 부각시키는 일과 지워 버리는 일 사이의 모순이 외관상에 불과하다는 점에 주목하자. 신중하게 또는 압제적으로 이 인물들은 동일한 사명, 즉 하느님, 운명의 신, 또는 역사의 법칙이 지닌 이상적 계획을 구체화시키는 사명을 완수한다.

실증주의 철학은 사회적 힘과 역사적 법칙을 위해 개인들을 완전히 제거하는 데까지 이를 정도로 더 멀리 나아간다. (이런 방향에서 루이 부르도의 《역사와 역사가들, 실증과학으로 간주된 역사에 대한 에세이》, 1889를 참고하기 바란다.) 이것이 아날학파의 '신역사'에 의해 다듬어지는 관점이다. 구조들과 '장기적 기간'에 집중된, 과거에 대한 아날학파의 분석에서는 위대한 인물들이 수행해야 할 진정한 역할이 더 이상 없다는 의미에서 그렇다는 것이다. 이와 관련하여 페르낭 브로델이 단행한 방향의 전환은 모범적이다. 그는 펠리페 2세에 관심을 기울이는 것으로부터 시작해 지중해를 다루었는데, 지중해는 물론 스페인의 왕보다 더 육중하고 영향력 있는 '인물'이다. 필경 역사는 더 이상 위대한 인물들이 필요하지 않았다. 그것은 대중과도 잘 돌아가고, 나아가 보다 잘 돌아갈 수도 있었다. 역사의 이와 같은 민주화는 근대 사회의 민주화에 부응했다. 그러나 우리는 영웅들에 대한 숭배를 단념하지 않고도 민주주의를 하며 잘 살 수 있다. 사실을 말하자면, 역사의 인식이 심층적으로 바뀐 것은 아니다. '신역사'보다 신중한 다른 역사기록의 흐름들은 이야기와 영웅들을 희생시키지 않도록 매우 조심을 했다. 프랑스에서조차도 전기가 힘 있게 복귀하고 있다.[172] 오늘날 모든 것이 과거와 현재를 '인격화하는 데' 기여하고 있다. 영웅들을 만드는 기계가 텔레비전과 광고에서 값진 원군을 만나면서 완전 가동하고 있다. 심지어 이와 같은 경향이 두드러져 가고 있는 것 같다. 일상적인 삶이 점점 기계적이고 익명적으로 되어감에 따라, 영웅적인 모델의 필요성은 일종의 보상으로서 더 강하게 느껴지는 것이다. 정치인이나 예술가·축구선수, 또는 톱 모델 등 어느 누구도 신격화될 수 있다. 이러한 맥락에서 인물들이 빠져 나간 역사를 제안한다는 것은 어렵게 되고 있다. 원형은 여전히 그대로 있다.

통일성: 제국과 민족들 사이에

상상력의 세계가 지닌 다른 큰 구조들과 이 구조들이 역사에 적응하는 현상을 따라가 보자. 이타성은 역사적 담론 속에 편재한다. 그 이유는 타자가 공간과 시간 속에 동시에 위치하기 때문이다. 이타성의 논리를 따라서 기능하는 역사는 관찰된 사회보다 관찰자의 시선에 더 의존하는 이미지들을 구축한다.

통일성의 원리——이 원리는 이타성에 대립적이면서도 보완적이다——는 여러 수준에서 작용한다. 우선 가장 기본적 수준인 절대적 의미의 통일성이 있다. 우주적 통일성, 인류와 세계사의 통일성 같은 것으로 신적·우주적 그리고 인간적 영역 사이의 밀접한 유대를 나타낸다.

제국의 개념은 이와 같은 총괄적 의미를 나타낸다. 전형적인 두 개의 예가 있다. 중국과 로마 제국으로서 이들은 강한 의미로 세계의 중심이었고, 세계적인 사명을 띤 정치적 구축물이었다. 제국은 하나일 수밖에 없었다. 근대 국가적 위신의 이유로 제국이 다양화된 것은 본래의 세계적 의미와 어울리지 않는다. 로마 제국의 신화는 고대에서부터 근대까지 유럽인이 간직한 상상력의 세계를 지배했다. 제국은 (실제적으로) 사라지고 난 후에도 (상상력의 세계 속에서) 살아남았다. 그리스적이든(비잔틴) 독일적이든 (800년의 샤를마뉴와 962년의 오토 대제의 '복위') 제국은 여전히 '로마적'이었고 '세계적'이었다. 세계 제국의 계획은 또한 르네상스의 중심에서도 나타난다. 지구의 상당 부분을 이미 규합했던 카를 5세의 여전히 '로마적'인 제국이 되었든, '역사의 종말'이라는 메시아니즘적 분위기에 지배되어 있었던 '이상적'인 제국들이 되었든 말이다. 후자의 예를 든다면 (이탈리아 철학자 톰마소 캄파넬라가) 스페인 왕에게 보장한 제국, (프랑스 작가이자 동양학자인 기욤 포스텔과 캄파넬라가) 프랑스 왕에게 보장한 제국, (안토니오 비에이라가) 포르투갈 왕에게 보장한 제국 등이 그것이다. 러시아의 팽창까지도 '제3의 로마'라는 포장 아래 시작되었다. 로마와 콘스탄티노플[이스탄불]을 따라서 모스크바는 세계적인 제국의 중심이 되기를 갈망했다.[173] 이슬람 공동체 앞에서 그리스도교적 통일성의 개념, 그리고 반대로 그리스도교 공동체 앞에서 이슬람적 통일성의 개념은 동일한 신화구조 속에 들어간다. 세계적인 통일성이 이루어지려면, 통일성-이타성이라는 변증법에 따라 지워 없애야 할 타자가 항상 존재해야 한다.

우리가 이미 보았던 것처럼 고대인들에게 인류는 '분열되어' 있었다. 처음으로 인류의 근본적 통일성과 유일한 운명을 명료하게 주장한 것은 그리스도교였다. 이러한 보편주의의 역사기록적 표현이 보편적 연대기였다. 세계는 진정한 믿음 속에 통일되어야 했다. 이것이 바로 결국 유럽의 팽창으로 귀착된 정신적 태도였다.

19세기에는 민족과 국가-민족의 신화가 역사적·정치적 상상력의 세계를 점령했다. 이처럼 세계를 재단하는 새로운 방식은 통일성의 특권적인 표현이 되었다. 통일성은 민족적 통일성으로서 물론 다른 유사한 종합들, 즉 다른 민족적 통일성들과 대조되게 되었다. 민족주의는 일반적으로 역사 기술과 역사 의식을 강력하고 지속적으로 특징짓게 되었다.

그러면 민족이란 무엇인가? 처음부터 해석은 '독일적 모델'과 '프랑스적 모델' 사이에 흔들리면서 다양하게 표출되었다. 독일의 관념론자들은 '혈통'과 '언어공동체'를 강조했다. 프랑스인들의 해석은 그 반대로 민족을 '시민공동체'로 바라보면서, 현상의 정치적·주의설적 차원을 부각시켰다. 독일인으로 태어나지만 프랑스인이 되는 것이다. 알자스 지방을 중심으로 한 싸움은 이와 같은 모순적 인식들과 관련하여 전적인 의미를 지닌다. 왜냐하면 알자스는 독일식 정의에 따르면 독일에 속하고, 프랑스식 정의에 따르면 프랑스에 속하기 때문이다. 최근의 주석학자들은 근대 민족들의 인종적 기원을 부각시키든가, 그들의 '정치적'·'계약적' 본질을 부각시키든가 하면서 계속해서 두 모델 사이에서 변화하고 있다.[174]

사실 이러한 애매한 조건은 상상력의 세계가 지닌 논리에 적응된다. 민족은 객관적·역사적 현실보다는 이상적 계획을 구현하는 것이다. 그것은 의식 속에 존재한다. 그리고 그것은 상상력의 세계에 속한다. 그것은 근대의 큰 신화들 가운데 하나이다. 그래서 상상력의 세계가 드러내는 모든 구조처럼 그것은 '원형적' 실체(이 경우 옛날의 혈연, 종족적인 유형의 유대)를 최근의 역사에 의해 만들어진 새로운 가치들(국민의 절대권, 대의정치제도)에 결합시켰다. 독일과 프랑스의 모델은 함께 고려되어야만 하는 것이다. 상상력의 세계에 너무 지나치게 명료한 선택을 요구해서는 안 된다. 상상력의 세계가 드러내는 전망에 따르면, 조상으로부터 받은 자산과 근대성의 경험은 그다지 서로 배척하지 않는다. 에르네스트 르낭은 민족적 현상의 특징을 규정하고자 하면서, 적절하게 '건국의 동의'를 상기시켰다. 그러면서도 그는 '조상'과 '공통의 유산'도 잊지 않았다.[175) 바라보는 각도에 따라서 민족은 종족과 매우 다르게 나타나기도 하고, 매우 가깝게 나타나기도 한다. 어쨌든 그것은 공동체 속에 개인이 강력하게 편입된다는 것과 유사한 다른 구조들에 대해 분명한 경계 설정을 전제한다.

일단 자기 자신의 고유한 존재를 의식하게 되면, 민족은 그 실제적 규모가 어떠하든 삼라만상의 중심에 위치했다. (중심의 원형적 상징을 이용하면서 말이다.) 《독일 국민에게 고함》(1807-1808)을 쓴 피히테에게 독일인은 더할나위없는 인류의 전형이다. (왜냐하면 독일인은 기원에 보다 가까이 있고, 역사의 전진에 의해 덜 부패했기 때문이다.) 따라서 '인류의 발전에 주의를 기울이는' 사명은 독일인에게 있다는 것이다.[176) 미슐레에게 프랑스는 예정된 운명에 의해 민족들의 선두에 서 있었다.[177) 같은 시대인 1843년 이탈리아의 애국자 빈센초 조베르티는 《이탈리아 민족의 도덕적·시민적 우월성에 대하여》라는 책을 출간했다. 그는 여기서 유럽이 세계의 중심이고, 이탈리아는 유럽의 중심이라는 것을 입증했다. 관세동맹의 주도자이자 독일 통일의 선구자인 프리드리히 리스트는 문제를 다르게 보았다. 그는 이렇게 주장했다. "게르만 인종은 그 천성과 특성 자체로 인해 다음과 같은 큰 문제를 해결하기 위해 하느님으로부터 지명되었다. 즉 전세계의 현안들을 지도하고, 미개하고 야만스러운 나라들을 교화하며, 무인 고장에 사람을 살게 하는 일 말이다."[178) 슬라브 민족의 자긍심을 가진 러시아인들에게 하느님의 길은 달랐다. 왜냐하면 "세계의 운명은 러시아에 달려 있었기 때문이다."(포고댕, 《러시아 역사 고찰》, 1846-1859)[179) N. 다닐레프스키는 《러시아와 유럽》(1869)에서 라틴인들과 게르만인들이 계속적으로 문명의 전진을 이끌어 왔다고 인정했다. 순수한 논리로 볼 때, 교대하여 뒤를 잇게 되어 있는 민족은 슬라브인들이라는 것이었다. 작은 민족들도 동일한 게임을 했다. 현재가 그들을 용이하게 하지 못한다 할지라도, 그들은 과거 속에서 위대한 미래에 대한 논거를 찾아냈다. 그리스인들은 아테네와 알렉산더 대왕, 다시 말해 그들의 옛 영광에 대해 몽상했다. 루마니아 지방에서 '라틴주의 학파'는 루마니아 역사에서 로마 역사가 순전하게 계속되고 있음을 보여 준다.

통일성에 대한, 그리고 암암리에 타자에 대한 이러한 다양한 발상들은 지난 두 세기가 흘러오는 동안 종종 피비린내나는 방식으로 대조되고 대립되었다. 선택은 정체성 및 민족적 우월이라는 다소 분쟁적인 주장과, 옛 로마 제국이나 오늘날의 유럽과 같은 보다 광범위한 종합의 추구 사이에 열려져 있다.

건국 신화

역사를 신화적으로 빛나게 변모시키는 현상에서 건국 신화는 별도의 위치를 차지한다. 그것은 강한 의미에서 신화인 것이다. 왜냐하면 머시아 엘리아데(《신화의 양상》, 1963)는 신화의 기능이 창세기나 건국에 대한 신성한 이야기를 하는 것이며, 그렇게 함으로써 세계와 그 구성 요소들 ——공동체들·도시국가들·민족들·국가들——을 설명하고 정당화시키는 일이라고 정의했기 때문이다.

일반적 의미에서 본 기원 신화와 건국 신화는 구분해야 한다. 때때로 건국 신화는 없는 경우가 있다. 어떤 공동체들은 세계의 창조나 파괴 그리고 재창조(거의 보편적인 대홍수의 신화), 문명의 속성들이 자리잡는 현상 등과 관련을 가짐으로써 기원 신화를 내세우는 것으로 정리된다. 마르셀 데티엔느와 그의 공동 연구자들은, 베다적 인도나 남아메리카의 밀림에 사는 인디언들의 문화공간들과 같은 다양한 문화공간들 속에서 이처럼 '건국의 용어로 생각지 않는 방식'을 확인했다. 일본 역시 '단절이 없는 최초의' 시대, 다시 말해 고유한 의미에서 건국이 없는 태초를 내세우고 싶었던 것 같다.(《건국의 윤곽》, 1990)

기원 신화는 보편적으로 확산되어 있다. '건국의' 이야기는 보다 제한적인 것으로 우주 전체로부터 '한 부분'의 분리를 전제하고, 확실하게 결정되고 전체적 의식 덕분에 세심하게 기억된 출발점(분열점)을 가진 특별한 역사의 정착을 전제한다. 기원 신화는 '우주적'이고, 건국 신화는 '역사적'이다.

전통적인 건국은 일반적으로 기원 신화처럼 신성한 것의 흔적을 지니고 있다. 다른 한편으로 그것은 하나의 신과 영웅, 예외적 인물을 중심으로 매우 '개인화되어' 있다. '토착민에 의한' 기원도 없지 않다. 그러나 매우 흔하게 건국의 행위는 역사가 씌어지지 않은 처녀지역에 정착과 새로운 창조를 이용하면서 '외부의' 개입이 있었다는 흔적을 지니고 있다. 일부 그리스 도시국가들의 경우에서 보이는 것처럼 때로는 내부적 기원과 외부적 기원이 결합되어 있다. 완전히 '토착민들에 의한' 해법들조차도 신의 인격체 속에 외부의 '다른' 요소를 반드시 개입시킨다. 그리하여 신들이 처음에 이집트·메소포타미아, 그리고 중국을 다스렸다. '인간의' 왕조들을 위한 터전을 준비하면서 모든 것이 자리잡도록 한 것은 바로 이 신들이었다.

그리스의 건국 신화는 토착민에 의한 것과 식민지 건설 사이에서 변화한다. 첫번째 해석은 아테네와 테베같이 자신들의 영광스러운 과거와 힘에 긍지를 느끼는 도시국가들 속에 존재한다. 그러나 이것은 문제의 도시국가들을 보다 더 오래 되고 보다 근원에 가까운 건국과 연결시키면서 추가적인 명성을 제공하게 되어 있는 외부의 기여에 의해 굴절된 해법이다. 전통에 따르면 이집트인 케크롭스가 아테네의 초석을 다졌다고 한다. 그는 아티카의 주민들에게 농업과 상업을 가르쳤고, 혼례법을 제정했으며, 아레오파고스 법원을 세웠다. 아테네 국가의 두번째 위대한 창건자인 테세우스는 이중의 출신을 가지고 있었다. 그는 토착민이었고, 동시에 다른 곳에서 온 사람이었다. 테베에 대해 말하자면, 외부적 요소는 페니키아인 카드모스에 의해 대변된다. 카드모스는 그의 아버지 아게노르 왕이 주피터에 의해 납치당한 그의 누이 에우로파를 찾아오라고 보낸 자였다. 그는 결국 보이오티아에 정착하여 장차 테베의 아성이 되는 카드메아를 건설했다. 다른 한편, 엄밀하게 식민지적인 해법들은 흔하게 나타난다. 이 유형은 실제적인 그리스의 역사와 대응관계를 띠고 있다. 도식의 다양성이 어떻든간에 건국의 신들이 인간 건국자들의 행동과 '겹침으로써' 신성함이 언제나 현존하고 있다.[180]

로마인들은 트로이 사람들과 자신들을 연결시킴으로써, 결국 차례로 외부 개입의 원칙을 채택했다. 트로이가 함락된 후, 로마인들의 조상인 아이네아스는 자신의 동료들과 라티움에 피신했다. 아프로디테와 안키세스의 아들인 아이네아스는 로마인들을 트로이 사람들과 연결시켰을 뿐만 아니라, 전통적인 건국 신화의 고전적인 도식에 따라 신의 영역과도 연결시켰다. 로마의 창건자인 그의 후손 로물루스는 마르스의 아들로 통했다.

때로는 동물이 건국자에게 '새로운 조국'으로 향하는 길을 가리키면서 '안내자'의 역할을 한다. 이러한 방식은 경이적이고 상징적인 측면을 강화시킬 뿐이다. 이 주제는 세계의 여러 지역에서 자주 나타난다. 스트라보는 고대 이탈리아 부족들 가운데 이런 종류의 전설들을 가지고 있는 사례를 몇 개 언급하고 있다. 건국의 원리로서 마법적인 사냥은 중앙아시아와 동유럽의 대초원에 사는 민족들의 전통에 속한다. 훈족과 헝가리인들의 신화적 조상들은 암사슴 한 마리를 쫓아오다가 유럽에 정착했다. 들소의 사냥은 몰다비아의 건국을 설명한다. 이 나라의 최초 왕자인 드라고시는 그가 오랫동안 추적한 들소를 죽인 바로 그 자리에 정착했던 것이다.[181]

고대의 고전적인 신화로부터 영감을 얻은 '외부인에 의한' 건국은 중세와 르네상스에도 계속해서 나타났다. 프랑스로서는 전적으로 프랑크족에 의한 건국은 불충분한 것처럼 보였다. 로마의 모델을 따라서, 프랑크족은 트로이인의 혈통을 부여받았다. (이 혈통은 6세기와 7세기에 상기되었고, 전설은 12세기에는 《트로이 이야기》에 의해, 그리고 13세기에는 뱅상 드 보베에 의해 통속화되었다.) 프랑크족, 프랑스인들, 그리고 프랑스의 조상은 그리하여 아이네아스의 조카인 프랑시옹 또는 프랑쿠스가 되었다. 16세기에 롱사르는 이와 같은 기원 신화에 《라 프랑시아드》란 서사시를 바쳤다. 영국인들도 유사한 모델을 채택하였다. 브르타뉴의 건국자는 아이네아스의 증손자인 브루트, 또는 브루투스라 불리었다. 그의 덕분에 영국은 트로이와 로마라는 신화적인 두 도시국가의 계승자가 되었다.[182]

《성서》또한 도움을 청하는 대상이었다. 두 개의 미간된 텍스트(사실은 날조된 텍스트)가 1497년 비테르보의 수도사인 요안네스 아니우스에 의해 《고대의 세계》속에 모아졌는데, 이 저서는 약속이나 받은 듯 눈부신 성공의 여정을 계속했다. 이 텍스트들로부터 유럽 민족들의 완전한 계보가 나왔다. 각각의 민족은 노아의 아들들과 손자들의 혈통을 잇는다는 것이다. 그리하여 야벳의 아들 고멜은 갈리아(골)인들의 조상이 되었다. 문제의 책은 16세기에 많은 판을 찍게 되었다. 모두를 포함함으로써 그것은 기원을 중심으로 한 까다로운 논쟁 속에서 권위서로 간주되었다.[183]

비록 보다 최근의 일이지만, 미국의 건국 신화 역시 '신비적이고 외부인의 개입이 있는' 모델을 추종했다. 미합중국은 이론의 여지없이 식민지 건설의 결과이다. 그러나 이와 같은 범속한 개입은 미국을 만든 아버지들에게는 흡족한 것 같지 않았다. 그들은 미국민을 색슨인들의 옛 이주에, 더 나아가 《성서》의 〈출애굽기〉에 결부시키면서 빛나게 변모시켰다. 이 문제의 전문가인 엘리제 마리엔스트라스는 이렇게 쓰고 있다. 제퍼슨에게 "색슨인들과의 혈연관계는 미국인들을 히브리인들과 결합시키는 혈연관계와 마찬가지로 신화적 성격을 띤다. 그는 미국의 국새에 선조들이 실행한 두 번의 위대한 횡단, 즉 색슨인 지도자들의 바다 횡단과 이스라엘 후손들의 사막 횡단을 나타내도록 제안하였다."[184] 미대륙은 실제적인 기지 사항들을 넘어서 그 뿌리를 신화와 성스러움 속에 연장시키는 건국 덕분에 '절대적인 재시작의 장소'로서 간주되었다.

그러나 근대에 가치가 부여되기 시작한 것은 토착적인 기원이었다. 16세기에 프랑크인들을 희생시키고 갈리아인들에게 나타난 점증적인 관심은 이미 근대성의 전조를 나타냈다. 물론 내적 요소들과 외적 요소들의 타협책이 있었다. 그러나 이 타협책은 요소들 가운데 어느 한쪽을 두둔함으로써, 그리고 점점 더 토착적인 요소를 두둔함으로써 불안정하다는 것이 명백하게 드러났다. 프랑스에서는 '우리의 조상 갈리아인들'이 점차적으로 득세하여 19세기에는 단호하게 위세를 드러냈다. 프랑스 혁명마저도 갈리아인들의 프랑크인들에 대한 복수로, 억압받은 토착민족이 침략자인 게르만 귀족들에 거둔 승리로 해석되었다. 로마적인 요소 또한 고려되었다. 그러나 그것은 기원의 신화라기보다는 개화적 신화로 고려되었다. 이것은 제3공화정이 부각시킨 기능이다. 왜냐하면 이 기능은 프랑스의 식민주의적·개화적 정책에 부응했기 때문이다. 그러나 진정한 조상은 율리우스 카이사르가 아니라

웨르킨게토릭스로 남았다.[185)

　러시아에서 바이킹들(바레그)이 중세 국가를 건설했다는 전통적 이야기는 18세기 러시아 애국주의의 이름인 로모노소프에 의해 이미 무너졌다. 논쟁은 항상 토착 슬라브인들에게 유리한 경향으로 계속되었다. 구소련의 역사기술은 결국 바이킹들을 완전히 소외시키고 말았다. 어떻게 미개한 게르만 인종집단에 의해 건설된 러시아를 상상할 수 있겠는가?

　루마니아인들은 오랫동안 그들의 로마 혈통에 기대를 걸며, 인종적 혼합(다키아인과 슬라브인)에서 온 다른 요소들을 완전히 무시해 버리는 데까지 갔다. 최후단계에서(19세기 후반) 지배적인 생각은 다키아인과 로마인의 결합이 되었다. 그리고 나서 다키아인들이 전면에 자리잡았다. 루마니아인들은 '최초의 기원'을 더 이상 로마에서 찾지 않고 다키아인의 고대에서, 그리고 좀더 심층적으로는 토착인의 선사시대에서 찾았다.[186)

　이처럼 카드를 재분배하는 것은 역사적 담론이, 동시에 과학적이고 민족적이며 민주적인 새로운 국면에 접어든 것과 궤를 같이한다. 전설적이고 우연한 개입은 더 이상 근대적인 발상과 어울리지 않는다. 역사의 메커니즘은 본질적으로 그것의 고유한 힘에 의해 기능해야 한다. 건국은 더 이상 단절로 생각되지 않고, 하나의 공동체나 문명의 유기적인 발전에 편입된다. 근본이 귀족인 것보다 더 중요한 것이다.

　전통에 따르면, 스위스는 기욤 텔이 건국한 것으로 되어 있다. 19세기는 보다 '과학적이고' 보다 '매력적인' 해결책을 찾아냈다. 호수에 사는 선사시대 주민들의 자취를 연구하면서, 고고학자 페르디난드 켈러는 완벽한 통일성과 연속성을 밝히는 새로운 사실을 얻어냈다. '호수에 사는' 주민들과 다른 지역의 주민들은 석기·청동기, 그리고 철기시대가 계속해서 이어지는 동안 영속된 같은 민족에 속했다. 따라서 오늘날의 스위스인들은 역사 초기에 호수에 살던 사람들이 조금의 단절도 없이 이어져 온 이들이다. 따라서 스위스는 13세기에 시작된 것이 아니라 선사시대에 이미 나타났던 것이다.[187]

벨기에는 1830년에 유럽 지도에 처음 나타난다. 이 나라의 기원은 16세기 후반 스페인 치하의 네덜란드를 분할함으로써 생긴 것인데, 이때 개신교의 네덜란드는 가톨릭과 스페인에 여전히 충실한 나머지 지역과 분리되었다. 그러나 벨기에인 대역사가 앙리 피렌(그가 쓴 《벨기에 역사》, 1900-1932)에게 이 나라는 그와 같은 상황에 의해 만들어진 것이 결코 아니라, 로마 치하의 벨기에와 카롤링거 왕조의 제국(카롤링거 왕조의 문명은 벨기에 가운데 아마 가장 완벽하고, 가장 고전적인 표현을 찾았다고 할 것이다) 속에 이미 탐지할 수 있는 '공유된 역사'를 나타낸다.[188] 벨기에 민족은 이미 중세에 존재하고 있었다. 이 국민이 국가를 구성한 것은 이미 존재하고 있는 현실의 결과일 따름이었다.

루마니아의 옛 공국들(왈라키아와 몰다비아)은 14세기에 세워졌다. 루마니아의 시작은 1859년과 1918년 사이로 거슬러 올라간다. 다키아인들의 옛 국가와 루마니아의 정치 조직 사이에 1천 년 이상의 단절이 있었다. 그러나 이러한 단절은 다키아 국가에 근대 루마니아를 대표하고, 미리 나타내는 사명을 부여하는 일종의 축약 덕분에 제거되었다. 근대 루마니아는 최초의 지리-정치적 현실을 '재구축한 것'에 지나지 않는다는 것이다.

헝가리인의 역사 의식 속에 5세기 훈족의 왕 아틸라(유럽인의 상상력의 세계에서는 다분히 '부정적인' 인물이다)가 차지하는 위치 또한 신기하다. 그의 제국은 헝가리인들이 도착하기 5세기 전, 도나우 강변 평원에 자리잡고 있었는데, 중세와 근대 헝가리 국가의 뿌리를 연장하고 이 국가에 제국의 임무를 전달하고 있다.[189]

이와 같은 유희는 일단 일반화되면 더 확대하고 싶은 충동을 불러일으킨다. 누가 다른 사람들보다 영광스럽지 못한 위치에 서는 것을 받아들이겠는가? 그래서 터키인들은 터키의 현재 지배자들이 정착하기 3천 년 전 소아시아〔아나톨리아〕에 있었던, 강력한 제국의 창설자들이었던 히타이트인들을 내세울 수 있었다. 이런 점에서 이라크는 세계에서 가장 오래 된 국가로 나타난다. 우리는 이 후자의 신화가 지닌 정치적 의미를 다시 다룰 것이다.

사실 건국 신화는 전통적이든 근대적이든 모두가 동일한 기능, 즉 최초의 그리고 영속적인 하나의 '현실,' '미리 존재해 있었던 실체,' 그리고 '예정된 운명'을 분명히 드러내는 기능을 수행한다. 최초의 기원──신들과 영웅들의 신성한 시대나 문명의 발생 시점──까지 시간을 거슬러 올라가는 일은 귀족의 자격, 다른 많은 건국들 가운데서 일종의 우월함, 영속성의 보장 같은 것들을 건국에 확실히 가져다 준다.

신화의 또 다른 특징은 그것이 주기적으로 재현된다는 점이다. 이러한 현상은 건국 신화에서 쉽게 확인될 수 있다. 기원의 순수한 에너지는 영속적인 주문이 없으면 흩어져 사라질 위험을 안고 있다. 우리는 끊임없이 구축물을 강화시켜야 하는 것이다. 게다가 새로운 건국이란 최초의 건국을 마술적 의식을 통해 복원하고 재기억시키는 일에 지나지 않는 것이다.

중세 영국에서 브르트와 그의 최초 건국은 로마 치하의 브르타뉴를 마지막으로 방어한 신비한 아서 왕에게 횃불을 넘겨 주었다. 후에 이 전설은 장미전쟁 후 나라를 재통일하면서 새로운 건국을 실행한──하지만 이 건국은 영원한 영국의 이름으로 이루어진다──헨리 튜더 왕〔헨리 7세〕에 의해 원용된다.[190] 프랑스의 경우, 건국에 얽힌 사건들과 인물들을 재검토한다는 것은 진절머리나는 일일 것이다. 웨르킨게토릭스와 클로비스·샤를마뉴·위대한 왕들·잔 다르크·프랑스 혁명은 최초의 건국을 영속적으로 반복하고 강화하는 범주에 들어가는 것이다. 페탱과 드골은 새롭고 동시에 역사 속에 뿌리박히기를 원하는 건국, 즉 비시 정권과 제5공화정을 정당화시키기 위해 각자 나름대로 동일한 프랑스를 내세웠다. 역사에 있어서 '강력한' 순간들은 물론 이데올로기적 변화와 다양성에 매우 민감하다. 그것들은 끊임없이 복원되고 평가되며 가치가 부여된다. 태고 속에 잠겨 있을지라도 창건의 행위는 여전히 영속적인 현실성을 띠고 있다.

미래를 읽는다는 것: 원인가 직선인가?

역사학은 과거에 관심을 기울여야 할 것이다. 그리고 그것은 당연히 과거에 관심을 기울이지만, 그 방법에 어떤 의미를 부여하고자 하는 저의를 갖고 관심을 기울인다. 그것이 지닌 이중의 야심은 현재에 봉사하고 미래를 밝히는 것이다. 미래를 점치는 상상력의 세계가 역사적인 계획의 중심에 자리잡고 있다. 어떤 것도 우연한 것이 아니고 모든 것이 서로 연결되어 있다면, 또한 사건들이 기호들이라면 해독을 시도하고 과거를 매개로 미래를 읽는 것은 합당한 일이 된다. 예를 들어 중국에서 과거와 미래가 아말감처럼 혼합되어 있는 것은, 사물의 이치에 속하는 것처럼 생각되었다. 역사를 기술하는 자의 기능은 오랫동안 '미래의 예견을 기록하는 서생'[191]의 기능과 혼동되었다. 역사철학은 이러한 흐름에 속할 뿐이다. 그것은 이미 알려진 역사적 사건들을 가지고 인류의 전과정과 운명을 '알아맞힌다.' 직업적 역사가들이 내놓는 시기적으로 분명한 분석이나 이야기들조차도 의식적이든 아니든, 역사적 변천과정의 큰 축들 가운데 하나에 위치한다.

이에 대한 지배적이고 전통적인 견해는 순환적 역사('영원한 회귀'의 신화)라는 견해이다. 인도인들이 상상한 것과 같은 엄격하고 순환적인 체계들이 이보다 개발이 덜된 순환적인 경향들과 공존해 왔다.[192] 이러한 관점에서 볼 때 미래는 피할 수 없는 쇠퇴에 해당한다. 고대 고전주의 시대의 그리스인들이 진보의 개념에 무심한 것은 아니었다. 그러나 흔적을 남기고 있었던 것은 특히 과거였다. 미래는 상당히 막연한 개념이었다. 역사가들이 다룬 시간의 단편들이 언제나 명료하고 순환적인 도식에 들어가는 것은 아니었다. 그러나 전체적인 감성과 큰 철학적 이론들은 순환적인 방향으로 기울었는데, 이것이 지속적인 변화의 전망——하지만 이 변화는 그리스 사상 속에 싹으로 존재하고 있었다——을 제한했던 것이다. 모든 것은 다음에 다시 태어날 각오를 한 채 개화되어 쇠퇴하고 죽음으로 무너진다. 폴리비오스는 이 점을 기억할 만한 몇 문장으로 말했다. "우리가 알다시피 우리 시대 이전에도 일어났고, 그리고 또한 앞으로도 많이 일어날 것으로 생각되는 홍수·전염병·기근, 또는 유사한 종류의 다른 원인들로 인해 수없는 인류가 죽게 될 때 제도와 예술 등 모든 것도 이 재앙 속에 무너진다. 그리고 난 후 재난에서 살아남은 사람들로부터 결국 새로운 인류가 종자에서 나오듯이 나타나는 것이다."[193]

고대인들이 지속적인 진보를 생각할 수 없었다는 것이 아마 고대 문명의 붕괴 원인들 가운데 하나였을 것이다. 이 문명은 일종의 정신적 봉쇄, 자신감 결핍에 의해 조금씩 파괴되었다.

유대교 다음에 그리스도교는 원 대신 직선에 가치를 부여했다. 역사는 결정적으로 전진하고 있었고, 그것은 진보하고 있었다. 그러나 이 진보는 초월적인 방향으로, 그리고 제한된 기간의 경계 사이에서 이루어지고 있었다.[194] 미래, 매우 가까운 미래는 시간의 종말 그리고 최후의 심판에 속해 있었다. 이러한 새로운 생각 속에 순환적인 연결고리들이 없는 것은 아니었다. 세계 종말을 예시하는 노아의 홍수, 새로운 아담처럼 나타나는 그리스도, 그리고 물론 의식을 주기적으로 반복함으로써 신성한 역사를 항구적으로 재기억하는 일, 이런 것들과 같은 일부 근본적인 테마들의 반복현상 속에서 이 연결고리들을 확인할 수 있다. 요컨대 직선은 전적으로 방향이 잡혀 있고, 그것은 과거에 비해 미래에 특권을 부여하고 있다.

　모든 것은 단순한 형태이든 복합적 형태이든 원과 직선 사이에서 다루어지고 있다. 세속화된 역사는 18세기에, 특히 19세기에 선사시대를 현재에 그리고 현재를 먼 미래에 연결시키면서 진보의 종교, 다시 말해 점점 더 길어지고 상승적·직선적인 변화를 신봉했다. 순환적인 역사 또한 여정을 계속했다. 비코의 '흐름'과 '순환'은 18세기에 이것을 증언한다. 그러나 1백여 년 전부터 순환적 역사를 역사적 사상의 전면에 다시 투영시킨 것은 진보의 개념이 겪은 위기이다. 슈펭글러는 1918년에 《서양의 몰락》을 예고했다. 이 예언은 제1차 세계대전 이후에 확인되었던 만큼 더욱 충격적이었다. 제2차 세계대전 후 '몰락'은 다른 맥락 속에서 종교적인 최후의 종말을 재현함으로써, 핵전쟁에 의해 가능한 종말에 비해 '부드러운' 해결책처럼 보였다.

　진보와 쇠퇴는 온갖 종류의 결합을 이루어 낼 수 있다. 그리하여 주기적으로 예고되었던 서양의 몰락은 시기가 바뀌면서, 그리고 이데올로기가 바뀌면서 슬라브 세계, 공산주의 체제, 제3세계 등이 부상하는 것을 가능케 해주었던 것이다. 진보와 쇠퇴의 두 형태는 수수께끼 같은 방식으로 선택에 따라 최상과 최악을 가능케 하면서 계속적으로 서로 교차하고 있다.

분쟁적인 담론

역사는 기본적으로 분쟁을 야기시키는 학문이다. 그 속에서는 대립적인 원리들이 상상력의 세계가 지닌 논리를 따라서 끊임없이 대결한다. 역사의 담론은 우리와 타자들, 선과 악, 그리스도와 반그리스도 등의 대립으로 이루어진 무궁한 게임을 토대로 구조화된다.

모든 것은 헤로도토스가 당시에 세계전쟁이었던 것, 즉 페르시아인들이 지배한 야만적 세계와 그리스 세계 사이의 분쟁, 압제와 민주주의 사이의 분쟁을 정면으로 묘사함으로써 시작된다. 역사학을 창설한 두번째 아버지인 투키디데스는 차례로 하나의 중대한 전쟁과 대립되는 두 원리들, 즉 펠로폰네소스 전쟁과 아테네와 스파르타라는 두 큰 배우들을 선택했다. 폴리비오스는 로마가 치른 전쟁들과 승리들에 대해 오랫동안 숙고했다. 사람들은 보다 구조적이고 덜 분쟁적인 다른 종류의 역사를 만들어 낼 수도 있었을 것이다. 하지만 그렇게 하지 않았다. 왜냐하면 필경 우리는 그렇게 사유하도록 '프로그램화되어' 있기 때문일 것이다. (대중매체를 통한 담론의 유형은 단절과 대결을 의미하는 모든 것이 발휘하는 유혹을 확인해 줄 뿐이다.)

그리스도교와 중세의 담론은 천국과 지상의 두 도시 사이의 대결이라는 아우구스티누스의 도식에 동조하고 있다. 사탄과 반그리스도는 무신앙자와 이교도들, 그리고 무엇보다도 이슬람이 지상에서 예증하는 우주적 무질서의 상징이 되었다. (반면에 이슬람교도들에게 '대립된' 세계는 순전히 논리상으로 그리스도교의 유럽이었다.)

계몽주의 시대의 철학자들은 중세에 지배적이었던 미신과 불관용을 경멸적으로 고발하면서 도식을 뒤집었다. 인간 진화의 기본적 축은 이성과 논리 이전의 사고(종교적, 또는 미신적 사고) 사이의 대립이 되었다.

다음으로 민족적 이데올로기는 역사를 민족들과 국가들 사이의 대립의 장으로 위치시켰다. '세습적인 적'이 초미의 중요한 역사적 요소로 승격되었다. 프랑스의 역사가들은 프랑스와 영국, 그리고 프랑스와 독일간의 일련의 긴 대립을 부각시켰다. 러시아인들 또는 슬라브인들과 독일인들, 발칸 반도의 국민들과 터키인들, 루마니아인들과 헝가리인들 등 양자간의 동일한 유형의 분쟁에 가치가 부여되었다. 인종간의 대결은 차례로 역사 해석의 원리가 되었다. 비백인들에 의해 위협받는 백인종, 비백인들을 개화시키는 백인종, 다른 인종집단과 대립하는 백인 엘리트로서의 아리아인 등 말이다. 그리하여 사람들은 노예제도, 식민주의 후에 나치시대 독일의 팽창주의를 정당화시킬 수 있었다. 마르크스에 의해 표명된 계급투쟁(노예 대 주인, 농노 대 봉건제후, 프롤레타리아 대 부르주아)은 동일한 대립의 논리로부터 비롯된다. 민족투쟁·인종투쟁·계급투쟁이라는 이 세 가지의 적대적인 원리는 지난 두 세기 동안의 역사적 담론을 강하게 특징지었다. 민주주의와 전체주의, 자본주의와 공산주의, 서양과 제3세계, 남과 북은 보다 최근 시대의 분쟁 모습을 보완해 주었다.

프랑스는 특별히 분쟁적인 역사적·정치적 신화의 예를 제공한다. '두 개의 프랑스'(혁명가들과 반혁명가들, 진보주의자들과 보수주의자들, 가톨릭 신자들과 무신론자들, 우파와 좌파 등을 대립시키는 가변적이고 기하학적 모습을 띤 실체로서의 두 프랑스)가 두 세기 전부터 민족의 분열된 만신전을 매개로, 그리고 이데올로기에 따라 해석된 사건들을 매개로 대립하고 있다.[195]

'우리'와 '타자들', '선한 자들'과 '악한 자들'이 변함없이 동일한 사람들은 아니라는 점을 강조할 필요가 없으리라. 역할의 배분이 '연출자'에 달려 있기 때문에 그들은 서로 바꿀 수 있는 역할들을 맡는다.

객관성의 종말

우리가 신속하게 검토한 방법들에 따르면, 역사학은 어쩔 수 없이 '적응하게' 된다. 변하는 것은 오직 적응의 정도와 방식이다. 담론의 원형적 큰 줄기들은 여전히 한결같다. 그러나 그것들은 모델의 수많은 다양성 속에서 결합되고 구체화된다. 모든 것 ——지리적·문명적 공간, 문화유산, 정신상태의 맥락, 역사적 상황, 역사가의 수련, 그리고 결정적인 것으로 이데올로기들의 범위——이 과거에 대한 담론을 만드는 데 기여한다. 하나의 이데올로기가 변모를 추종하면 할수록 그것은 더욱 과거와 현재에 작용한다. 새로운 세계의 창조 또한 과거의 재창조를 통과한다.[196] 보다 덜 구조화되고 덜 공격적인 이데올로기는 보다 신중하게 작용한다. 그러나 그것도 작용하는 것은 작용하는 것이다. 진정으로 '객관적인' 역사란 존재하지 않는다.

역사가들은 동일한 자료에 근거하지만, 갈피를 잡지 못할 정도의 다양한 시나리오들을 상상해 낸다. 우리는 로마의 기원(이 기원은 고고학적 발견들이 다양한 주장들을 동일한 정도로 '확인해 줌으로써' 전통의 존중과 거부 사이에서 갈팡질팡하고 있다)이라는 고전적 예를 이미 상기시켰다. 그러나 사건들을 복원시키는 것은 역사학의 방법에 있어서 가장 기본적이고 가장 구체적인 수준이다. 상호 연결과 해석은 더욱 복잡한 문제들을 야기한다.

과학적 역사를 나타내는 징표는 분명 사건들과 변화들의 원인을 도출해 내는 그 능력일 것이다. 그러나 이 원인들은 아무리 열심히 탐구한다 할지라도 역사로부터 나오지 않고, 역사가들의 상상력으로부터 나온다! 그것들이 유효하다는 것을 확인할 수 있는 가능성은 전혀 없다. '나폴레옹' 시대의 변화에 있어서 '나폴레옹'의 분명한 무게는 얼마일 것인가? 이것을 알기 위해서 우리는 '나폴레옹'이 없는 역사를 재구성할 수 있어야 할 것이다. 19세기 미국 경제에 있어서 철도의 위상은 무엇이겠는가? 결정적인 것으로 간주된 철도의 역할은 수학적인, 그것도 실험적인 증명(철도가 없는 미국 경제의 모조 모델)을 통해 취소되었다. 그러나 이러한 증명 역시 이의가 제기될 수 있었다.(로버트 포겔, 《철도와 미국의 경제 성장》, 1964) 실험, 진정한 실험은 역사가에게 거부되어 있다. 결국 원인들에 대한 '과학적' 연구만큼 더 불확실한 것은 없다. 역사에 대한 일반적 이론들과 철학들에 관해 말하자면, 그것들의 다양성이 지닌 한계는 역사가들 및 철학자들의 상상력과 이데올로기들의 범위뿐이다.[197]

　동일한 사건들과 변화들을 다르게 다룰 뿐 아니라, 모순적으로 다루고 있음을 확인하려면 전세계에서 출간된 교과서들을 훑어보면 충분하다.[198] 역사는 끊임없이 다시 씌어지는 드라마이다. 이 드라마 속에서 사건들은 진실하지만, 상상력의 세계가 지닌 구조와 성향에 일치하는 특별한 법칙에 따라 배치되는 것이다.

ㄱ

정치적 신화

역사에의 의존

역사가 지닌 신화의 세계를 상기시킨 후, 정치적 신화를 다루는 데는 위험이 있다. 그것은 상상력의 세계가 지닌 동일한 형태들을 그저 반복하거나 기껏해야 다른 방식으로 표현한다는 것이다. 역사적 신화는 현재와 관련하여 과거를 변형시키는 것을 전제하고, 정치적 신화는——아주 흔하게——과거와 관련하여 현재를 변형시키는 것을 전제한다. 과거는 불가피하게 '정치화되고,' 현재는 '역사화된다.' 두 경우 동일한 신화적 구조들이 작용한다. 왜냐하면 다만 기능에 따라서 이 구조들은 다분히 역사 진영에 위치하든가, 아니면 현재의 정치 진영에 위치한다.

과거에 대한 향수는 한결같은 요소이며, 그것의 이상화도 그러하다. 이러한 측면이 설명하는 것은 황금시대에 대한 기원과 '우리가 잃어버린 세계'에 대한 그리움이다. 다소간 원형과 가까운 변형들 속에서 황금시대는 정치적 신화처럼 기능할 수 있고 실제적으로도 기능한다.[199] 산업혁명이 시작된 이래 황금시대의 역할은 전통적인 구조들과 자연적인 균형을 파괴하는 것에 대항해 싸우는 것이었고, 기술공학적인 광란을 없애지는 못한다 할지라도 적어도 이 광란에 제동을 거는 것이었다. 계몽주의 시대의 '루소의 학설'로부터 현대의 환경보호주의에 이르기까지, 하나의 큰 감성적 흐름이 기원이 간직했던 순수성의 이름으로——이것이 분명하게 표현되었든 묵시적으로 표현되었든 말이다——어떤 대가를 치르더라도 진보를 고발하면서 뚜렷이 나타났다. 그것은 이미 정착된 체계와 지배적인 경향에 대립하기 때문에 혁명적 태도이며, 동시에 역사가 초월한 모델을 재현하려 하기 때문에 보수적이며, 나아가 반동적인 태도이다. 이와 같은 애매한 조건이 황금시대로 하여금 좌파와 우파에서 똑같이 나타나도록 하고 있다. 오늘날 생태학은 좌파 쪽이다. 또한 산업 사회 이전의 세계가 드러내는 신기루 같은 환상에 유혹을 받는 어떤 사회주의도 있다. 그러나 샤를 모라스는 역시 오염을 고발했고, 비시 정권도 대지로의 회귀를 권유했다. (페탱 원수는 "대지 그것은 거짓말을 하지 않는다"라고 단언했다.)[200]

황금시대는 역사에 의존하는 특별한 경우에 불과하다. 다시 말해 그것은 역사가 현재에 제안할 수 있는 것으로 보이는 모든 모델들, 즉 실제적이든 허구이든, 또는 실제적이며 동시에 허구적인 모든 모델들에 전반적으로 의존하는 특별한 경우에 불과하다.

그리스와 로마의 역사가 제공하는 지표들은 상당히 최근 시대까지 엄청난 권위를 누렸다. 1806년까지 연장되었던 신성로마 제국은 구체화된 정치적 신화로서 로마 제국의 모델을 현재화한 것에 지나지 않았다. 프랑스 혁명이 대안적 계획을 실행할 때, 그것은 여전히 고대에 도움을 청함으로써 이 계획을 정당화시켰다. 자코뱅당원들이 내세운 역사적인 큰 준거들은 스파르타와 공화정의 로마였다. 이 둘은 국가를 위한 공민 정신·헌신·희생의 모델들이었다. 생 쥐스트의 담론, 다비드의 그림들, 자유의 상징인 프리지아 모자 등 모든 것이 2천 년 전의 과거와 결부되었는데, 이는 미래로 향했지만 고대인들에게서 보증을 찾는 정치실험을 의미하는 예가 되었다. 필경 고대인들은 이상적인 군주제와 공화제를 만들어 냈던 것이다. 집정정치 다음으로 나폴레옹 제국은 동일한 자산을 이루는 제도들과 상징들에 의거했다. 한 세기가 지난 후, 무솔리니와 이탈리아의 파시즘은 새로운 상황에 비추어 볼 때 더욱더 몰상식하고 유사한 강박관념, 즉 로마 제국을 다시 세우겠다는 강박관념에 사로잡혔다.

낭만주의자들 덕분에 중세는 차례로 하나의 모델, 즉 역사적인 모든 모델들처럼 다기능적인 모델이 되었다. 1802년에 나온 샤토브리앙의 《그리스도교의 정수》는 바로 계몽 정신과 혁명 정신을 방해하기 위해 중세의 몇몇 가치들을 재현하는 구상을 드러냈다. 이것은 미리 1815년의 왕정복고를 위한 정지작업을 한 것이었다. 중세를 사랑하는 다른 낭만주의자들은 국민과 민주주의 원리들을 앙양시켰다. 중세는 혁명에 봉사한 것처럼 군주제도에도 봉사했다. 또한 바로 중세를 통해서 사람들은 국민의 개념을 앙양시켰다. 왜냐하면 중세의 역사는 유럽 국민들의 탄생과 영웅적이고 영광스러운 젊음을 증언하고 있기 때문이다. 그리하여 민족주의적인 이데올로기는 근대 민족주의가 이처럼 비약하리라고는 의심조차 안했던 시대에서 가장 강력한 지원을 찾아냈다.[201] 20세기조차도 중세 가치들에 무심하게 남아 있지 않았다. 엄격히 개인주의적인 부르주아 자유주의의 초월은, 니콜라이 베르댜예프가 1927년에 출간한 책에서 방어하는 주장에 따르면 새로운 중세를 통과할 수가 있었다. 이것이 의미하는 것은 비개인주의적이고 비경쟁적이며, 근본적으로 종교적이고 계층화된 사회로서 내일의 사회였다.

전체주의들이 내세운 내일의 세계 또한 역사적 전례들에서 영감을 얻었다. 무솔리니에게 준거가 로마 제국이었다면, 히틀러는 민족사회주의 계획의 모델로서 신비스러운 아리아인을 내세우며 훨씬 더 과거 속으로 거슬러 올라갔다. 그렇다고 그가 알베르트 슈페르의 장대한 건축 계획이 입증하듯이 '로마의' 화려함을 잊은 것은 아니었다. 보다 현실주의적이었던 레닌은 혁명적인 전통, 특히 그에게 볼셰비키당의 윤곽을 제시했던 자코뱅당원들을 내세웠다. 다른 공산주의의 지표로서 1871년의 파리 코뮌은 실패에도 불구하고, 다시는 반복해서는 안 되는 몇몇 실수들을 경계하도록 하면서 계획의 실현 가능성을 입증했다. 그러나 보다 일반적인 차원에서 공산주의 계획은 역사과정 전체를 내세웠다. 하나의 사회 조직으로부터 다른 하나의 사회 조직으로의 이동이 드러낸 계급투쟁과 인류의 변화는, 미래의 공산주의 사회를 향해서 단단하게 방향이 잡혀진 일방통행의 노선을 이루었다.[202)]

정치적 신화들은 상황을 고려하지 않는다. 그것들은 과거의 인간들과 사건들을 그것들이 전개하는 게임에 들어가지 않을 수 없게 만든다. 현재의 각 계획은 다소간 멀고 신화화된 과거 속에 위치한 신화적 분신을 소유할 수 있는데, 이 분신이 계획을 정당화시켜 주는 구실을 한다. 역사에 도움을 청하는 것은 건국 신화의 논리에 부합한다. 사실 정치적 행동이란 최초 건국의 항구적 복원을 계획하는 것이 아니라면 무엇을 계획하는가?

미래로의 도피

정치적 신화에서 과거의 이상화는 미래의 극화와 겹친다. 후자의 경향은 시간의 가속화와 단절·초월이라는 논리를 사용한다. 두 영역은 상상력의 세계가 다양한 구조들을 화해시킬 수 있는 능력을 가짐으로써 보완적으로 함께 기능할 수 있다.

항의의 고전적 발현으로서 천복년설은 혁명이 일어난 근대시대 훨씬 이전에 혁명 정신이 존재하고 있었음을 입증한다. 역사적 인간과 달리 새로운 인간은 공통체 속에 통합된 조화로운 인격에 의해 특징지어진다. 이와 같은 이중의 목표는 공산주의·파시즘, 그리고 나치즘과 같은 전체주의적인 큰 시도들이 추구한 것이다. 비록 그것들의 동기나 실천이 특수하다 할지라도 말이다. 개인의 운명을 집단 조직에 결합시키게 되어 있는 가치들, 즉 노동과 애타심·자기 희생·인종·민족·당·국가 등이 차례로 신화화되었다.

혁명의 신화와 새로운 사회 및 새로운 인간과 관련된 신화들은 진보의 신화라는 근대적 강박관념을 나타내는 특별한 경우들로서 나타난다. 천복년설의 신화가 그리스도교의 고유한 역사에 대한 '상승적' 비전을 드러내는 특별한 경우였듯이 말이다. 지난 두 세기에 나타난 대부분의 정치적 이데올로기들은 새로운 시작이 뒤따르는 단절로 생각되든, 아니면 적응과 완벽으로 생각되든 진보를 중심으로 하여 돌아간다. '부르주아들'과 '혁명가들'은 19세기부터 양쪽 모두 진보의 미덕을 믿으면서 가혹하게 대결한다. 하지만 이 진보는 이데올로기에 따라 다르게 정의되는 진보이다. 프랑스 혁명 직전의 구제도 역시 진보에 대한 어떤 착상에 의해 활기를 띠었다. 점점 더 유동적이 되어가는 세계 속에서 선택은 더 이상 부동적 보수와 역동적 운동 사이에서 이루어지지 않고 운동, 다시 말해 진보를 생각하는 다양한 방식들 사이에서 이루어진다. 쇠퇴를 관리하겠다고 나서지 않는 이상 말이다. 쇠퇴를 관리한다는 것은 일부 역사가들이 유념하지만, 정치적 계획으로서는 감당하기 어려운 표현이다. 쇠퇴의 신화는 타자들의 가치를 하락시키기 위해, 정치적 적수(우파에 대하여 좌파, 좌파에 대하여 우파 등)에게 부정적 표시를 하기 위해 내세워진다.

영웅과 구제자들

영웅은 정치와 역사에 편재한다. 계층체계의 정상에 구제자라는 카리스마적 인물이 있는데, 이 인물은 우리가 종교적 상상력의 세계로부터 물려받아 역사에 적응시킨 인물이다. 역사가들이 때때로 서슴지 않고, '위인들'을 함부로 다루며, 나아가 그들을 구조·민중, 장기지속의 제단에 희생시킨다 할지라도 이러한 위험은 실제생활에 있어서는 덜 나타난다. 카리스마적 지도자는 항상 정치적 상상력의 세계에서 지배적이었다. 게다가 그는 오늘날 대중매체가 선전에 제공하는 가능성을 누리고 있다. 대중매체 덕분에 그는 각 가정에 침투하여 자리를 잡을 수 있지만, 두 개의 새로운 현상이 이러한 지위를 위협할 수도 있다. 우선 지도자가 되겠다는 지원자들의 수가 매우 많다는 것인데, 이것이 각자가 호평을 받는 기간을 제한한다. 우리는 '위대한 남자들'(그리고 '위대한 여자들')이 벌이는 진정한 집단 경기를 목격하고 있다. 그리고 다음으로 상상력의 세계가 지닌 다른 지대에서 이루어지는 대량적인 투자이다. '숭배의 욕구'는 한결같다. 그러나 그것은 오늘날 아마 점점 더 정치 이외의 다른 방향으로 유도되고 있는 것 같다. 원형적인 불변태로서 항상 존재하는 카리스마적 인물은 흔히 가수나 축구선수 등의 얼굴을 한다. 영웅들의 묘사는 증가되고 다양화되었다.

영웅은 메시지를 응축하고 확장하는 자로서 행동한다. 그는 매우 다양한 계획과 기대를 가진 얼굴을 제안한다. 어린아이도 상황이 요구한다면 영웅이 될 수 있다. 누가 어린아이보다 순수성과 희망을 더 잘 상징할 수 있겠는가? 어린이-영웅은 사라질 수 있다. 그러나 그는 결코 승리에 의해 배반당하지 않을 것이다. 내일은 그의 것이고, 그의 명분은 승리하게 되어 있다. 왜냐하면 그는 세계의 젊음을 구현하고 있기 때문이다.[203] 이와 같은 특별한 유형의 영웅은 특히 극도로 '이데올로기화' 되고 '정화된' 미래로 방향이 잡혀진 대결에서 나타난다. 프랑스 혁명 당시의 바라와 비알라(혁명 당시 공화파에 속해 영웅적으로 싸우다 죽은 병사들)가 그렇고, 완전히 상상력에 의한 것이기 때문에 가장 '현실적인' 인물인 가브로슈(빅토르 위고의 《레 미제라블》에 나오는 파리의 부랑아로 국민 속에 있는 저항할 수 없는 자유 정신을 상징한다)가 그렇다. 또 제1차 세계대전 동안 (특히 프랑스 진영에서 승리의 귀중한 담보가 된) 일련의 긴 영웅적 행위들이 그렇다. 마지막으로 노동전선과 전쟁에서 '콤소몰들' (극동에 있는 러시아 도시 콤소몰스크를 세운 젊은이들)의 영웅적 행위를 찬양하는 구소련의 진짜 신생 만신전이 그렇다. (1945년에 나온 알렉산드르 파데예프의 《젊은 근위대》는 한두 청년세대에 강한 인상을 남기게 되었다.)

어린이의 영웅화는 예외적 상황이 요구하는 제한적인 경우를 나타낸다. 더구나 이 상황에서 어린 영웅은 보조적인 논거를 통해 성인 영웅들의 사명을 지원하는 것에 불과하다. 그러므로 성인 영웅들로 되돌아가자. 이들과 관련된 상황들·사명들·유형들도 갖가지이다. 단 영웅에 대한 몽타주 인상화는 하나가 아니라 여러 개이다. 라울 지라르데는 그가 킹킨나투스(물러났다가 다시 나오는 늙은 사람으로 페탱과 드골의 경우이다), 알렉산더 대왕(젊은 정복자로서 나폴레옹이 근대에 가장 설득력 있게 구현했다), 솔로몬 왕(입법권자), 그리고 마지막으로 모세(예언자)에 결부시키는 네 개의 모델을 구분한다.[204] 이 모델들은 차례로 변형을 나타내며 상호 결합될 수 있다. 나폴레옹은 정복자이자 동시에 입법권자로서 나타나며, 세인트 헬레나 섬에서는 예언자로 나타나기까지 한다. 드골은 1940년의 젊은 장군이자 1958년의 늙은 인간이다. 그는 새로운 프랑스(제5공화정)의 입법권자이며, 다른 사람들보다 앞서 독일의 패배, 식민지 해방, 프랑스와 독일의 화해 등을 깨달은 진정한 예언자이다. 드골의 신화가 지닌 이와 같이 완전하고 종합적인 성격은 이 신화가 발휘하는 힘과 장기간의 영향을 정당화시킨다.

각각의 영웅 안에는 그의 '전문 분야'와 역사에 미치는 영향이 어떠하든간에 '천명을 받은 인간,' 잠재적인 구제자가 내포되어 있다. 본질적으로 정치적 행동이 건국 신화에 관계되는 정도 내에서 정치인은 언제나 때로는 제한적이고 신중한 방식으로, 또는 분명하고 대대적인 방식으로 '건국자'나 '재건국자'의 역할을 수행한다. 만약 그의 기여가 없다면 건국은 쇠약해지고, 균열이 생기거나 붕괴될 위험이 있다. 일부 구제자들에게 이 칭호는 완전히 적용된다. 하나의 민족이 겪은 큰 역사적 위기들과 비극적인 상황들은, 개인들의 행동이 건국을 수호하거나 다시 이룩하여 최초의 찬란함을 부여할 수 있기를 요구한다. 다양한 해결책들은 대립적인 구제자들을 나타나게 할 수 있다. 예를 들어 어떤 사람들에게는 구제자인 동일한 영웅이, 다른 사람들에게는 악의 상징이 될 수 있는 것이다. 이미 페탱과 드골은 프랑스를 구한다는 유사한 계획을 내세워 대결하는 두 구제자의 고전적인 예를 제공한다.

'정상적인' 시기일지라도 구제자들을 낳는다. 항상 불만족의 이유들은 있다. 사회적 상상력의 세계는 끊임없이 교체하는 해결책들을 만들어 낸다. 집단적 상상력의 세계에 '저장된' 구제자들은 수면에 떠오를 준비를 하고 있다. 1950년대초 피네(프랑스의 정치인이자 사업가) 현상은 이러한 모델에 많은 덕을 보고 있다. 1981년과 1995년의 대통령 선거는 프랑스인들의 대다수가 바라는 변화에의 갈망을 분명히 드러냈으며, 잠재적인 구제자들의 다양화를 암암리에 드러냈다.

한편으로 인물의 실질적인 자질과 가능성, 다른 한편으로 '신화적인 기대,' 이것들은 분리하여 고찰되어야 한다. 두 영역 사이에 어떤 일치가 있다면 잘된 것이다. (완벽한 일치가 환상이라면 어떤 인간이 신화의 높이에 올라갈 수 있겠는가?) 그러나 놀랍게도 기대와 기대의 구현 사이에 현격한 차이가 분명하게 나타나는 경우들이 있다. 때때로 이와 같이 풍자적인 상황들은 신화의 논리를 보다 잘 이해하도록 도와 준다. 그것들이 입증하는 것은 실제적인 영웅이 원형보다 덜 중요하다는 것이다. 다시 말해 아무것도 구제할 것이 없고, 자원자가 없다 할지라도 필요에 따라 구제자가 창안될 수 있다는 것이다. 혁명 후 프랑스 사회의 전형적인 현상으로서 주기적으로 발생하는 '나폴레옹 지지' 성향은 때때로 이러한 종류의 즉흥적 창안으로 나아갔다. 이것이 불랑제 장군의 불운을 설명한다. 불만을 품은 모든 사람들에게 그는 1886-1889년경 정치 흐름의 변화를 결정짓는 권위적인 제도를 설립하도록 부름을 받은 위인처럼 보였던 것이다. 그의 아름답고 당당한 풍채는 이미 기마상을 암시하고 있었다! 그러나 불행하게도 장군은 구제자들의 그룹에 속하지 못했다. 그를 찬양하는 자들에 의해 추진력은 얻었지만, 그는 루비콘 강을 과감하게 건너지 못했다. 몇 년 후, 그가 낭만주의의 감상적 신화를 추종하면서 정부의 무덤 위에서 자살을 했을 때, 사람들은 신화를 잘못 생각했다는 것을 깨달을 수 있었던 것이다!

정치적 상상력에 있어서 이에 못지않게 의미 있는 것은 위대한 사람들의 사후 영향이다. 영웅들과 구제자들은 죽은 후에도 계속해서 영향을 미치는데, 때로는 그 힘이 증가되기까지 한다. 잔 다르크는 프랑스의 저항 정신과 복수 정신을 상징하고 자극하면서 5백 년 동안의 프랑스 역사에 자국을 남겼다. 드골은 죽은 뒤 30년이 지난 후에도 여전히 위대한 존재로 남아 있다. 사후 영향을 보여 주는 가장 기이한 예의 하나는 나폴레옹이 이집트에 원정을 간 것이다. 내세워진 동기——인도를 소유하려는 영국을 위협하는 것——는 지도를 단순히 한 번만 쳐다보아도 먹혀들지 않는다. 진짜 이유는 상상력의 세계에 속한다. 나폴레옹은 정복자의 이름을 얻고 싶었던 것이다. 그리고 그의 모든 동시대인들처럼 고전적 교양에 젖은 그는 '위대한 이름들은 동방에서만 얻어진다는 것'을 알고 있었다. 그리하여 그는 그저 알렉산더 대왕·카이사르·아우구스투스 등이 밟은 도정을 다시 따라간 것뿐이다. 혁명의 이와 같은 원정은 '알렉산더 대왕의 마지막 원정'을 다분히 닮아 있다. 마케도니아의 영웅이 사라진 지 2천 년이 지났는데 말이다!

진실로 말해서 '위인들'의 '실제적인' 역할은 무엇이겠는가? 상상력의 세계는 이러한 질문에 나름대로 대답을 한다. 그것은 역사에 대한 '영웅적'이고 '인격화'된 비전과도 다르고, 동시에 대중과 사회 세력에 비해 개인의 무가치함을 표명하고자 하는 '구조적'이고 '민주적'인 관점과도 다르다. 상상력의 세계에서는 '영웅들'이 세계를 전진하게 하는 현실적 능력보다 그들이 가졌다고 추정되는 능력이 더 중요시된다. 사회적 상상력의 세계에 의해 일단 예외적 속성을 부여받고 나면 위인들은 진정한 위인들이 된다. 그들의 힘은 신성한 것, 운명 또는 역사와 공동체 사이의 매개자로서 그들이 수행하는 뛰어난 역할에 대한 집단적 믿음으로 함양된다. 그들은 압축된 상상력의 세계 수혜자들로서 그들이 사는 시대와 후세에 실질적으로 흔적을 남길 수 있다.

다른 한편, 구제자의 신화가 집단적으로 구현되는 현상도 존재한다. 이 구현 역시 그 기원은 오래 되었지만, '대중'과 '민주주의'가 주장됨에 따라 두 세기 전부터 특별히 두드러지고 있다.[205]

이러한 변형에서 '선택된' 인물에 해당하는 자는 '선택된 민족'이고, 이 민족의 사명은 인류(이스라엘, 그리스도교권 등)를 구제하는 것이거나, 인류를 자신의 지배하에 규합하는 것이다. (로마 국민의 경우 "로마 국민이여, 그대는 제국을 통치한다는 것을 기억하라." 베르길리우스, 《아이네이스》) 낭만주의자들에게 개인적 영웅은, 비록 강한 가치가 부여되어 있다고 할지라도 국민·민족과 같은 집단적 영웅에 비해 여전히 부차적으로 남아 있었다. 이와 같은 정체성의 준거는 계속해서 정치 담론에 심층적으로 영향을 미치고 있다. 현대의 집단적 구제자들은 많아지고 다양화되었다. 민족(이를테면 어떤 민족)이나 인종·프롤레타리아·정당 등은 세계를 진보케 하거나 새롭게 바꾸는 주체들로서 이데올로기에 따라 가치가 부여되었다. 이렇게 운명은 개인들이나 집단적 인물들에게 표적을 남기는 것 같다. 그리고 사람들은 계속해서 그들에게서 신성한 것의 전통적 표시를 알아보는 것이다.

음모와 희생양

　역사에 있어서와 마찬가지로 정치에 있어서도 모든 것은 '자기'와 '타자'를 중심으로 진행된다. 우리는 이미 타자가 매우 대조적인 범주에 속한다는 것을 확인했다. 우리는 타자를 찬양할 수도 있고, 모델로서 참조할 수도 있다. 그러나 그는 또한 차별을 나타내는 데 소용되고, 우리의 고유한 이데올로기적·문화적 지표들을 부각시키기는 데 소용이 된다. 차별이 좀더 두드러지면, 그는 결국 적대적인 가치의 영역으로 내몰리게 된다. 그리하여 타자는 보다 강력한 의미에서 '이방인'이 되며, 그는 불안·불안정·공포의 감정을 불러일으킨다. 이방인이든 소외된 자이든, 그는 우리를 돋보이게 하는 역할이나 희생양의 역할을 완벽하게 수행한다. 희생양은 정치적 상상력의 세계가 지닌 가장 기본적인 형태들 가운데 하나이다. 근대 초기의 마녀들과 나치 독일에서 유태인들은 매우 뿌리 깊은 경향에 대한 제한적인 두 경우를 예증하고 있다. 특히 타자의 해로운 기능을 명백하게 드러내는 것은 음모의 신화이다.

이와 같은 신화적 윤곽은 타자가 불러일으키는 불신과 동시에 역사에 대한 통상적인 해석——이러한 해석에서 역사는 유일한 원인의 원칙에 따라 단순화되고 극화되며 설명된다——을 통해서 형성된다. 사태가 잘 되어가지 않는다면(필경 사태는 결코 그렇게 잘 되어가지 않는다), 원인이 있으며 탈을 일으키는 잘 정의된 동작주가 있다는 것이다. 그렇게 해서 음모는 역사 해석의 체계로서 세워진다. 그러나 그것의 가장 강력하고 위험한 결과는 우선 현재의 정치 영역에서 확인되어야 한다.[206]

예전의 대음모자는 사탄이었다. 사탄은 자신과 결부된 이단자들·유태인들·무신론자들·문둥병자들·마녀들과 같이 악을 구현하는 세력들의 도움을 받았다.[207] 그뒤 신화는 세속화되었지만 그 구조는 그대로 있다. 불안정과 위기의 국면들은——일반화된 불신의 분위기를 통해——그것이 나타나는 것을 조장하고 확대한다. 지배적인 이데올로기와 엄격하게 정의된 자기 정체성(타자들을 소외시킬 수 있는 정체성)도 마찬가지이다. 순전히 상상에 의한 '로마가톨릭에 대한 음모'가 1678년 영국에서 '발각되었다.' 40명의 무고한 사람들이 선고를 받아 처형됨으로써 짓지도 않은 죄를 갚은 것이다. (가톨릭교회는 1970년 그들에게 시복을 행하였다.)[208] 역사가들에게 이것은 간악하지만 이해할 수 있는 논리에 따라 완전히 조작된 음모의 전형적 예인데, 17세기 영국을 동요시켰던 일련의 긴 종교적 혼란과 갈등의 결과였다. 풍토병의 불안과 가톨릭 신자들에 대한 불신은 언제라도 폭발할 수 있는 혼합물을 형성했다.

전체주의 제도들은 음모의 주제에 대해서 약점을 가지고 있다. '포위된 도시'라는 그들의 콤플렉스는 그들 자신의 공격성에 대한 알리바이를 제공하게 할 뿐이다. 자코뱅당의 독재에는 음모가 두드러졌는데, 이것이 끊임없이 단두대가 가동되도록 만든 이유이다. 스탈린의 압제는 이와 같은 이론을 뛰어넘을 수 없는 한계까지 완벽하게 만들었다. 음모에 대한 상상력의 세계에 의존하지 않는다면, 스탈린의 숙청은 완전히는 이해할 수 없는 것으로 남을 것이다. 왜 붉은 군대의 가장 훌륭한 장군들(투하체프스키를 포함해서)이 제2차 세계대전 직전에 처형되었는가? 역설이 완벽하도록 그랬는지, 그들 가운데는 바로 현대전에 대한 연수를 하기 위해 스페인 내전에 파견된 장교들도 있었다. 구소련의 정치기구는 음모의 논리에 따라 작동하였다. (이 음모는 마르크스 이론과는 반대로 '프롤레타리아 독재'의 연장과 국가의 강화를 정당화시키기 위해 필요한 것이었다.)[209] 흥미롭게 주목되는 것은 구소련의 숙청이 자코뱅당의 모델에서 보완적인 논거를 발견했다는 점이다. 당시 프랑스의 공산주의자들은(《결코 너무 늦지 않았다: 회상》, 1983을 쓴 장 브뤼아의 기억을 토대로 본다면)[210] 이렇게 역설을 늘어놓았다. "왜 구소련에 지노비예프-당통 같은 자, 투하체프스키-뒤무리에〔프랑스 혁명 당시 혁명파에 가담한 프랑스 장군으로 지롱드당 정부에서 외무장관을 역임하였다〕 같은 자가 없었으리란 법이 있는가?" 이름들은 변하지만 신화적 구조들은 그대로 있다.

라울 지라르데는 근세기들을 위해 나타난 대단한 세 '음모자들'을 확인한다. 필경 그들의 힘을 합치면 현대 세계의 대부분의 변화를 충분히 설명할 수 있을 것이다. 그들은 예수회 수사들, 프리메이슨 단원들, 그리고 유태인들이다.[211]

이들 모두가 세계의 지배를 목표로 하는 계획들을 부여받았다. 18세기 후반에 예수회 수사들은 그들을 받아들였던 대부분의 국가들로부터 추방되었다. (중국은 1753년, 프랑스는 1762년, 스페인은 1767년에 이러한 추방을 단행했다.) 그들의 영향은 불안을 야기시키는 것으로 판단되었다. 1843년 쥘 미슐레와 에드가 키네는 《예수회 수사들》이란 유명한 책에서 그들의 목적을 고발했다. 이 책의 내용은 외젠 쉬가 쓴 《방랑하는 유태인》(1844-1845)에 의해 대중화되었다. 다른 한편, 프리메이슨단의 반교권적이고 반군주제적인 태도는 일부 사람들에게 근대의 많은 정치적 변화들의 열쇠인 것처럼 나타났다. 발상은 바뤼엘 신부(그는 바로 예수회 수사였다)가 내놓았다. 그는 《자코뱅주의의 역사에 봉사하기 위한 회상록》(1797)에서 프랑스 혁명을 프리메이슨단이 꾸민 음모의 결과로 간주했다. (이 주장은 알렉상드르 뒤마가 《조제프 발사모〔칼리오스트로〕》에서 되풀이한다.) 유태인의 음모에 대해서는 일반적으로 《시온 산 현인들의 협정서》가 인용되는데, 이것은 19세기말 제정 러시아 경찰이 날조한 가짜이지만, 반유태인 운동측은 진짜로 간주했다.[212]

국제관계는 차례로 음모이론들에 의해 오염되었다. 한 가지의 유명한 예는 《표트르 대제의 유언》(1800년경 프랑스로 이주해 온 폴란드인들로부터 나온 가짜이다)이다. 이 유언은 유럽 재상들로 하여금 분명한 계획에 따라 조직적으로 유럽 대륙을 관리·지배하는 것을 목적으로 하는 러시아의 팽창을 믿도록 만들었다.[213] 19세기말경 '황화론'은 중국과 일본이 꾸민 음모를 내세웠다. 이 음모의 목표는 아시아로부터 유럽인들을 제거하고, 다음으로 경우에 따라서 유럽을 정복하고 세계를 지배하는 것이었다.[214] 황화론에 대해 서양적 전망에서 본, 크렘린이 이끄는 '적화론', 특히 KGB의 음모를 통한 적화론이 뒤를 이었다. '철의 장막' 저쪽의 구소련과 공산주의 진영은 서구 제국주의의 음모(이 음모는 구소련 내부의 계급적인 적들과 완전히 결합되어 있었다)가 있다는 생각에 완전히 사로잡혀 있었다. 공산주의의 적들에 의해 준비된 전쟁과 포위정치가 끊임없이 고발되었다.

음모의 신화는 흔히 전적으로 날조된다. 그러나 부자이기에 사람들이 믿어 주듯이 이와 같은 상상력에 의한 조작은 또한 현실적인 요소들을 변모시키면서 이용될 수도 있다. 예수회 수사들의 능력과 거의 군대 같은 훈련, 프리메이슨 단원들의 비밀과 의식, 유태인들의 국제적 유대와 일부 부문에서의 탁월한 지위 같은 것들은 각각의 신화들이 출현하는 것을 조장했다. 표트르 대제의 유언이 있든 없든, 누가 최근 세기들에 이룩된 러시아의 엄청난 팽창을 부정할 수 있겠는가? KGB에 관해 말하자면, 그것은 허깨비가 아니었다. 문제는 항상 그렇듯이 어떤 사건들이 사실이냐 아니냐보다는 그것들이 상상력의 세계가 지닌 구조들에 편입된다는 것과 관련되어 있다. 물론 음모들이 존재한다. 그리고 또한 때때로 은밀한 이해관계의 게임들도 존재한다. 낙지 같은 괴물 조직인 마피아도 하나의 실체이지만, 이런 종류에서 유일한 실체는 아니다. 그러나 음모의 신화들이 지닌 속성은 역사와 정치를 단 하나의 유일한 원리, 즉 역사는 전진하고 정치는 음모를 통해 이루어진다는 믿음으로부터 나온 원리로 귀결된다는 것이다.

이러한 생각은 두 개의 모순적이며 보완적인 태도, 즉 단념(이것은 비밀스러운 메커니즘이 우리가 이해할 수 있는 한계를 벗어나자마자 나타난다)과 공격성(악을 구현하는 세력들이 절멸되어야 한다는 것이다)을 낳을 수 있다. 물론 후자의 태도가 승리할 위험성도 있다. 음모자들은 지적이고 약삭빠르며, 유대가 강하고 효율적이라고 여겨지는데, 이것이 그들로 하여금 역사의 흐름에 일시적으로 영향을 미치게 한다. 그러나 다른 한편, 그들의 힘은 이론의 여지가 없는 약점을 감추고 있다. 음모자들은 소수파이고 역사의 흐름에 대항해 행동하는데, 역사는 그들을 부정할 수밖에 없는 것이다. 그들은 후원자인 사탄처럼 게임에 지게 되어 있다. 그리고 실제 그들은 게임에 지고 만다. 음모의 신화들은 흔히 피바다 속에서 끝이 난다. 희생자들은 음모자들이 지칭한 자들이 아니라 음모자들 자신이고, 일반적으로 '가짜 음모자들'이며 희생양들이다.

국가-민족의 부침

모든 정치적 계획은 '규합'을 전제하고, 그 계획에 활기를 불어넣는 이상은 '통일성'이다. 그러나 역설적으로 통일성의 개념은 그 어떤 것보다 덜 통일적이다. 그것은 매우 다른 여러 수준에 적용될 수 있다. 인류와 민족·정당·종족·가족 등 유대집단들은 서로 종속되거나 결합된다. 각각의 문화나 이데올로기는 후퇴와 확장, 개체주의와 보편주의 사이에서 변화하면서 어떤 단계들에 가치를 부여한다. 가장 작은 종족과 세계적 제국이 동일한 정도로 같은 원리를 내세울 수 있다.

우리는 역사적 신화로서 이미 다루어진 제국의 계획을 후에 다시 검토할 것이다. 다만 인정해야 할 것은 근대 다양한 제국의 계획들이 결국은 개념의 통일성을 파괴했다는 것이다. 오랫동안 역사적·개화적인 사명을 부여받은 제국주의는 상상력의 세계에서 벌이는 전투에서 패배하였다. 우선 19세기 유럽에서, 다음에는 단계적으로 전세계에서 패배한 것이다. 국가-민족의 신화는 다른 모든 것들이 빛을 잃도록 만들었다. 세계의 이상적 분할은 필요에 따라서 국가-민족들을 만들어 내도 상관 없다 보니 이들 국가-민족들이 이루는 성좌의 모습을 띠게 되었다. 역사의 도움으로 사람들은 가능한 한 멀리 모델의 예시를 연장했다. (드골에 의해 예시된 프랑스처럼 말이다.) 이와 같은 원리가 유럽에서 거둔 승리는 제1차 세계대전 직후 경축되었다. 수많은 국가-민족들이 제국들의 폐허 위에 탄생되었다. 오늘날도 그 과정은 계속되고 있다. 신화의 힘은 국가-민족들이 무조건적으로 창조된 현상에 의해 확인되었다. 이런 확인은 사실 역사나 인종적 혼합상태가 이들 국가-민족들이 창조되도록 유도한 것 같지 않은 곳에서 이루어졌다. 특히 적어도 옛 오스트리아-헝가리와 같이 인위적 종합이었던 유고와 체코의 경우를 보자. 후일의 변화는 흔히 비극적 방식으로 이 점을 입증하게 되었다.

식민지 해방도 동일한 계획에 의거했다. 역사적 현실과 이 현실의 신화적 승화 사이에 다소 두드러진 괴리가 있긴 하지만 말이다. 서양인들은 아프리카의 인문지리·과거·전통에 대한 아무런 고려도 하지 않은 채 완전히 추상적으로 이 검은 대륙을 분할했다. 독립국들은 식민지적 구조를 물려받아 오늘날 이 구조에 어떤 역사적 확실성을 부여하고자 애쓰고 있다. 새로운 정치 윤곽은 유럽인들이 벌인 것과 유사한 게임을 좇아서 과거 속에서 신화적 분신을 되찾고 있다. 각각의 국가는 일단 형성되고 나면 수 세기, 나아가 수천 년의 역사가 있음을 드러내는데, 아마 이것만이 자신의 권리뿐 아니라 존재를 보장해 주는 유일한 것이기 때문이리라. 1990년 걸프전쟁 때 '나머지 세계'와 대결한 '이라크'는 군사적인 무기뿐 아니라 이와 동일한 자격으로 그 나라 역사에 호소했다. 비록 제1차 세계대전 직후에 세워졌지만 이라크는 수메르에서 시작되어 바빌론 제국, 그후 아랍의 칼리프와 살라딘의 통치로 이어지는 5천 년의 오랜 역사를 떠안았다. 인권이 문제가 되었을 때, 바그다드 체제는 기원전 1800년으로 거슬러 올라가는 함무라비 법전을 내세운다. 메시지는 분명하다. 역사에서 최초로 창조되어 거의 영속적으로 이어온 것을 없앨 수도 소외시킬 수도 없다는 것이다. 비록 약간 과장된 것이긴 하지만, 이 경우도 전체적인 유형의 분류에 들어간다. 20세기말에도 사람들은 고대 및 중세의 국경과 영웅들을 내세우면서 계속해서 서로 싸우고 있는 것이다.

자연적인 국경

영속성과 관련하여 역사와 정치는 지리에서 귀중한 동맹자를 만난다. 각각의 민족은 미리 예정된 공간, 즉 오래 전부터 지상에 예약된 장소를 소유하고 있는 것 같다. 이 공간은 자연적인 국경에 의해 둘러싸인 만큼 더욱 분명하게 되는 것이다. 역사가 시작되기 오래 전부터 이 자연적 국경은 이미 미래의 모습을 예고하고 있었다.

"자연은 그것이 그어 놓은 산의 능선들과, 정상으로부터 내려오게 한 강들 속에 인간과 인간의 변혁으로 이루어진 역사의 구도를 거칠지만 단단한 손으로 그려 놓았다. 바다와 산, 그리고 강은 영토와 마찬가지로 민족·습관·언어·왕국을 나누는 가장 자연적인 국경이다. 그리고 인간사의 가장 큰 변혁들 속에서도 그것들은 세계사의 방향선과 한계였다. 강들의 흐름을, 산맥의 방향을, 해안의 윤곽을 바꾸어 보아라. 그것만으로도 민족들이 이어지는 불안정한 이 땅에 인류의 발전 형태들을 완전히 그리고 영원히 바꾸는 데 충분하지 않겠는가?"[215]

요한 고트프리트 폰 헤르더의 책《인류사의 철학에 대한 이념》(1784-1791)에서 인용한 이 고찰은, 우리가 고대로부터 오늘날까지 그 발전 추이를 따라갈 수 있는 집요한 편견을 표현하고 있다. 사실은 우리가 잘 알고 있듯이, 자연적 국경이란 우리가 그것이 존재하기를 원할 때만 존재하는 것이다. 그렇지 않으면 그것은 무의미하다는 것이 확실하게 드러난다. 강들과 산악지역들은 쉽게 통과되고, 양쪽에 위치한 영토들 사이의 장애물이라기보다는 오히려 연결시켜 주는 역할을 한다.[216] 이와 같은 윤곽들이 두께와 중요성을 가졌던 것은 다만 상상력을 통해서였다. 지도는 현실보다 더욱 현실적이 되었다. 각각의 공동체는 크든작든 구체적으로 국경을 지칭하고 싶었던 것 같다. 만리장성을 건설하면서 중국인들은 엄격한 의미에서 국경을 구체화한 반면, 대부분의 다른 국가들은 상징적인 벽을 세우는 데 만족했다.

로마의 팽창은 한계로서 자연적 국경의 완벽한 체계를 가졌다. 라인 강, 알프스 산맥, 그리고 도나우 강은 로마 제국과 유럽의 절반인 미개지역을 나누는 자연적인 '요새지역'처럼 연결되었다. 때가 되었을 때 '이방인'들은 전혀 힘들이지 않고 이 장애물들을 통과했으며, 그 이유는 말할 필요도 없는 것이다. 국경으로서의 그것들은 로마인들의 정치적 상상력의 세계에서만 존재했던 것이다.

프랑스는 또 다른 전형적인 경우를 나타낸다. 바다와 피레네 산맥·알프스 산맥, 그리고 라인 강은 이상적이고 특히 분명한 국경을 그려 주고 있다. 어디에서나 이 경계들에 도달하고 싶은 유혹은 프랑스 역사의 한 '열쇠'를 구성한다. 스트라스부르에서 라인 강을 바라보는 자가 그 강을 진정한 국경으로 마음속에 그려보기 위해서는 상상력을 발동하는 노력을 해야 한다. 그러나 강의 상징적 가치가 다른 모든 논거를 없애 버리기 때문에, 이러한 수로는 프랑스와 독일의 적대관계를 대단한 정도로 설명해 준다.

피레네 산맥도 유사한 역할을 맡았다. 그것은 결국 한 카탈루

냐 국가의 생존에 장애가 되었는데, 이 국가는 중세 한때 산맥의 양쪽 비탈까지 확장되었다. 자연적 국경의 원리가 일반적으로 통용되었으므로 이 정치적 실체는 프랑스와 스페인을 위해 사라져야만 했던 것이다.

루마니아의 이상적 영토는 강들이 만들어 내는 시스템에 의해 그려진다. 남쪽에 도나우 강, 동쪽에 드네프르 강, 서쪽에 티스타 강이 있다. 이 나라를 가로지르는 카르파티아 산맥은 나라를 분할하도록 되어 있는 것이 아니라 반대로 이 나라의 통일성을 강화시켜 주도록 되어 있다. 반면 1918년 이전의 '대헝가리'는 카르파티아 산맥에 모든 것을 분명하게 걸었는데, 이는 트란실바니아와 슬로바키아를 포용하기 위한 것이었고, 그렇게 해서 남쪽·동쪽 그리고 북쪽으로 국경을 표시하기 위한 것이었다. 이 두 경우는 모순적인 계획들, 모순적인 준거 시스템을 나타내는 것들로 두 개의 다른 국경 유형에 가치를 부여하고 있다.

그렇다면 유럽에 대해서는 무엇을 말할 수 있는가? 모두 알다시피 유럽은 '대서양으로부터 우랄 강'까지 뻗어 있다. 이 표현은 드골 장군에 의해 유명해졌다. 이 점에 관해서도 역시 상상력에 의한 어떤 지리가 현실적인 문제들에 비해 우월한 힘을 발휘하고 있다. 왜냐하면 현실적으로 가장 큰 문제는 러시아가 블라디보스토크까지 '연장되어 있다'는 것이기 때문이다. 러시아에게 우랄 강은 존재하지 않는다. 어떻게 러시아를 포함한 유럽을 우랄 강까지로 할 수 있겠는가? 아니면 어떻게 아시아의 반을 포괄하는 블라디보스토크까지를 유럽으로 할 수 있겠는가?

우리가 유럽을 구축하려고 준비를 하는 순간에 우리는 유럽의 자연적 국경, 적어도 지상의 자연적 국경은 상상력의 세계에 속한다는 것을 깨닫기 시작한다. 사실 대륙들은 신화적인 구축물로부터 나왔다. 하나의 아시아는 존재하는가? 어떻게 상상력의 세계를 통하지 않고 일본과 아라비아, 인도와 시베리아를 결집시킬 수 있겠는가? 지휘를 하는 것은 지리가 아니라 지리에 대해 우리가 만드는 어떤 관념, 다시 말해 어떤 '정치적인 상상력의 세계'이다.

유럽 역시 상상력의 세계를 통해 간다

국가-민족의 신화는 오늘날 여러 종류의 강도로 나타난다. '오래 된 민족들'은 이미 이 신화가 지닌 자원의 일부를 고갈시켜 버린 것 같다. 라인 강의 유명한 국경을 포함하면서 국경들은 소멸하고 있다. 그러나 동시에 다른 국경들이 나타나고 있다. 민족적 원칙을 주장하는 가장 최근의 운동들(어떤 것들은 매우 최근 것들이다)은 요란하게, 나아가 공격적으로 이 원칙의 미덕들을 주장한다.

가변성의 속도를 지닌 이러한 민족주의들은 새로운 '보편주의적' 계획을 가지고 서로 대결한다. 국가적 현상이 우세함으로써 한동안 희미했던 '초국가적' 경향이 힘 있게 복귀하고 있다. 이데올로기의 갈등은 제2차 세계대전 이후 인류의 대부분을 대립되는 두 진영으로 이미 집결시켰다. 그러면서 각각의 진영은 '보편적' 가치들을 민족적 신화의 다양성과 조화시키려는 어려운 과업을 떠맡았다.

유럽의 계획은 더욱 '야심차고' 더욱 '통합적인 것'으로 나타난다. 그것은 '실천적인' 성격의 해결책들뿐 아니라, 상상력의 세계 속에 나타나는 민족주의적 성좌와 순수하게 유럽적인 신화 사이의 균형점을 찾아야 한다. 신화는 경제보다 더 반항적이므로 유럽의 방정식은 경제적이기보다는 다분히 신화적 성격인 것 같다. 어떻게 상호 모순적인 국가 신화들을 화해시키고, 어떻게 통일성에 대한 다양한 견해들과 단계들을 일치시킬 수 있는가? 신화화가 가능하도록 해줄 수 있는 역사적 준거들이 없는 것은 아니다. 유럽의 아버지로 간주되는 샤를마뉴 대제, 중세의 종교적·문화적 보편주의 등 말이다. 그러나 대부분의 공통 지표들은 애매하다. 샤를마뉴 대제가 수락할 만하다면 나폴레옹의 유럽 계획은 어떻게 해석할 것인가? 이 위대한 코르시카인 역시 위대한 유럽인, 아니면 오직 위대한 프랑스인이었던가? 어떤 이들에게 합스부르크 가의 제국(1867년부터 오스트리아-헝가리)은 그 안에 중부 유럽 국민들로 이루어진 방대한 연방에 대한 약속을 간직하고 있었다. 이 얼마나 경이로운 유럽 신화인가![217] 그러나 다른 한편, 예전에 빈과 부다페스트에 의해 지배를 받았던 국가들은 사라진 제국을 1918년에 당연하게 파괴된 '민족들의 감옥'으로 계속 판단한다. 역사적 준거와 건국 신화·상징 등을 화해시키는 과업은 합법성의 갈등이 난마처럼 얽혀 있는 중부 유럽에서 어려울 것이다. 어느 누구도 무시하지 않고 화나게 하지 않으며, 모두가 인정하는 진정한 유럽의 역사, 논리정연하고 통일된 역사는 유럽의 건설 자체보다 더 어려운 과업임에 틀림없다. 하지만 그것은 필수적이다. 책임지고 받아들여진 공동의 역사 없이 어떻게 하나의 유럽인의 의식을 만들어 낼 수 있겠는가?

가장 큰 문제는 여전히 자기 정체성-이타성이라는 원형적인 커플의 적응이다. 국가적 유형의 통일성은 대륙의 척도에서 구상된, 보다 넓은 통일적 체계를 위해 후퇴하고 있다. 다른 한편으로 그것은 국가-민족이 우선함으로써 억눌리지는 않았다 할지라도, 오랫동안 잊혀진 지역적 전통과 소수민족의 권리가 긍정됨에 따라 후퇴하고 있다. 중요한 것은 유럽, 민족적 실체들, 그리고 지역과 소수민족들이라는 세 개의 다른 수준을 화해시키는 것이다. 물론 사람들은 항상 그렇듯이 '우리'와 '타자들'의 용어로 계속해서 생각할 것이다. 유럽은 국가들이 지닌 정체성에 반하여 건설될 수는 없다. '타자들'은 여전히 자리를 잘 지키고 있을 것이지만, 거부와 공격성에 의해 강하게 특징지어진 예전의 대결 유형을, 문화들을 이해하고 상호 풍요롭게 하는 유형으로 대체해야 할 것이다.

어쨌든 한 가지 확실한 것은, 유럽 역시 상상력의 세계 속에서 이루어질 것이라는 점이다. 아니면 유럽은 이루어지지 않을 것이다.

신화와 반신화

상상력의 세계가 나타내는 모든 발현처럼 정치적 신화도 매우 분극화된다. 신화와 반신화는 대립한다. (각각의 신화는 경쟁적인 구축물을 지닌 반신화이기 때문이다.) 반작용은 이의가 제기된 신화의 힘에 비례한다. '두 개의 프랑스'라는 경우는 모범적 사례이다. 역사적이고 정치적인 상상력의 세계가 드러내는 이 두 형태는, 나라를 대략적으로 동일한 중요성을 지닌 두 개의 신화적 영토로 나누면서 서로에게서 힘을 얻었다. 우리는 이와 같은 분할의 유형을 도처에서 다시 만날 수 있다. 예를 들어 19세기를 어떻게 특징지을 것인가? 19세기는 다분히 과학적이었는가 종교적이었는가, 관념론적이었는가 유물론적이었는가, 낭만적이었는가 사실적이었는가, 진보적이었는가 보수적이었는가, 부르주아적이었는가 프롤레타리아적이었는가? 사실 정확히 말하기는 어렵다. 이 세기는 동시에 그 모든 것이기 때문이다.

어떠한 신화도——아무리 잘 도입된 신화라 할지라도——철저하게 지배할 수는 없다. 이 영역에서 절대적인 지배는 외관상에 불과하다. 중세 교회는 극도로 생명력이 강한, 그리스도교 이전의 민중문화를 결코 막을 수가 없었다. 전체주의 체제들은 메커니즘을 알아차리지 못한 채 신화적 공간을 통일시키려고 헛수고를 했다. 공식적으로 표명되고, 저항할 수 없도록 하려는 선전 노력에 의해 지원된 신화들은 아주 당연하게 이 신화들과 대응하는 반신화들에 증가된 힘을 불어넣었다. 그리하여 공산주의 체제들에서 '부패한' 서양이라는 공식적 신화는, 그 짝으로 매우 이상화된 서양이라는 '은밀한' 반신화를 갖게 되었다. 마찬가지로 흔히 매우 독성이 강한 공식적 무신론은 종교적 신앙을 보존할 뿐 아니라 강화시키기까지 하는 예기치 않은 결과를 낳았다. 마지막으로 서양의 소비 사회는 그 관용성과 다양성을 통해서, 수십 년 동안 동구에서 실천된 전투적 무신론보다 훨씬 더 종교를 침식시켰다.

그러나 우리 자신이 신화의 함정을 경계하기 위해 분명히 해야 할 것은, 신화와 반신화로 이처럼 선명하게 분극화된 배치가 '이상적 모델'로서 이해되어야 한다는 것이다. '실제적인' 신화에서는 동기들이 순환되고 뒤섞이며, 모순적인 진실들이 함께 살아가게 되는 것이다.

옛날의 신화와 근대의 신화

상상력의 세계에 관한 모든 논쟁에서 되풀이되는 문제는 전통적인 구조들과 근대 사회를 특징짓는 구조들 사이의 관계이다. 앙드레 레스즐레는 정치적 신화와 관련하여 다음과 같은 구별을 제안하고 있다. 첫번째로 우리 시대에 건국 신화보다 혁명의 신화가 우세하다는 것, 다시 말해 지속성을 희생시키는 변화가 우세하다는 것이다. 두번째로 '신화가 권력의 토대로 선언되고' 있으며, '그것이 사회학적 또는 과학적 모양새를 띤 추상적·이론적 담론 속에 통합되고 있다'는 것이다. 세번째로 신화가 '집단화되고,' 집단적 영웅이 개인보다 우세하게 된다. 마지막으로 조작 기술의 완벽화가 이루어지고, 신화적 담론의 제작이 전문가들에게 귀속된다는 점이다.[218]

사회 유형에 따라 정치적 상상력의 세계에서, 그리고 상상력의 세계가 지닌 다른 모든 부문에서 모델들이 변화한다는 것은 의심의 여지가 없다. 모델들은 변화하지만 원형들은 그대로이다. 우리는 '개인적인' 영웅의 소멸이라기보다 오히려 그 반대임을 확인할 수 있었다. 전통적 영웅은 집단적 영웅들이 많아짐에도 불구하고 여전히 잘 버티고 있다. 집단적 영웅들(당·민족·국가·인종)에 많은 것을 희생시킨 전체주의 체제들은 동시에 지도자의 숭배를, 분노를 야기시킬 수 있을 정도로 강화시키면서 빛나는 예를 제공하고 있다. 신화는 언제나 권력의 토대였다. 왕의 기능을 신성화시키는 것은 분명 이러한 역할을 수행했다. 조작 또한 오래 된 것이다. 예를 들어 아인하르트의 《샤를마뉴의 생애》는 프랑크족의 군주가 로마 황제의 완벽한 복제인이 되는 정치적 조작이 아니라면 무엇이겠는가? 건국 신화는 혁명적 기능을 가지고 있는데, 그것은 세계를 재구축하는 것이다. 그리고 반대로 혁명의 신화는 동시에 건국 신화이다. 바로 혁명 신화를 통해 새로운 현실이 시작되기 때문이다. 미국 혁명은 대단한 건국 신화이다. 또한 프랑스 혁명은 새로운 시작, 현대 프랑스와 현대 세계의 시작을 나타낸다.

분석이 이루어진 다른 모든 경우들에서처럼 신화적 구축물은 새로운 것이지만, 사용된 '벽돌들'은 여전히 동일하다. 심층 의미는 담론의 모양새보다 덜 변화했다. 또한 극적으로 변화한 것은 속도이고, 사용된 수단이며, 이 수단의 충격이다. 역사는 비교할 수 없이 보다 신속하게 전진하고 있는데, 이것이 설명하는 것이 수많은 진보적이고 혁명적인 신화들이다. 주로 대중매체 덕분에 전파와 조작은 전통적 장인 솜씨를 훨씬 초월하는 규모를 나타낸다. 그러나 오늘날의 유동적 사회에 어떻게 달리 작용할 수 있겠는가? 아인하르트의 텍스트는 약 80개의 필사본이 돌아다녔다. 오늘날로 본다면 그것은 아무것도 아닐 것이다. 그런데 당시 그것은 서양의 큰 정치 신화들 가운데 하나를 지속적으로 강제하는 데 성공한 책으로서 '베스트 셀러'였다. 누가 오늘날 이러한 성과를 자랑할 수 있겠는가? 현대 대중매체는 '계절적' 신화들을 전파하는 측면이 뛰어난데, 이 신화들은 하나의 캠페인이 전개되는 동안 스타를 유지시킨다. 예전의 집단적 신화들은 스러져 없어지는 경향을 보인다. 힘의 노선은 같지만, 이 노선 주위에 가변성의 성운이 조직되고 있다. 신화의 새로운 성좌는 다양화되고 불안정하다. 그것을 분비하고 호소하는 사회에 따라서 말이다.

정치는 하나의 종교인가?

우리는 정치와 종교 사이의 많은 접촉과 유사성을 확인했다. 그러나 둘 사이의 접근은 더욱더 멀리 나갈 수 있다. 레이몽 아롱·장 피에르 시로노 또는 클로드 리비에르 같은 해석학자들은 서슴없이 '정치적 종교들'에 대해서 말한다.[219]

사실 처음부터 정치(아니면 정치가 되어야만 했던 것)와 종교는 일체를 이루었다. 신들은 공동체의 삶에 참여했으며, 사람들은 그들에게 자문과 도움을 구했다. 동시에 권력의 신성화가 있었다. 그리스도교도 이러한 유형의 얽힘을 포기하지 않았다. 비록 원칙적으로는 종교적 영역과 사회적 영역의 분리가 보다 분명하게 주장되었지만 말이다. 중세기간 내내 절대권은 신성한 것에 의해 지속적으로 특징지어졌다. 그리고 나서 근대와 현대에 두 영역의 분리가 세속화의 과정이 진행되는 리듬에 따라 부각되었다.

외관상 신성한 것은 정치에서 철수했다. 사실은 종교성을 띤 새로운 형태들이 전개되었던 것이다. 종교적인 것과 신성한 것의 변모가 있었다. 국가와 국민·민족은 신비적 속성을 부여받았다. 모든 종교의 중심에 자리잡은 통일성의 우주적 원형은 사회적 집단의 수준에서, 본질적으로 종교적인 태도가 영속화되는 것을 확실하게 해주었다. 사회 조직의 통일성과 정연함은 신성화되었다. 미래를 향한 전진은 차례로 새로운 구원의 형태가 되었다.

신성한 것의 흔적을 현저하게 간직하고 있는 의례를 정치가 복원시킨 것보다 더 종교적 차원을 잘 예증해 주는 것은 없다. 클로드 리비에르는 이 주제를 연구한 저서에서 당연하게 '정치 의식'에 대해 말하고 있다. 기념 행사와 축제, 위인들의 장례식은 그 목표가 사회적 응집력을 강화시키는 것이고, 권력을 합법화시키는 것이며, 다양한 경향들을 복원하는 것이다. 그것들은 종교적인 황홀경에 가까운 형태의 감정을 유발시키고, 지지와 유대를 강요하도록 촉구한다. 이러한 의례 덕분에 공동체는 정체성을 나타내고, 시간과 역사에 대한 지배를 확실하게 한다. 사회생활에 의미가 부여되고, 인간의 운명은 이해할 수 있는 것이 된다. 정치는 그저 단순히 종교와 합류하는 것이다.

물론 구제도·혁명, 민주주의 제도나 전체주의들이 공개적으로 표명된 동일한 가치들의 이름으로, 그리고 동일한 방식으로 의례를 집행하는 것은 아니다. 종종 공격적인 무종교성에도 불구하고, 분명 전체주의 체제들은 최초의 종교적 유형과 매우 가까운 '의식'과 이데올로기적 표현들을 통해 주목받는다. 이러한 역설은 전체주의적 이데올로기들에 고유한 '절대의 갈망'에 의해 설명되는데, 이 갈망은 신성한 것의 전통적 형태들이 철수한 것과 관련되어 있다. 전통적 형태들이 사라지자 그 자리를 차지한 것은 새로운 종교들이었는데, 이성의 신과 절대자로서 최고 존재를 숭배한 자코뱅당의 공포정치가 그런 경우였다. 무솔리니와 나치·스탈린 그리고 마오쩌둥 추종자들의 축제는 이와 같은 종류의 정치적 일체감에 있어서 일종의 완벽을 이루었다. 그러나 민주주의 체제들도 동일한 제단에 제물을 바쳤다. 다만 다른 것은 태도와 강도이다. 모든 경우에 있어서 중요한 것은 사회적 응집력을 확실하게 하고, 역사에 의미를 부여하는 것이다.

정치적 종교들과 이것들의 의례 행사는, 상상력의 세계가 지닌 원형 노선을 따라서 통일성과 대결 사이에서 변화해 간다. 그것들의 통합적인 역할은 공동체 전체와 관계되거나 공동체의 일부(하나의 당, 또는 정치적 기류), 즉 다른 부분들과 다소 대립되는 일부에 관계된다.

그리하여 종교성과 신성한 것, 다시 말해 즉각적인 현실을 지휘하는 초월적인 실체에 대한 투자는 이데올로기와 정치적 행동의 영역에서와 마찬가지로 종교의 영역(엄밀한 의미에서)에서도, 특수하지만 유사한 형태들에 따라 작용하면서 그것들의 원형적 실체를 뚜렷이 드러낸다.

다시 한 번 우리는 원형적 구조들을 파괴할 수 없다는 것을 확인할 수 있다. 이 구조들의 모습이 변화한다고 해서, 그것들의 뚜렷한 계속성이 감추어질 수는 없다.

역사의 동력으로서
상상력의 세계

상상력의 세계가 지닌 영역은 무한을 갈망한다. 그것은 도처에서 구체적 세계의 비물질적 분신처럼 나타난다. 우리는 역사의 모든 분야에서, 모든 역사적 사건에서, 모든 사상에서, 그리고 모든 행동에서 그것을 재발견한다. 그것은 국가들, 사회적 집단들, 그리고 개인들 사이의 관계와 인식의 대모험에 그것이 지닌 비물질적 무게로 압력을 가한다. 그것은 우리가 우주, 미지의 세계, 시간 그리고 공간과 맺는 관계에 심층적으로 흔적을 남긴다. 기술공학적인 진보는 어떤 면에서도 이와 같은 근본적 기지 사항을 수정할 수 없다. '과학적 신화'와 무궁무진하게 수집된 믿음과 소문들은 가장 경쟁력이 있는 과학 및 기술공학과 잘 맞아떨어지고 있다. 정치적 신념과 의식은 종교가 된다. 게다가 다음과 같은 현상은 보다 일반적이라고 할 수 있다. 전통적 종교들이 후퇴하고 있는 데 비해, 모든 것이 어떤 방식으로든 종교가 되어가는 경향을 보이고 있는 것이다. 새로운 현상은 모델들의 분열이다. 믿음(종교적이든 다른 것이든)은 구경거리가 될 정도로 다양화되었다. 도덕은 성적 행실의 매우 미묘한 차원까지 포함하여 더 이상 하나의 도덕만으로 되어 있지 않다. 오늘날의 세계는 점증하는 다양성을 동반하는, 점증하는 동질화라는 역설적인 풍경을 나타내고 있다. 이로부터 비롯되는 분할은 상상력의 세계에서 볼 때 어떠한 실체의 상실도 의미하지 않는다. 상상력의 세계가 지닌 영역은 끊임없이 재구성되지만, 그 경계는 결코 후퇴하지 않는다. 남은 일은 역사 해석 전체 속에 나타나는, 보이지 않는 이러한 원칙에 마땅히 되돌아와야 할 자리를 보다 분명히 밝히는 일이다. 상상력의 세계는 완전한 설명적 체계를 제공할 수 있는가? 모든 것이 '마지막 해결책으로' 상상력의 세계에 의존할 수 있는가? 모든 것이 '마지막 해결책으로' 마르크스 체계 안에 있는 경제적 구조들에 의존했듯이 말이다.

이러한 전복이 한 사람의 마르크스주의자에 의해 열정적으로 주장되었다는 것은 기이한 일이다. 코르넬리우스 카스토리아디스는 《상상력에 의한 사회의 설립》(1975)이라는 제목의 책에서, 모든 사회의 설립 원리로서 상상력의 세계에 호소하기 위해 마르크스에게 귀중했던 경제적·역사적 법칙들을 외면하였다. 그는 "역사를 창조하는 것은 인간이다. 즉 현실적인 구조들은 그의 추상적 계획을 구체화한 것들에 지나지 않는다. 사회적 상상력의 세계는 제도들 속에 구체화된다. 공산주의를 하기 위해서 사람들은 '법칙들'이 필요한 것이 아니다. 사람들이 그것을 원한다면 할 것이다! 이것이 바로 상상력의 세계가 지닌 창조적 힘을 분명하게 표현한 것이다"라고 말한다.[220]

카스토리아디스의 분석은 매력적이고, 부분적으로 진실이다. 그러나 불행하게도 그것은 지나친 낙관주의에 의한 과오를 범하고 있다. 어떤 허구들은 구체화되기를 거부한다. 어떻게 공룡을 구체화시킬 것인가? 다른 계획들은 구체화되면서 퇴폐적인 결과를 낳는다. 공산주의에 관한 상상력의 세계와 비교할 때 '실제 공산주의'가 바로 이 경우이다. 경쟁적인 '상상력의 세계'들 사이에 이 세계들과 사회 조직, 그리고 물질의 무거움 사이에 언제나 상호 간섭이 있다. 물론 상상력의 세계는 스스로를 구체화시키고, 세계를 재창조해야 하는 사명을 나타낸다. 그러나 그것의 공세 결과는 미리 주어지는 것이 아니다.

미래의 건설은 이에 대한 훌륭한 예를 제공한다. '미래의 세계'는 상상력의 세계 속에 미리 나타난다. 천복년설과 유토피아, 진보 또는 쇠퇴이론, 예언·미래학, 온갖 종류의 이데올로기 같은 것들은 매순간 다가올 세계에 대한 만화경적인 비전을 제안할 뿐이다. 만약 콜럼버스처럼 우리가 예기치 않은 대륙에 떨어진다 해도 할 수 없는 일이다. 다소 모순적인 이와 같은 다양한 시나리오들은 현재의 모습에 쉬지 않고 영향을 미친다. 그것들은 구체적인 사회에 강한 압력을 행사하고, 이 사회는 차례로 그것들을 흡수하여 변모시킨다. 이러한 상호작용의 결과가 이른바 역사라는 것이다.

공간의 정복은 시간의 정복과 동일한 논리적 성격을 띤다. 탐험가들은 궁극적으로 현실 세계를 발견하기 위해 상상력으로 얻어진 길들을 차용한다. 그렇게 해서 그리스인들이 지닌 상상력의 세계가 그려낸 지구의 모습은 2천 년이 지난 후, 근대 초기 탐험의 방향을 유도했던 것이다. 일단 통합되면 실제 공간은 상상력의 세계로부터 계속적으로 강한 압력을 받는다. 그렇게 해서 각각의 풍경은 자연과 이데올로기 가운데 위치하면서, 하나의 계획이 남긴 흔적을 지니는 것이다. 각각의 도시는 이 도시를 세웠던, 계속된 세대들이 지녔던 상상력의 세계에 대해 이야기하는 책이다. 우리는 구체화되고 결정화된 상상력의 세계가 간직하고 있는 매우 다양한 형태들에 둘러싸여 살아가는 것이다.

그렇다. 상상력의 세계는 역사를 해석하는 데 도움이 될 수 있다. 그래서 적어도 상상력의 세계를 다루는 역사가에게는 인간 사회의 변화에 대한, 그 엄청난 영향을 분명히 밝히는 일보다 더 합당한 것은 아무데도 없다. 우리는 역사를 상상력의 세계가 열어주는 관점에서 바라볼 수 있다. 다른 어떤 관점에서도 바라볼 수 있듯이 말이다. 그러나 진정한 종합으로 넘어가자마자 무슨 대가를 치르더라도 피해야 할 것은 결정론적 함정으로서, 이것은 '유일한 원인'이란 수단을 통해 신속하고 확실하며 결정적인 대답을 얻고 싶은 충동이다. 이것 못지않게 과도하고 배타적으로 상상력의 세계에 호소하는 방법으로 통속적인 유물론을 대체하는 일은 아무 소용이 없을 것이다. 결정론의 시대는 지나갔다. (적어도 우리는 그렇게 기대해 볼 수 있다.) 역사는 극도로 복잡한 망처럼 나타나며, 상상력의 세계는 이 망의 일부분을 형성할 뿐이다. 상상력의 세계가 지닌 원형들은 어떤 식으로든 인간 운명의 프로그램을 짜지만, 이 원형들은 마찬가지로 물질적 장애물의 영향을 받게 되어 있다. 인류의 모험을 이해하려고 시도하기 위해서는 '정신'과 '물질' 사이의, 그리고 '픽션'과 '현실' 사이의 만남과 균형점을 찾아야 한다. 이것이 가장 어려운 일이며, 이를 해결하기 위한 어떠한 처방도 존재하지 않는다. 그것은 역사가의 수완 자체이다.

인간은 지상에서 전진하며, 별들에 대한 꿈을 꾼다. 돈 키호테와 산초 판자는 끝없는 대화 속에서 상호 대결하고 보완한다.

원 주

1) Georges Duby, 《성당의 시대, 예술과 사회(980-1420)》, 갈리마르, 파리, 1976. Jacques Le Goff, 《연옥의 탄생》, 갈리마르, 파리, 1981. Jean Delumeau, 《서양에서의 두려움(14-18세기)》, 페이야르, 파리, 1978 ; 《천국의 역사. 환희의 낙원》, 페이야르, 파리, 1992 ; 《천국의 역사, 천복년》, 페이야르, 파리, 1995. Georges Minois, 《지옥의 역사》, 페이야르, 파리, 1991 ; 《미래의 역사: 미래를 내다보는 예언자들》, 페이야르, 파리, 1996. Alain Corbin, 《진공의 영역, 서양과 피안의 욕망(1750-1840)》, 오비에, 파리, 1988.

2) Lucian Boia, 《상상력에 의한 공간의 탐험》, 라 데쿠베르트, 파리, 1987 ; 《세계의 종말, 끝없는 역사》, 라 데쿠베르트, 파리, 1989 ; 《공산주의의 과학적 신화》, 파라디그므, 캉, 1993 ; 《천사와 금수 사이, 고대로부터 오늘날까지의 다른 인간의 신화》, 플롱, 1995. 그리고 루마니아어로 출간된 《루마니아인의 의식에 나타난 역사와 신화》, 후마니타스, 부쿠레슈티, 1997 ; 《과거와의 게임, 진실과 허구 사이의 역사》, 후마니타스, 부쿠레슈티, 1998.

3) Gilbert Durand, 《상상력의 세계가 지닌 인류학적 구조》, 퓌프, 파리, 1960, p.424.

4) Roland Barthes, 《신화학》, 쇠이유, 파리, 1957, p.255-257. ("특성상 혁명적인 언어는 신화적인 언어일 수가 없다: 부르주아지는 부르주아지로서 가면을 쓰고 있고, 그렇게 함으로써 신화를 생산한다: 혁명은 혁명으로써 자신을 과시하고, 그렇게 함으로써 신화를 무너뜨린다.")

5) Évelyne Patlagean, 《상상력의 세계사》, in 《새로운 역사》, Jacques Le Goff, Roger Chartier 및 Jacques Revel 책임편집, 레츠출판사, 파리, 1978, p.249-269.

6) 《역사과학사전》, André Burguière 책임편집, 퓌프, 파리, 1986. 우리는 이 사전에서 Jacques Revel이 쓴 정신현상에 관한 긴 항목(p.450-456)과 Roger Chartier가 쓴 이미지에 관한 항목(p.345-347)을 만난다. 그러나 이미지로부터 상상력의 세계로 가는 문지방을 건너지 못하고 있다.

7) 이 연구소들의 활동은 《상상력의 세계에 대한 연구소들의 관련 보고서》에 상세하게 기술된다. 이 보고서는 1993년부터 디종대학에 있는 이미지연구협회(회장은 장 자크 뷔낭뷔르제)에 의해 출간되고 있다.

8) Évelyne Patlagean, 앞의 책, p.249.

9) Jacques Le Goff, 《중세에 나타난 상상력의 세계》, 갈리마르, 파리, 1985, p.I-II.

10) Jean-Jacques Wunenburger, 《상상력》, 퓌프, 《크 세-주?》, 파리, 1991, p.3.

11) Gilbert Durand, 앞의 책, p.421 및 424.

12) 이런 의미에서 질베르 뒤랑의 최근 저서들 가운데 하나인 《상상력의 세계. 이미지의 학문들과 철학에 관한 에세이》, 아티에, 파리, 1994를 참고하기 바란다. 이번에는 원형적 구조들을 역사적 맥락에 적응시키려는 노력이 드러나고 있음을 부인할 수 없다. 그러나 담론의 유형은 여전히 너무 엄격하여 '진짜' 역사가는 낯설어할 수 있다.

13) Jacques Le Goff, 앞의 책, p.VI.

14) Alain Corbin, 앞의 책, p.321.

15) 종말론적인 해결책의 모든 범위에 관해서 우리의 저서인 《세계의 종말. 끝없는 역사》에서 개진한 논증을 대충 따랐다.

16) 우리가 제안하는 전체주의적인 현상에 대한 접근을 위해서는 Karl Popper, 《열린 사회와 그 적들》, 쇠이유, 파리, 1979 및 《공산주의의 과학적 신화》에서 우리가 개진한 고찰을 참고할 것.

17) Paul Veyne, 《그리스인들은 그들의 신화를 믿었는가?》, 쇠이유, 파리, 1983, p.70.

18) 위대한 발견의 시대에 세계에 대한 상상의 도식들과 이것들의 충격에 관해서는 W. G. L. Randles, 《평평한 대지로부터 지구로》, 카이에 데 자날, 38호, 파리, 1980.

19) 이에 관한 훌륭한 종합은 Jean-Jacques Wunenburger, 《신성한 것》, 퓌프, 《크 세-주?》, 파리, 1981 참조.

20) 이 마지막 문제는 Marc Bloch의 권위 있는 책에서 훌륭하게 다루어지고 있다. 《기적을 행하는 왕들》, 아르망 콜랭, 파리, 1924.

21) 분신에 관한 독창적이고 자극적인 해석은 Claude Lecouteux, 《중세의 선녀, 마녀 그리고 요술쟁이. 분신의 역사》, 이마고, 파리, 1992 참조.

22) Mircea Eliade 《메피스토펠리스와 앙드로진》, 갈리마르, 파리, 1962.

23) Paul Veyne, 앞의 책, p.28-38, 그리고 주 33, p.144-145.

24) 현대 신화들에 대한 해석은 Bertrand Méheust에 의해 시도되었다. 《20세기의 서양인들은 그들의 신화를 믿었는가?》, in 《코뮈니카시옹》, 52호, 1990(Véronique Campion-Vincent 및 Jean-Bruno Renard 책임편집), p.337-356. Méheust는 '신화적 체험,' 다시 말해 완전히 받아들인 상상력의 세계를 특별히 강조함으로써 Paul Veyne보다 더 멀리 나가고 있다.

25) Marcel Détienne, 《신화의 창조》, 갈리마르, 파리, 1981, p.48-49. 일반적 입장에서의 신화에 관해서는 또한 Mircea Eliade, 《신화의 양상》, 갈리마르, 파리, 1963 참조.

26) Marcel Détienne, 《신화》, in 《역사과학사전》, 앙드레 뷔르기에르, p.486.

27) Charles Langlois 및 Charles Seignobos, 《역사 연구 입문》, 아쉐트, 파리, 1898, p.1.

28) Robert Mandrou, 《17세기 및 18세기의 대중문화론, 트루아의 기사도 이야기》, 스톡, 파리, 1964. 그리고 Geneviève Bollème, 《기사도 이야기. 16세기에서 19세기까지 프랑스의 대중문학》, 쥘리아르, 파리, 1971. Alfred Morin, 《트루아의 기사도 이야기의 묘사적 목록》, 드로즈, 제네바, 1974.

29) François Lissarrague 및 Alain Schnapp, 《그리스인들의 이미지군인가, 이미지 제작자들의 그리스인가?》 in 《성찰의 시간》, II, 갈리마르, 1981, p.282-284.

30) 이미지의 방법론과 기호학적 접근을 위해서는 논문집 〈초상학과 정신현상의 역사〉와 〈역사가들과 초상학적 근원〉, CNRS, 파리, 1979 및 1981. 우리가 상기한 특수한 주제에 관해서는 첫번째 논문집인 G. Mounin의 글 〈수난도의 표상〉, p.33-37을 참조.

31) 이미지에 따라다니는 변형에 관해서는 Umberto Eco의 고찰을 참조. 《일반 기호학론》, 봄피아니, 밀라노, 1975. (특히 '이미지 비평'이란 제목의 장 p.256-284 참조.)

32) Marc Ferro, 《영화와 역사》, 드노엘, 파리, 1977.

33) Karsten Fledelius, 《영화와 역사——테마 입문》, in 《관계》, 제16차 역사과학국제학술회의록, 1권, 슈투트가르트, 1985, 《영화와 역사》 부문, p.180.

34) 풍경과 상상력의 세계, 그리고 역사가 나타내는 관계에 대해서는 논문집 《풍경의 구성. 공간의 건설과 위기(1789-1992)》, Odile Marcel 책임편집, 샹발롱출판사, 세이셸, 1989 참조.

35) 건축/도시 계획, 이데올로기, 그리고 정신현상이 유지하는 밀접한 관계에 대해서는 세 권의 기본서를 참고할 것. Lewis Mumford 《역사 속의 도시》, 쇠이유, 파리, 1964. Karl Gruber, 《독일 도시의 형태와 특징》, 근대건축고문서출판사, 브뤼셀, 1985. Wolfgang Braunfels, 《서양의 건축술. 통치형태와 건축 형태》, 베를라그 두몬트, 쾰른, 1976. 방법론적 위험은 건축의 형태를 지나치게 직접적·이데올로기적·정치적인 어떤 내용과 결부시키는 것이다. '형태와 내용, 건축과 정치제도 사이의 절대적이고 보증된 상

관관계'를 찾으려고 해서는 안 된다. (Jacques Dewitte, 《기념비적 건축물과 민주제도》, in 《현대》, 557호, 1992년 12월, p.136.) 그보다는 한 시대의 정신적 풍토, 그리고 사회적 상상력의 세계를 통한 상호 의존관계가 중요하다.

36) 일반적으로 만화, 특히 상상력의 세계에 대해 나타내는 만화의 관심과 관련하여 Jean-Bruno Renard, 《만화》, 세게르, 파리, 1978(2판, 1985) 및 《세기의 만화와 믿음》, 퓌프, 파리, 1986 참조.

37) '세계의 종말'과 '혁명적 예술운동'과의 이와 같은 접근은 Mircea Eliade의 《신화의 양상》, p.92에서 암시한다.

38) Lionel Richard는 《나치즘과 문화》 속에 나치문화의 현안이 지닌 본질적인 것을 모아 놓고 있다. 콩플렉스출판사, 브뤼셀, 1988. 구소련의 예술에 관해서 우리는 특별한 앨범을 지니고 있다. 《러시아-구소련, 1914-1991. 시선의 변화》, Wladimir Berelowitch 및 Laurent Gervereau 책임편집, 파리, 1991.

39) 호메로스의 시들과 이 시들이 맺고 있는 역사와의 관계에 대한 주요 저서로 Moses I. Finlay 《율리시스의 세계》, 마스페로, 파리, 1969(원판 《오디세우스의 세계》, 뉴욕, 1954) 및 《트로이 전쟁은 패배했다》, 레 벨 레트르, 파리, 1993, p.31-44 참조. Marcel Détienne는 《신화의 창조》, p.53-61에서 이 문제에 관해 개요를 제시하고 있다.

40) 신화의 이야기들로부터 비롯되는 이러한 풍부함에 관해서는 Marcel Détienne의 고찰을 참고. 앞의 책, p.236-239.

41) Georges Dumézil, 《인도-유럽인들의 3중 이데올로기》, 라도뮈스, 브뤼셀, 1958. 《신화와 서사시》, 1-3권, 갈리마르, 파리, 1981-1986. Jacques Poucet, 《로마의 기원. 전통과 역사》, 생루이대학출판부, 브뤼셀, 1985.

42) Alexandre Grandazzi, 《로마 창건. 역사에 대한 고찰》, 레 벨 레트르, 파리, 1991.

43) James George Frazer, 《황금가지》, 리브래리 폴 괴트너, 파리, 1923, p.661.

44) Alain, 《신화의 전제 조건》, 폴 하르트만, 파리, 1943. 몇몇 특징적인 문장들을 인용하자면, "연구자의 모든 일은 상상력을 제거하는 것이다."(p.11) "모든 지혜는 환상들을 제거해야 한다."(p.13) "관념론은 유년기의 상태이다."(p.51) "어린아이에게 우선 부족한 것은 실증적인 지식의 유형 자체이다. 이것은 각자가 자기 손으로 일을 해 정복하는 것이지 달리 정복하는 것이 아니다."(p.32)

45) Georges Gusdorf, 《신화와 형이상학》, 플라마리옹, 파리, 1953, p.244.

46) Gilbert Durand, 앞의 책, p.421.

47) D'Holbach, 《자연의 체계》, 제1부, 런던, 1781년판, p.4-5. (제1장: '자연에 관해')

48) Ernst Mach, 《역학 해설. 그 전개의 역사와 비판》, 파리, 1904, p.433.

49) Voltaire, 《운명》, in 《철학사전》(1764-1772 사이에 출간).

50) Lucian Boia, 《천사와 금수 사이》, p.109-124.

51) Raymond Trousson의 저서에서 유토피아적인 작품들에 대한 자세한 조사가 이루어지고 있다. 《아무데도 없는 나라로의 여행. 유토피아적 사상의 문학사》, 브뤼셀대학출판부, 1975. (《계몽시대》, p.119-181.)

52) Edmond Halley, 〈자침 변화의 원인에 대한 보고——지구 내부구조의 가정과 함께〉, in 《왕립학회철학보고서》, 16권(1692), p.563-578. 〈대기 중에 보이는 빛이 더디게 갑자기 나타나는 현상에 대한 보고〉, 같은 책, 29권(1716), p.406-428.

53) 뉴턴의 연금술에 관한 관심에 대해서는 Bernadette Bensaude-Vincent 및 Isabelle Stengers, 《화학사》, 라 데쿠베르트, 파리, 1993, p.69-71 참조. ("다음과 같이 최초로 문제를 과감하게 제기한 사람은 Richard Westfall이다. 그런데 《프린키피아》가 뉴턴 자신에게는 클라이맥스가 아니고, 그의 진정한 연구에서 돌발사건이었다면? 그리고 그에게 중요했던 것은, 천체들의 움직임이라는 단순한 경우에 의존하여 그가 케임브리지 연구소에서 그 비밀을 추적하고 있었던 힘들을 연구하는 것이었다면?")

54) Pierre Lagrange의 논문 속에서 현대의 인식론적인 논쟁에 대한 유용한 종합이 나타난다. 〈인식론에 따른 초과학: 방법이 없는 지식〉, in 《부쿠레슈티대학 연보》, 이스토리, 1991, p.101-110.

55) Jean Baudouin, 《카를 포퍼》, 퓌프, 《크 세-주?》, 파리, 2판, 1991, p.37.

56) Paul Feyerabend, 《방법에 반대하여》, 쇠이유, 파리, 1979, p.20과 332.

57) Gerald Holton, 《과학적 상상력》, 갈리마르, 파리, 1981, p.120.

58) Gaston Bachelard, 《과학적 정신의 형성. 지식의 정신분석에 기여》, 리브래리 필로조피크 J. 브랭, 파리, 1938 및 1993, p.195 및 207.

59) Pierre Thuillier, 《유명한 작은 과학자》, 쇠이유, 파리, 1980, p. 96-97.

60) Lucian Boia, 《천사와 금수 사이》, p.128-129. 인종적 분류에 관해서는 Linné, 《자연의 체계》, 1권, 브뤼셀, 1793, p.32-33. 그리고 훗날의 과도함에 대해서는 《신자연사 사전》, 15권, 파리, 1817, '인간' 항목(Julien-Joseph Virey 박사 집필), p.1-225 및 《자연사 고전 사전》, Bory de Saint-Vincent 책임편집, 8권, 파리, 1825, '인간' 항목, p.269-328 참조.

61) Pierre Darmon, 《20세기 초엽의 의사들과 암살자들. 범죄의 의학화》, 쇠이유, 파리, 1989.

62) Lucian Boia, 《공간의 상상적인 개발》, p.46-47.

63) Balzac, 《절대의 탐구》, 플라마리옹, 파리, 1993. 이 소설과 과학과의 관계가 매우 명쾌하게 밝혀지고 있는 Nadine Satiat의 서문이 실림. 최초의 화학적 요소에 대한 강박적인 탐구로는 Bernadette Bensaude-Vincent 및 Isabelle Stengers, 앞의 책, p.162-163 참조.

64) Émile Zola, 《파스칼 박사》, 제2장.

65) 푸리에주의적인 사회적 · 과학적 공상에 대한 훌륭한 분석은 Simone Debout, 《샤를 푸리에의 유토피아. 실질적 환상》, 페이요, 파리, 1978. 그리고 Michel Nathan, 《푸리에주의자들의 하늘. 별들의 주민들과 영혼의 환생》, 리옹대학출판부, 1981에 나타나 있다.

66) Yvonne Castellan은 강신술의 교의와 역사에 대한 종합적인 소개를 하고 있다. 《강신술》, 《크 세-주?》, 파리, 1954(7판, 1987). Allan Kardec은 《영령들에 관한 책》(1857)이란 창시적인 저술을 했다. 본 문제에 대한, 그리고 세계의 다양성과 강신술에 대한 플라마리옹의 사상은 Lucian Boia, 《공간의 상상적인 개발》, p.26-28 참조.

67) Saint-Simon, 《전집》, 리브래리 드 카펠, 파리, 1841, 《새로운 그리스 도교》('종교에 대하여'라는 제목이 붙은 장), p.104.

68) Ernest Renan, 《학문의 미래. 1848년의 사상》, 칼만 레비, 파리, 1890, p.37.

69) Auguste Comte, 《인류 종교를 설립하는 실증적 정치제도, 또는 사회학론》, 3권, 파리, 1853, p.2. 이 저서에서 콩트가 추구한 목표는 '과거에 의한 미래의 결정'이었다. (4권, 1854, p.18-19.) 학설이 지닌 종교적인 측면에 관해서는, 우리는 파리의 마레 거리에 철학자가 제막한 실증주의 전당을 항상 찬양할 수 있다. 이 전당에 모셔 놓은 '세속의 성인들'은 각자 새로운 달력의 달에 이름을 붙이고 있는데, 그들은 다름 아닌 모세 · 호메로스 · 아리스토텔레스 · 아르키메데스 · 카이사르 · 성 바울 · 샤를마뉴 대제 · 단테 · 구텐베르크 · 셰익스피어 · 데카르트 · 프리드리히 대왕 그리고 생리학자 비샤이다.

70) Hippolyte Taine, 《예술철학》, 3판, 파리, 1879, p.55.

71) 마르크스주의와 공산주의가 드러내는 상상력의 세계에 대한 분석에서, 우리는 대체적으로 우리의 저서 《공산주의의 과학적 신화》의 논거를 따르고 있다. 마르크스가 '발견한' 계급투쟁은 극화의 역사적 투영으로서 일부는 실제였고, 그가 살던 산업 사회(특히 영국)를 특징지었다.

72) Lucian Boia, 《세계의 종말. 끝없는 역사》, 〈1900년의 위기〉, p. 159-194.

73) 이 주제와 관련하여 논문집 《제3제국에서의 과학》, Josiane Olff-Nathan 책임편집, 쇠이유, 파리, 1993. 특히 Mark Walker의 〈나치의 물리학〉(p.103-132)과 Benoît Massin의 〈인종인류학과 국가사회주의: 인종 패러다임의 행불행〉(p.197-262) 참조.

74) 나치의 정신상태에서 확인할 수 있는 일부 비이성적인 경향은 Nicolas Goodrick Clarke에 의해 명백히 드러났다. 《나치즘의 신비학적 뿌리》, 파르데스출판사, 퓌조, 1989.

75) Lucian Boia, 《공산주의의 과학적 신화》, 〈역사 재창조〉, p.77-100.

76) 이와 같은 생물학적 '모험'은 Joel 및 Dan Kotek 공저 《리센코 사건》, 콩플렉스출판사, 브뤼셀, 1986. 그리고 Denis Buican 《리센코와 리센키즘》, 퓌프, 《크 세-주?》, 파리, 1988 속에 요약되어 있다.

77) 이와 관련하여 기본서 《모두를 위한 과학. 1850년부터 1914년까지 프랑스에서의 과학의 통속화》, Bruno Béguet가 책임편집한 권, 국립기술직업학교 도서관, 파리, 1990.

78) Jean-Bruno Renard, 〈고우주 비행학과 대중 속의 전파〉, in 《고고학과 그 이미지》, APDCA출판사, 쥐앙-레-팽, 1988, p.275-290.

79) Bernard Heuvelmans, 《알려지지 않은 동물들의 발자취를 따라서》, 플롱, 파리, 1955 ; 《바다에 사는 알려지지 않은 동물들의 역사》, 플롱, 파리, 1965 및 1975 ; 《네안데르탈인은 여전히 살아 있다》(보리스 포루슈네프와 공저), 플롱, 파리, 1974 ; 《아프리카의 마지막 드래곤들》, 플롱, 파리, 1978 ; 《아프리카의 인간 짐승들》, 플롱, 파리, 1980.

80) Yvonne Castellan, 《초심리학》, 퓌프, 《크 세-주?》, 6판, 파리, 1985.

81) Pierre Lagrange, 앞의 책, p.105.

82) 《르 몽드》, 1994년 5월 12일, 〈프랑스인들의 믿음에 대한 조사〉, p.12-13.

83) Jean Vernette, 《뉴 에이지》, 퓌프, 《크 세-주?》, 파리, 1992 및 1993.

84) 참고서적들 가운데 몇 개만 골라 제목을 인용하겠다. Michel Dorier 및 Jean-Pierre Troadec, 《미확인 비행물체들》, 퓌프, 《크 세-주?》, 파리, 1985. Bertrand Méheust, 《비행접시와 민속》, 메르퀴르 드 프랑스, 파리, 1985. Jean-Bruno Renanrd, 《외계. 새로운 종교적 믿음》, 세르프출판사, 파리, 1988. Pierre Lagrange, 〈비행접시에 관한 조사〉, in 《믿을 수 없는 것과 그 증거들》(테랭, 14), 파리, 1990. 물론 C. G. 융의 고전적 저서 《현대의 신화》, 갈리마르, 파리, 1961도 잊지 말아야 한다.

85) Bernard Heuvelmans, 《네안데르탈인은 여전히 살아 있다》, p.15.

86) Gwenhaël Ponnau, 《판타지 문학에서의 광기》, CNRS(국립과학연구원)출판부, 파리, 1987(1990년 2판). 그리고 이 저자의 책임편집하에 출간

된 《광인 과학자들》, 옴니버스, 프레스 드 라 시테, 1994.

87) Véronique Campion-Vincent 및 Jean-Bruno Renard 편저 《도시의 전설들. 오늘날의 소문들》, 페이요, 파리, 1992를 참조하는 것은 필수적이다. 우리 텍스트가 주로 참고하는 글은 〈오토 스톱하는 유령들〉(Jean-Bruno Renard, p.45-58), 〈무의식적인 식인 풍습〉(Jean-Bruno Renard, p.70-106), 〈고양이과 동물들과 신비〉(Véronique Campion-Vincent, p.272-279)이다. 또한 Véronique Campion-Vincent의 최근 저서 《신체기관 절도에 관한 전설》, 레벨 레트르, 파리, 1997 참조.

88) Michel Hulin, 《시간의 감춰진 얼굴. 내세에 대한 상상력의 세계》, 페이야르, 파리, 1985, p.398-403.

89) 지옥 체류의 변모에 관해서는 Georges Minois가 시도한 두 개의 종합적인 저서 《지옥들의 역사》, 페이야르, 파리, 1991 및 《지옥의 역사》, 퓌프, 《크 세-주?》, 파리, 1994 참조.

90) Lucian Boia, 《세계의 종말. 끝없는 역사》 p.40-44 및 67-69.

91) 같은 책, p.51-53, 그리고 E. R. Dodds, 《그리스인들과 비이성의 세계》, 몽테뉴, 파리, 1965(신판, 플라마리옹, 1977 및 1995).

92) 일반적인 차원의 천국과 특별한 천복년설에 대해서는 이미 인용한 Jean Delumeau의 《천국의 역사》·《환희의 정원과 천국의 역사》, 그리고 《천년 동안의 행복》 참조.

93) Ioan P. Couliano, 《서양에서의 이원적 그노시스: 역사와 신화》, 플롱, 파리, 1990.

94) Georges Minois, 《지옥의 역사》, p.67.

95) Jacques Le Goff, 《연옥의 탄생》, 갈리마르, 파리, 1981.

96) 이 시기에 나타난 상상의 공포들에 대한 묘사는 Jean Delumeau의 《서양에서의 두려움》, Lucian Boia의 《세계의 종말. 끝없는 역사》, p.77-97, 그리고 Georges Minois의 《지옥의 역사》, p.211-237 참조.

97) Georges Minois, 앞의 책, p.329-376. 일반적으로 억압이 강화된 현상에 대해서는 Michel Foucault의 《광기와 문명. 고전주의 시대 광기의 역사》, 갈리마르, 1961과 《감시와 처벌. 감옥의 탄생》, 갈리마르, 파리, 1975 참조.

98) Georges Minois는 '모범적인' 이와 같은 처형을 상기시키고 있다. 앞의 책, p.324. 본 주제 전체에 관해서는 Jean Imbert, 《사형》, 퓌프, 《크 세-주?》, 파리, 1989(2판, 1993) 참조.

99) 〈서양에서의 종교적 태도의 변화〉, in 《정치·사회적 제문제들》, 345호, 1978년 9월 15일.

100) Georges Minois, 앞의 책, p.388.

101) Jean-Paul II, 《희망 속으로 들어오십시오》, 플롱/맘, 파리, 1994, p.269-270.

102) 같은 책, p.272-273.

103) Michel Hulin, 앞의 책, p.9. 지옥의 쇠퇴에 관해서는 또한 David Lodge의 흥미 있는 소설 《악의 게임》 참조. (원제 《당신은 얼마나 멀리 갈 수 있는가?》, 리바주, 파리, 1993.)

104) Claude Lévi-Strauss, 《야만적 사고》, 플롱, 파리, 1985년판, p.201. (제6장 '보편화와 특수화')

105) 콜럼버스의 편견에 대해서는 그의 일기와 대면해야 한다. 《크리스토퍼 콜럼버스 전집》, 알렉산드르 치오라네스코판, 갈리마르, 파리, 1961.

106) 18세기에 전달된 중국에 관한 '표준적인' 정보는 Jean-Baptiste Du Halde의 저서 속에 담겨 있다. 《중국과 중국 달단 지방의 지리적·역사적·연대기적·정치적·물리적 기술》, 전4권, 파리, 1735. 볼테르는 중국의 지혜와 훌륭한 통치라는 주제에 관해 많은 것을 연구한 철학자들 가운데 한 사람이다. (특히 《민족들의 풍습과 정신에 관한 시론》, 1756, 1769년 결정판에서.)

107) Alexis de Tocqueville, 《구제도와 혁명》(1856), 3책, 제3장.

108) Jacques Decornoy, 《황화론, 백색 공포》, 파리, 1970. Lucian Boia, 《세계의 역사. 끝없는 역사》, p.180-182.

109) Lucian Boia, 《천사와 금수 사이》, p.25-30.

110) '중심'은 신성성이 강하게 배어 있는 원형적 상징 형태이다. '중심'의 상징체계에 관해서는 Mircea Eliade의 적절한 고찰을 참조. 《이미지와 상징. 마술적-종교적 상징체계에 관한 시론》, 갈리마르, 파리, 1952.

111) François Hartog, 《헤로도토스의 거울. 타자의 표상에 관한 시론》, 갈리마르, 파리, 1980.

112) Ibn Khaldoun, 《세계사 총론(뮈카디마)》(1375), Jean Bodin, 《공화국의 여섯 권의 책》(1576).

113) François Hartog, 앞의 책. Monique Mund-Dopchie, 〈시아포드[거대한 다리 하나만 지닌 인간]와 시노세팔레스[개의 머리를 한 인간]를 중심으로: 고대인이 지닌 상상력의 세계에서 주변부〉, in 《부쿠레슈티대학 연대기》, 이스토리에, 1992, p.31-39. Lucian Boia, 《천사와 금수 사이》, p.43-56.

114) Zoe Petre, 〈잘모시스의 신화〉, in 《부쿠레슈티대학 연대기》, 이스토리에, 1993-1994, p.23-36.

115) '이국적인' 타자에 관해서는 Mondher Kilani, 《타자의 창안. 인류학적 담론에 관한 시론》, 페이요, 로잔느, 1994. 그리고 Bernard McGrane, 《인류학을 넘어서. 사회와 타자》, 컬럼비아대학출판부, 뉴욕, 1989 참조.

116) Joseph Deniker, 《지구의 인종과 민족들》, 파리, 1900. (유럽에서 확인된 여섯 개의 주요 인종과 네 개의 이차적 인종.) 또한 Lucian Boia, 《천사와 금수 사이》, p.177.

117) Mondher Kilani, 앞의 책, p.29.

118) 〈타자의 이미지: 외국인, 소수파, 소외된 자들〉, in 제16차 역사과학 국제회의록, 1권, 슈투트가르트, 1985, p.60-106.

119) Françoise Bériac, 《중세 문둥병자들의 역사. 제외된 자들의 사회》, 이마고, 파리, p.141-142. 이단자-유태인-문둥병자로 이루어진 아말감에 대해서는 Robert I. Moore, 《박해. 유럽에서의 형성(10-13세기)》, 레 벨 레트르, 파리, 1991 참조.

120) Michel Foucault, 《광기와 문명. 고전주의 시대 광기의 역사》·《감시와 처벌: 감옥의 탄생》.

121) Louis Chevalier, 《19세기 전반, 파리에서의 힘들고 위험한 계급》, 플롱, 파리, 1958.

122) 19세기 범죄성에 대한 상상력의 세계는 Pierre Darmon이 《좋은 시대의 의사들과 살인자들》에서 부각시키고 있다.

123) '선량한' 산악 주민과 '불량한' 산악 주민에 대해서는 Mondher Ki-lani의 논증을 참조. in 《인류학 입문》, 페이요, 로잔느, 1992, p.240-242.

124) 이와 관련하여 《프티 라루스》 최근판에 나오는 '인종' 항목을 참조하면 이렇게 기술되어 있다. "유전학의 진보는 오늘날 인종 분류의 모든 시도를 거부하도록 이끌고 있다."

125) Michel Maffesoli, 《종족들의 시대. 대중 사회에서의 개인주의의 쇠퇴》, 르 리브르 드 포슈, 파리, 1991(초판 1988), p.15 및 223.

126) Pierre Darmon, 《옛 프랑스에서의 여성의 신화》, 쇠이유, 파리, 1983, p.20.

127) Jean Delumeau, 《서양에서의 두려움》, p.346-388.

128) Pierre Darmon, 앞의 책, p.181-185.

129) '근본적인 이타성'과 이것이 발현되는 범위에 대해서는 《천사와 금수 사이》, p.13-42 참조.

130) Lucian Boia, 〈섬, 낯설음의 장소〉, in 《상상력의 세계 평론집》, 10권, 라르마탕, 파리, 1994, p.55-65.

131) Jacques Le Goff, 〈중세 서양과 인도양: 몽상적 지평〉, in 《또 다른 중세를 위하여》, 갈리마르, 파리, 1977, p.280-298.

132) Lucian Boia, 《천사와 금수 사이》, p.127-130 및 173-186.

133) Mircea Eliade, 《요가. 불멸성과 자유》, 페이요, 파리, 1954. Max

Kaltenmark, 《노자와 도교》, 쇠이유, 파리, 1965.

134) Hésiode, 《노동과 나날》, 110-120행.

135) Ovide, 《변형담》, I, p.2.

136) Mircea Eliade가 특별히 다룬 주제. 특히 《신화의 양상》, p.64-80, 그리고 《근원에 대한 향수》, 갈리마르, 파리, 1970.

137) Mircea Eliade, 《영원한 회귀의 신화》, 갈리마르, 파리, 1949.

138) 《구약성서》, 〈창세기〉, 제2장 8-17절. Jean Delumeau, 《환희의 낙원》, p.11-12.

139) Isidor de Séville, 《어원 또는 기원에 관한 책》, XX, XIV, 3, 2 및 3.

140) 중세 지도 위의 지상낙원 표시에 관해서는 W. G. L. Randles, 앞의 책, p.16-17 참조. 모범적인 지도의 하나는 《헤리퍼드의 지구전도》(1300)이다. 국립도서관, 지도 및 약도과 복사.

141) 《낙원을 찾아서 떠난 성 브렌던의 경이적인 여행, 9세기 라틴계의 전설》, Paul Tuffrau의 새로운 편집, 라르티장 뒤 리브르, 파리, 1925. Francis Bar, 《다른 세계로 가는 길들. 지옥에의 하강 및 내세 여행》, 퓌프, 파리, 1946.

142) Christiane Deluz, 《존 맨더빌 경의 책. 16세기의 지리》, 루뱅 라 뇌브, 1988, p.181.

143) 《크리스토퍼 콜럼버스 전집》, p.234-235.

144) Monique Mund-Dopchie, 앞의 책.

145) André Miquel, 《11세기 중엽까지 이슬람교 세계의 지리》, 제2권 《아랍의 지리와 세계의 묘사》, 파리-헤이그, 1975.

146) 이에 관해서는 앞서 인용한 Jacques Le Goff, 《중세 서양과 인도양: 몽상의 지평》 참조.

147) 엘도라도의 기록 자료는 Jorge Magasich Airola 및 Jean Marc de Beer의 책에 종합적으로 제시되어 있다. 《마법의 아메리카》, 오트르망출판사, 파리, 1994, '황금의 고장'이라는 제목이 붙은 장, p.95-129.

148) 타히티인의 신화에 관한 풍부한 기록물은 Éric Vibart, 《타히티, 계몽주의 세기 낙원의 탄생》, 콩플렉스출판사, 브뤼셀, 1987.

149) 이와 같은 진정한 사랑의 종교에 관해서는 Louis-Antoine de Bougainville이 타히티에서 받은 최초의 인상을 담은 《프리깃함 라 부되즈와 수송선 레투알르의 세계 여행》, 라 데쿠베르트, 파리, 1989, p.157-158 참조.

150) David Lodge, 《낙원의 소식》, 리바주/포슈, 파리, 1994, p.103-106.

151) Gilles Lapouge, 《유토피아와 문명》, 플라마리옹, 파리, 1978, p.42.

152) 같은 책, 〈수도원의 평화 속에서〉, p.73-80.

153) Platon, 《공화국》, in 《전집》, 4권, 가르니에, 파리, 1958. 특히 Robert Baccou의 《서문》, p.LII-LVII.

154) Diodore de Sicile, 《세계사》, II, LV-LX.

155) Raymond Trousson, 앞의 책, p.143-155.

156) 파라과이의 역사에서 이 유토피아적 시기에 관해 당시에 나온 두 저서가 있다. Lodovico Antonio Muratori, 《파라과이의 포교단 관계》, 보르들레, 파리, 1754(이탈리아 원문 번역), 그리고 Pierre-François-Xavier de Charlevoix, 《파라과이의 역사》, 3권, 디도, 파리, 1756. 예수회 수사들이 구체화시킨 유토피아적 해결책을 지닌 것으로 추정되는 우수성은 18세기와 19세기 철학자들 사이에 전적인 논쟁을 유발했다. 또한 Gilles Lapouge, 앞의 책, p.177-182 참조.

157) Jacques Godechot, 〈국가적 공간의 재구축〉, in 《혁명 동안의 프랑스 국가》, Michel Vovelle 책임편집, 라 데쿠베르트, 파리, 1988, p.326-331.

158) Lucian Boia, 《상상력을 통한 공간의 탐험》, 특히 p.83-101.

159) Étienne Cabet, 《이카리아 여행》(1842: 1848년까지 5판). 또한 Raymond Trousson의 고찰 참조. 앞의 책, p.192-196.

160) Lucian Boia, 《세계의 종말. 끝없는 역사》, p.159-163. 유토피아에서 반유토피아로의 이동에 관해서는 Mark R. Hillegas, 《악몽으로서의 미래. H. G. 웰스와 반유토피아 주창자들》, 카본데일 앤드 에드워즈빌, 1967을 참조할 수 있다.

161) 천복년설에 관해서 특히 참고해야 할 책은 Norman Cohn, 《천복년설의 추구》, 세커 앤드 워버그, 런던, 1957(프랑스역: 《종말론의 열광자들》, 페이요, 파리, 1983). Henri Desroche, 《인간의 신들. 그리스도교 시대의 구세주 신앙과 천복년설 사전》, 무통, 파리-헤이그, 1969. 그리고 Jean Delumeau, 앞서 인용한 책, 《천년의 행복》이 있다.

162) 마르크시즘의 천복년설적 본질은(다른 범위에서 나치즘의 본질과 마찬가지로) Norman Cohn(앞의 책)과 Mircea Eliade(《신화의 양상》, p.88-89)에 의해 고찰되었다. 우리는 이와 같은 접근을 《공산주의의 과학적 신화》에서 전개했다.

163) Gilbert Durand, 《상상력의 세계가 지닌 인류학적 구조》, p.424.

164) 이런 유의 착상을 담은 책들을 인용해 보자. Auguste Comte, 《실증철학강의》, 1830-1842. Henri Thomas Buckle, 《영국 문명사》, 1857-1861. Louis Bourdeau, 《역사와 역사가들. 실증과학으로 간주된 역사에 대한 비판적 시론》, 1888.

165) Hayden White, 《19세기 유럽의 역사적 상상력》, 존스홉킨스대학출판

부, 볼티모어-런던, 1973.

166) Peter Burke, 〈사건들의 역사와 이야기체의 부활〉, in 《역사 쓰기의 새로운 전망》(Peter Burke 책임편집), 펜실베이니아대학출판부, 1992 및 1993, p.233-248.

167) Hervé Coutau-Bégarie, 《'새로운 역사' 현상. 새로운 역사가들의 전력과 이데올로기》, 에코노미카, 파리, 1983. 《아날학파의 위대함과 쇠퇴》라는 제목으로 완전히 개정한 제2판, 1989.

168) Laurent Mattiussi, 〈로마 제국에 대한 로마인의 역사기술에 있어서 경이로운 것의 기능〉, in 《역사기술의 역사》, 자카 북, 밀라노, 13, 1988, p.3-28.

169) Suétone, 《열두 카이사르의 삶》, 2, 80.

170) Pierre Tulard, 《나폴레옹의 신화》, 아르망 콜랭, 파리, 1971.

171) Voltaire, 《카를 12세의 역사》, 1731. 《표트르 대제 치하의 러시아 역사》, 1759-1763.

172) 우리는 루이 11세를 다룬 Paul Murray Kendall의 책이 프랑스에서 거둔 놀라운 성공을 진정한 '전환점'으로 간주한다. (이 책은 1971년에 영어판으로 출간되었고, 프랑스에서 1974, 1976, 1977, 1978, 1983-84, 1995년 등 여러 판이 출간되었다.)

173) '네 개의 왕국' 이론(〈다니엘서〉에 표명된)은, 세계사를 아시리아-바빌로니아 · 페르시아 · 그리스-마케도니아 · 로마로 이어지는 제국들로 요약했다. 로마 제국이 상상력의 세계에서 영속되고 있는 현상에 관해서는 필자의 책, 《세계의 종말. 끝없는 역사》, p.35-53, 86 및 90-92이 있다.

174) 예를 들어 인종적 해석에 대해서는 Anthony Smith, 《민족들의 인종적 기원》, 블랙웰, 옥스퍼드-케임브리지(마스), 1986 참조. 프랑스 모델과 일치하는 반대 의견에 대해서는 Dominique Schnapper, 《시민 공동체, 민족의 근대적 개념에 관하여》, 갈리마르, 파리, 1994 참조.

175) Ernest Renan, 《민족이란 무엇인가?》, 칼만 레비, 파리, 1882. "인종적 고려는 근대 민족들의 형성에서 아무런 쓸모가 없었다. 프랑스는 켈트족 · 이베리아족 · 게르만족으로 이루어져 있다."(p.15) "언어는 통합을 요청한다. 그렇지만 그것은 통합을 강요하지 않는다."(p.19-20) "하나의 민족은 하나의 영혼이고, 하나의 정신적 원리이다."(p.26) 그렇지만 '조상'과 '기억' 속에는 어떤 역할이 인정된다.(p.26)

176) Johann Gottlieb Fichte, 《독일 국민에게 고함》, 오비에 몽테뉴, 파리, 1975, p.275.

177) Jules Michelet, 《세계사 입문》, 3판, 아쉐트, 파리, 1843. 저자는 논리와 역사를 통해 동일한 결론에 도달했다. 그것은 "그의 영광스러운 조국

이 이제부터 인류가 탄 배의 조종사이다"라는 것이다. p.VI.

178) 리스트와 조베르티의 논지에 관한 자세한 내용은 Georges Weill, 《19세기 유럽과 민족성의 관념》('인류의 변화' 총서), 알뱅 미셸, 파리, 1938, p.99 및 117-122 참조.

179) 19세기 러시아 역사기술에서 슬라브족 편애의 흐름에 대한 훌륭한 지침은 《역사과학사전》(앙드레 뷔르기에르출판사)에 나오는 W. Berelowitch의 '러시아/구소련'이란 글(p.616-618)을 참조.

180) 전통적인 건국 신화에 대한 우리의 고찰은 Marcel Détienne가 지도한 조사에 많은 덕을 보고 있다. 《건국의 윤곽》, 피터스, 루뱅 파리, 1990.

181) 건국의 원리로서, 사냥에 관해서는 기본적으로 Mircea Eliade의 에세이를 참조. 〈드라고시 왕자와 의식적인 사냥〉, in 《잘모시스로부터 징기스칸까지》, 페이요, 파리, 1970, p.131-161.

182) Claude-Gilbert Dubois, 《켈트인들과 갈리아인들》, J. 브랭, 파리, 1972. Michael Edwards, 〈아서 왕의 전설과 역사에 대한 신화적 독서〉, in 《역사기술의 역사》, 14, 1988, p.23-35.

183) Claude-Gilbert Dubois, 같은 책, p.25-28.

184) Elise Marienstras, 《미국인의 건국 신화. 독립기(1763-1800) 미국에서 이데올로기적 담론에 관한 에세이》, 마스페로, 파리, 1976, p.59.

185) Christian Amalvi, 《프랑스 역사의 영웅들을 우대하는 기술과 방법에 대하여. 민족 신화에 대한 에세이》, 알뱅 미셸, 파리, 1988. (〈웨르킨게토릭스 또는 민족적 기원의 이데올로기적·문화적 변모〉, p.51-87.)

186) Lucian Boia, 〈루마니아의 역사적 신화(19세기 및 20세기)〉, in 《부쿠레슈티대학 연대기》, 이스토리에, 1993-1994, p.3-22. 보다 자세한 정보를 위해서는 Lucian Boia, 《루마니아 콘스틴타에서의 역사와 전설》, 후마니타스, 부쿠레슈티, 1997 참조.

187) Ferdinand Keller, 《스위스와 다른 유럽 지역의 호수 주거들》, 롱맨스, 런던, 1866.

188) Henri Pirenne, 《기원에서 오늘날까지의 벨기에 역사》, 라 르네상스 드 리브르, 브뤼셀(날짜 없음), 1권, p.37.

189) Amédée Thierry, 《아틸라와 그의 후계자들의 역사》, 전2권, 디디에, 파리, 1856. (오래 된 책이나 신화 부분이 유용한 책이다.) 또한 《아틸라: 5세기 서유럽에서 도나우 강 유역의 영향》, 노르망디 박물관, 캉, 1990에서도 흥미로운 정보를 만날 수 있다.

190) Michael Edwards, 앞의 책.

191) Léon Wandermeersch, 〈중국 역사 속의 미래를 점치는 상상력의 세

계〉, in 《역사기록의 역사》, 14, 1988, p.12-22.

192) 순환적 이론들에 관해서는 Mircea Eliade, 《영원한 회귀의 신화》, 그리고 필자의 책 《세계의 종말. 끝없는 역사》를 참조. 고대의 순환적 역사와 진보를 중심으로 한 논쟁에 관해서는 다음 책들을 참고할 것. Roger Caillois, 〈순환적 시간과 직선적 시간〉, in 《디오게네스》, 42, 1963, p.3-14. Arnaldo Momigliano, 〈고대 역사기술에서의 시간〉, in 《역사와 이론》, 비헤프트, 6, 1966, p.1-23. Pierre Vidal-Naquet, 〈신들의 시간과 인간들의 시간〉, in 《검은 사냥꾼》, 마스페로, 파리, 1983, p.69-94.

193) Polybe, 《역사》, VI, 5. Polybe는 플라톤이 《정치와 법》에서 표현한 순환적 역사와 '큰 해(grande année)'에 관한 고찰에서 주로 영감을 얻고 있다.

194) Mircea Eliade, 《신화의 양상》, p.83-84 및 204-206. Lucian Boia, 《세계의 종말. 끝없는 역사》, p.40-44 및 55-58. 특히 중세의 시간 개념에 대해서는 Bernard Guenée, 《중세 서양에 있어서의 역사와 역사문화》, 오비에, 파리, 1980, p.147-165. 진보의 관념이 변화해 온 역사에 관해서는 John Bagnell Bury의 고전적 책, 《진보의 관념》, 런던, 1920 참조.

195) 한 민족이 이와 같이 신화적으로 양분된 현상을 Christian Amalvi는 탁월하게 분석하고 있다. 〈두 프랑스의 신화가 지닌 토대와 역사기술적 해석에 관한 연구〉, 《역사기술의 연구》(Lucian Boia 책임편집), 부쿠레슈티 대학, 1985, p.193-216.

196) 그리하여 《공산주의의 과학적 신화》에서 우리는 과거가 이중적으로 재표명되고 있음을 확인했다. 첫번째는 '국제주의적인' 양상에 해당하고, 두번째는 이러한 정치적 현상이 점차 '민족주의적인' 방향으로 이동하는 것에 해당한다.

197) 이러한 고찰은 루마니아어로 출간되고, 이미 인용한 《과거와의 유희》의 논거들을 요약하고 있다.

198) 이에 관한 조사는 Marc Ferro의 저서 《어떻게 아이들에게 역사를 이야기하는가》, 페이요, 파리, 1981 참조.

199) Raoul Girardet, 《정치적 신화와 신화체계》, 쇠이유, 파리, 1986, '황금시대'라는 제목의 장, p.97-138.

200) 같은 책, p.113.

201) 중세 역사의 여러 가지 재구성에 관해서는 Christian Amalvi, 《중세에의 취향》, 플롱, 파리, 1996 참조.

202) Lucian Boia, 《공산주의의 과학적 신화》, '역사의 재창조'라는 제목의 장, p.77-100.

203) 어린이 영웅의 신화적 이미지에 관한 흥미 있는 분석을 Stéphane Au doin-Rouzeau가 제시한다. 《어린이들의 전쟁. 문화사 에세이, 1914-1918》, 아르망 콜랭, 파리, 1993.

204) Raoul Girardet, 앞의 책, '구제자'라는 제목의 장. p.63-95.

205) André Reszler는 '집단적 영웅'의 유형과 역사적 기능을 적절히 강조하고 있다. 《근대의 정치적 신화》, 퓌프, 파리, 1981, p.201-204.

206) 이에 관해서는 Dieter Groh의 탁월한 글, 〈음모이론의 유혹〉, in 《역사기술의 역사》, 14, 1988, p.96-118 참조.

207) Jean Delumeau, 《서양에서의 공포》, p.232-388. Robert I. Moore, 《학대》.

208) John Kenyon, 《로마가톨릭에 대한 음모》, 하먼즈워드, 1974. René Pillorget, 〈17세기 영국인의 상상력의 세계에서 로마가톨릭에 대한 음모〉 in 《역사기술의 역사》, 14, 1988, p.119-135.

209) Lucian Boia, 《공산주의의 과학적 신화》, p.68-69.

210) Christian Amalvi, 《프랑스 역사의 영웅들을 화해시키는 기술과 방법론》, p.396에서 재인용.

211) Raoul Girardet, 앞의 책, '음모'라는 제목의 장, p.25-62.

212) Norman Cohn, 《한 신화의 역사: 유태인의 '음모'와 '시온 산 현인들의 협정서'》, 갈리마르, 파리, 1992.

213) Dieter Groh, 앞의 책, 〈표트르 대제의 정치적 유언: 음모 주장의 최초 날조〉그리고 〈카를 마르크스와 유럽 지배를 목표로 하는 러시아의 계획〉에 관한 대목들, p.114-117.

214) Jacques Decornoy, 앞의 책.

215) Johann Gottfried Herder, 《인류사의 철학에 대한 이념》(Edgar Quinet 번역), 1권, 파리, 1834, p.42-44.

216) 제16차 역사과학국제회의록에는 자연적 경계에 관한 흥미 있는 자료가 있다. 1권, 슈투트가르트, 1985, p.315-350. ('산·강·사막·숲은 장벽인가, 수렴 기준축인가?')

217) 오스트리아-헝가리에 대한 향수적이고 다분히 이상적인 환기는 《빈-부다페스트, 1867-1918. 두 황금시대, 두 비전, 하나의 제국》에 나타나 있다. Dieter Hornig 및 Endre Kiss 책임편집, 오트르망출판사, 파리, 1996.

218) André Reszler, 앞의 책, p.209-213.

219) Jean-Pierre Sironneau, 《세속화와 정치적 종교들》, 무통, 파리-헤이그, 1982. Claude Rivière, 《정치적 의식》, 퓌프, 파리, 1988.

220) Cornelius Castoriadis, 《상상력에 의한 사회의 설립》, 쇠이유, 파리,

1975. "우리는 마르크스의 역사철학을 더 이상 유지할 수 없다."(p.51) "살아 있는 존재는 새로운 상황에 새로운 답을 줄 수 있고, 나아가 동일한 상황에 새로운 대답을 줄 수도 있으며, 새로운 상황을 창조할 수도 있기 때문에 단순한 메커니즘을 뛰어넘는다."(p.61) "역사는 결정론적인 도식에 따라, (그리고 단순한 '변증법적' 도식에 따라서도) 사유될 수 없다. 왜냐하면 역사는 창조의 영역이기 때문이다."(p.61) "근대 세계의 삶은 아주 오래된, 또는 역사적 문화들 가운데 어느것 못지않게 상상력의 세계에 속한다."(p.218)

참고 문헌

상상력의 세계가 펼치는 영역은 거의 무한하다. 약식 참고 문헌의 범
주 내에서, 우리가 본 연구에 기여한 것으로 고려할 수 있었던 책의 숫
자는 제한적일 수밖에 없다. 우리는 가장 최근의 저서들에, 다시 말해 어
쨌든 우리의 방법과 가장 가까운 저서들에 무게를 두었다. 그것들은 우선
적으로 우리 나름의 종합을 구축할 수 있도록 도움을 준 저작물들이다.
텍스트 속에 인용된 몇몇 저서들은 가스통 바슐라르 · 장 폴 사르트르 ·
로제 카이유와같이 상상력의 세계를 파헤친 개척자들의 작품이므로 참고
문헌에는 다시 들어가지 않았다. 상상력의 세계와 부분적으로만 관계되
는 일부 책들도 마찬가지이다.

■ 본서 집필에 이론적 기여를 한 기본서

Gilbert Durand, *Les Structures anthropologiques de l'imaginaire*, PUF,
Paris, 1960(IIe édition, Dunod, Paris, 1992). 본서에 가장 실질적인 기여를
하였다.

Gilbert Durand, *L'Imaginaire. Essai sur les sciences et la philosophie de
l'image*, Hatier, Paris, 1994. 이 책은 저자의 오랜 연구활동 동안의 사상적
변화를 알려 주는 간단한 종합서이다.

Jean-Jacques Wunenburger, *L'Imagination*, PUF, 〈Que sais-je?〉, Paris,
1991. 전체적 조망을 제공한다.

Joel Thomas, *Introduction aux méthodologies de l'imaginaire*, Ellipses,
Paris, 1988. 최근에 나온 편저이다.

Jean-Bruno Renard et Patrick Tacussel, 〈La sociologie de l'Imaginai-
re〉, *Analele Universitatii Bucuresti*, istorie, 1991, p.23-42.

Jean-Bruno Renard, *Pour une sociologie du merveilleux*, Université
Paul-Valéry, Montpellier, 1996. 교수자격 취득 논문이다.

■ 상상력의 세계사

Évelyne Patlagean, 〈L'Histoire de l'imaginaire〉, *La Nouvelle Histoire*
(Jacques Le Goff, Roger Chartier et Jacques Revel), Retz, Paris, 1978,
p.249-269. 최초의 이론적 시도를 하였다.

Jacques Le Goff, *L'Imaginaire médiéval*, Gallimard, Paris, 1985. 중세

상상력의 세계와 일반적 차원에서 역사적 상상력의 세계를 다룬 기본
서이다.

Michel Cazenave, *Histoire et imaginaire*, Paris, 1986. 프랑스 문화방송
인터뷰를 담은 책. 역사와 상상력의 세계라는 주제에 대해 발표된 여러 의
견들을 모았다. 그 가운데 Jacques Le Goff의 〈Histoire et imaginaire〉와
Gilbert Durand의 〈Structures et récurrences de l'imaginaire〉는 이 분야
의 전문가로서 대가인 이들의 개별적 입장을 드러내 준다.

Alain Corbin, *Le Territoire du vide. L'Occident et le désir du rivage
(1750-1840)*, Aubier, Paris, 1988, 1990. 이 책은 상상력의 세계에 대한 하
나의 역사적 모델을 제안하고, 이를 간단한 이론적 설명을 통해 옹호한다.

Lucian Boia, 〈Vers une histoire de l'imaginaire〉, *Analele Universitatii
Bucuresti*, istorie, 1991, p.3-22. 이 논문은 본서의 출발점을 구성한다.

■ 상상력의 세계와 가까운 정신현상

Geoffrey E. R. Lloyd, *Pour en finir avec les mentalités*, La Découve-
rte, Paris, 1993. 정신현상이란 개념에 매우 비판적이다. 저자는 고대 그
리스 사회와 마찬가지로 현대 사회를 특징짓는 학문-종교-마법의 혼합상
태를 강조한다. (이로 인해 하나의 시기나 문화에 한정된 특수한 정신현상을
규정하기가 어렵다.) 이 책은 또한 과학적 방법과 사회-정치적 맥락 사이
의 관계를 연구하는 데 기본서이다.

■ 일반적 차원에서의 신화

Mircea Eliade, *Aspects du mythe*, Gallimard, Paris, 1963. 기본서이다.

Marcel Détienne, *L'Invention de la mythologie*, Gallimard, Paris, 1981.
저자는 신화의 해석과 동시에 관련된 연구 변화에 대한 해석도 제시한다.

Bernard Deforge, *Le Commencement est un dieu. Un itinéraire myth-
ologique*, Les Belles Lettres, Paris, 1990. 이 저서는 매우 유용한 종합을
제시하고 있다. (이 책은 하나의 선언서를 포함하고 있는데, 여기서는 인간
사유에 있어 기간이 만료된 단계라고 볼 수 없는 신화적 사유의 현실성이
주장되며, 고대 우주발생론과 오늘날의 천체물리학자들이 주장하는 빅뱅 사
이에는 근본적 차이가 없다고 주장된다.)

■ 역사 순환에 관한 신화

Mircea Eliade, *Le Mythe de l'éternel retour*, Gallimard, Paris, 1949. 기
본서이다.

Lucian Boia, *La Fin du monde. Une histoire sans fin*, La Découverte,
Paris, 1989. 저자는 온갖 종류의 종말론과 미래의 신화적 이미지들을 다
루고 있다.

■ 신화의 구조와 역사

Georges Dumézil, *L'Idéologie tripartie des Indo-Européens*, Latomus, Bruxelles, 1958. 인도-유럽계의 신화가 지닌 구조들을 명확히 밝힌다.

Georges Dumézil, *Mythe et Épopée*, 3 volumes, Gallimard, Paris, 1981 -1986.

Moses I. Finley, *The World of Odysseus*, New York, 1965; *Le Monde d'Ulysse*, Maspero, Paris, 1969. 실제 역사와 관련된 신화의 독립성이 고대 그리스의 경우에서 증명되고 있음을 보여 준다. 로마 역사에 적용된 신화적 전통도 도시의 실제적 변화와 다르다는 것이 확연히 드러난다.

Jacques Poucet, *Les Origines de Rome. Tradition et histoire*, Publications des Facultés universitaires Saint-Louis, Bruxelles, 1985. 로마 신화와 역사에 관하여 Dumézil의 업적과는 별도로 이용할 수 있다.

Alexandre Grandazzi, *La Fondation de Rome. Réflexion sur l'histoire*, Les Belles Lettres, Paris, 1991. 신화적 전통의 역사성에 가치를 부여함으로써 앞의 견해와 대립된 견해를 표명한다.

Paul Veyne, *Les Grecs ont-il cru à leurs mythes?* Seuil, Paris, 1983. 고대인들이 그들의 고유한 신화와 유지했던 관계를 고찰한다.

Georges Duby, *Les Trois Ordres ou l'imaginaire du féodalisme*, Gallimard, Paris, 1978. Dumézil이 정의한 세 가지 기능으로부터 중세의 신화를 추적한다.

■ 상징

Mircea Eliade, *Images et symboles*, Gallimard, Paris, 1952.

Gilbert Durand, *L'Imagination symbolique*, PUF, Paris, 1964.

Jean Chevalier et Alain Gheerbrant, *Dictionnaire des symboles*, Robert Laffont, Paris, 1969.

Luc Benoist, *Signes, symboles et mythes*, PUF, 〈Que sais-je?〉, Paris, 1975(6ᵉ édition, 1991).

'표상' 개념에 관해서는

Roger Chartier, 〈Le Monde comme représentation〉, *Annales. Économies. Sociétés. Civilisations*, 6/1989, p.1505-1520.

■ 신성한 것

Jean-Jacques Wunenburger, *Le Sacré*, PUF, 〈Que sais-je?〉, Paris, 1981 (2ᵉ édition, 1990). 매우 완벽한 종합을 제시한다.

Mircea Eliade, *Traité d'histoire des religions*, Payot, Paris, 1949. 종교사를 보편적 관점에서 고려한다.

Mircea Eliade, *Histoire des croyances et des idées religieuses*, 3 volumes, Payot, Paris, 1976-1983.

Jacques Le Goff, *La Naissance du Purgatoire*, Gallimard, Paris, 1981. 종교적 상상력의 세계와 사회구조 사이의 밀접한 관계에 관한 모델을 제시한다.

Marc Bloch, *Les Rois thaumaturges*, A. Colin, Paris, 1924(nouvelle édition, Gallimard, 1983). 군주제의 특징적 위력의 하나인 신성성을 연구한 탁월한 저서이다.

■ 지상에서 보내는 여정의 종말과 내세로의 이동

Philippe Ariès, *L'Homme devant la mort*, Seuil, Paris, 1977. 뛰어난 입문서이다.

Claude Lecouteux, *Fées, sorcières et loups-garous au Moyen Âge. Histoire du double*, Imago, Paris, 1992. '분신'에 관한 흥미 있는 입증을 제시한다.

■ 내세

Michel Hulin, *La Face cachée du temps. L'imaginaire de l'au-delà*, Fayard, Paris, 1985. 포괄적 해석을 제시한다.

Georges Minois, *Histoire des enfers*, Fayard, Paris, 1991. 지옥을 다룬다.

Georges Minois, *Histoire de l'Enfer*, PUF, ⟨Que sais-je?⟩, Paris, 1994.

Jean Delumeau, *Une histoire du Paradis. Le jardin des délices*, Fayard, Paris, 1992. 천국에 관한 저서이다.

Jean Delumeau, *Une histoire du Paradis. Mille ans de bonheur*, Fayard, Paris, 1995. 천복년설에 관한 연구이다. 연옥에 관해서는 앞의 Jacques Le Goff의 책을 참조.

■ 상상력의 세계가 분출하는 원천-영역의 방대함을 고려하여 몇몇 전형적인 예들만을 제시하겠다.

Robert Mandrou, *De la culture populaire aux XVII*e* et XVIII*e* siècles. La Bibliothèque bleue de Troyes*, Stock, Paris, 1964. 1975. 대중문학의 해석이 지닌 유용성을 입증한다.

Geneviève Bollème, *La Bibliothèque bleue. La littérature populaire en France du XVI*e* au XIX*e* siècle*, Julliard, Paris, 1971.

초상학적인 자료의 해석은 Émile Mâle이 모범적으로 제시한다.

Émile Mâle, *L'Art religieux de la fin du Moyen Âge en France*, Paris, 1908.

Émile Mâle, *L'Art religieux du XII*e* siècle en France*, Paris, 1992(6*e* édition, 1953).

Erwin Panofsky, *Meaning in the Visual Arts*, New York, 1955. (*L'Œuvre d'art et ses significations. Essai sur les 〈arts visuels〉*, Gallimard, Paris, 1969.) 저자의 많은 책들 가운데 가장 이론적이다.

Georges Duby, *Le Temps des cathédrales. L'art et la société. 980-1420*, Gallimard, Paris, 1976. 이미지와 역사적 맥락의 관계에 관한 기본서이다.

Maurice Agulhon, *Marianne au combat. L'imagerie et la symbolique républicaines de 1789 à 1880*, Flammarion, Paris, 1979. 마리안느(프랑스 공화정의 애칭)의 이미지에 관한 해석의 좋은 예이다.

Iconographie et histoire des mentalités, CNRS, Paris, 1979. 이미지에 관한 방법론적 논문집이다.

Les Historiens et les sources iconographiques, CNRS, Paris, 1981. 같은 유형의 논문집이다.

■ 영화와 역사

Marc Ferro, *Cinéma et Histoire*, Denoël, Paris, 1977.

Rapports du XVᵉ Congrès International des Sciences historiques, vol I, Stuttgart, 1985, 〈Film and History〉, p.180-239 부분 참조. (특히 Karsten Fledelius의 논문 〈영화와 역사-테마 입문〉.) 역사과학국제회의록이다.

■ 이미지와 구전된 역사

André Burguière, *La Nouvelle Histoire*, 1978.

André Burguière, *Dictionnaire des sciences historiques*, PUF, Paris, 1986. 이미지, 구전된 역사, 민중문화 등을 연구한 글들을 포함하고 있다.

New Perspectives on Historical Writing(édition Peter Bruke), The Pensylvania State University Press, 1992, 1993. 구전된 역사와 이미지의 역사를 결산한다.

Gwyn Prins, 〈Oral History〉, p.114-139.

Ivan Gaskell, 〈History of Images〉, p.168-192.

■ 과학과 상상력의 세계와의 관계

Gerald Holton, *L'Imagination scientifique*, Gallimard, Paris, 1981.

Pierre Thuillier, *Le Petit Savant illustré*, Seuil, Paris, 1980.

Lucian Boia, *L'Exploration imaginaire de l'espace*, La Découverte, Paris, 1987. 천문학에 관한 상상력의 세계라는 특별한 분야를 다룬다.

Lucian Boia, *La Mythologie scientifique du communisme*, Paradigme, Caen, 1993. '과학적' 공산주의와 이것의 합리적 선례들을 검토한다.

Josiane Olff-Nathan, *La Science sous le Troisième Reich*, Seuil, Paris,

1993. 나치즘하에서의 과학의 변질을 다룬다.

■ 과학의 통속화에 관한 주제와 수단

Bruno Béguet, *La Science pour tous. Sur la vulgarisation scientifique en France de 1850 à 1914*, Bibliothèque du Conservatoire National des Arts et Métiers, Paris, 1990.

■ 초과학

Pierre Lagrange, ⟨Les Parasciences selon l'épistémologie: des savoirs sans méthode⟩, *Analele Universitatii Bucuresti*, istorie, 1991, p.101-110.

■ 다소 과학적인 기원을 지닌 현대의 신화

Véronique Campion-Vincent, Jean-Bruno Renard, *Communications: Rumeurs et légendes contemporaines*, vol. 52, Seuil, Paris, 1990.

Véronique Campion-Vincent, Jean-Bruno Renard, *Légendes urbaines. Rumeurs d'aujourd'hui*, Payot, Paris, 1992.

■ 합리주의와 비합리주의

E. R. Dodds, *The Greeks and the Irrational*, Berkeley, 1951. (*Les Grecs et l'Irrationnel*, Montaigne, Paris, 1965: nouvelle édition, 1977.) 우리가 개략적으로 시도한 고대 그리스와 현대 합리주와 비합리주의의 대조는 이 책에서 영감을 얻은 것이다.

■ 이타성

Rapports du XVIe Congrès international des Sciences historiques, L'Image de l'autre: étrangers, minoritaires, marginaux 부분, vol. I, Stuttgart, 1985, p.60-106. (특히 Hélène Ahrweiler의 ⟨L'image de l'autre et les mécanismes de l'altérité⟩, Bronislaw Geremek의 ⟨L'image de l'autre: le marginal⟩, Joseph Ki-Zerbo의 ⟨L'image de l'autre. Regard sur l'Afrique et regard africain⟩ 논문을 참조.)

François Hartog, *Le Miroir d'Hérodote. Essai sur la représentation de l'autre*, Gallimard, Paris, 1980. 고전주의 고대 문명에서 이타성의 공간적 체계를 분석한다.

■ 배척된 자들

Robert I. Moore, *La Persécution. Sa formation en Europe(Xe-XIIIe siècle)*, Les Belles Lettres, Paris, 1991.

Françoise Bériac, *Histoire des lépreux au Moyen Âge. Une société d'exclus*, Imago, Paris, 1988.

Michel Foucault, *Folie et déraison. Histoire de la folie à l'âge classique*, Gallimard, Paris, 1961.

Michel Foucault, *Surveiller et punir. Naissance de la prison*, Gallimard, Paris, 1975.

Louis Chevalier, *Classes laborieuses et classes dangereuses à Paris pendant la première moitié du XIXᵉ siècle*, Plon, Paris, 1958.

■ '상상력을 통한 여자'

Pierre Darmon, *Mythologie de la femme dans l'ancienne France*, Seuil, Paris, 1983.

Jean Delumeau, *La Peur en Occident(XIVᵉ-XVIIIᵉ siècles)*, Fayard, Paris, 1978. '사탄의 대리인'으로 간주된 여자를 세밀하게 다룬다.

■ '근본적 이타성'의 메커니즘

Lucian Boia, *Entre l'Ange et la Bête. Le mythe de l'Homme différent de l'Antiquité nos jours*, Plon, Paris, 1995.

■ 이타성에 관한 인류학적 시각

Bernard McGrane, *Beyond Anthropology. Society and the Other*, Columbia University Press, New York, 1989.

Mondher Kilani, *L'Invention de l'autre. Essais sur le discours anthropologique*, Payot, Lausanne, 1994.

Michel Maffesoli, *Le Temps des tribus*, Librairie des Méridiens, Paris, 1988(nouvelle édition, 1991). 현 경향에 대한 사회학적 분석을 제시한다.

Jacques Le Goff, 〈L'Occident médiéval et l'océan Indien: un horizon onirique〉, *Pour un autre Moyen Âge*, Gallimard, Paris, 1977, p.280-298. 황금시대와 천국에 대한 중세의 인식과 타자의 이미지 이해를 위해 필수적이다.

■ 유토피아에 관한 담론 분석(황금시대와 천복년설과의 관계)

Jean Servier, *Histoire de l'utopie*, Gallimard, Paris, 1967(nouvelle édition, 1991.)

Gilles Lapouge, *Utopie et civilisation*, Flammarion, Paris, 1978.

Jean-Jacques Wunenburger, *L'Utopie ou la crise de l'imaginaire*, Jean-Pierre Delarge, Paris, 1979.

Raymond Trousson, *Voyages aux pays de nulle part. Histoire littéraire de la pensée utopique*, Editions de l'Université de Bruxelles, 1975. 유토피아 문학에 대한 자세한 설명이 실려 있다.

■ 천복년설

Norman Cohn, *The Pursuit of the Millenium*, Londres, 1957(version française: *Les Fanatiques de l'Apocalypse*, Julliard, Paris, 1962). 이 주제에

관해 이미 고전이 된 저서이다.

Jean Delumeau, *La Peur en Occident. Mille ans de bonheur.* 앞서 언급하였다.

Lucian Boia, *La Fin du Monde.* 앞서 언급하였다.

■ 역사적 담론의 문학적 양상과 이데올로기적 의미

Hayden White, *Metaphysique. The Historical Imagination in Nineteenth-Century Europe*, The Johns Hopkins University Press, Baltimore and London, 1973.

Peter Burke, 〈History of Events and the Revival of Narrative〉, *New Perspectives on Historical Writing*, p.233-248. 서술의 회귀, 그리고 역사와 역사소설의 접근에 대한 결산을 제시한다.

Hervé Coutau-Bégarie, 〈*Nouvelle Histoire*〉, *Le Phénomène*, Economica, Paris, 1983. 현대 프랑스의 역사기술이 드러내고 있는 이데올로기적 좌표를 규정한다.

■ 역사에 대한 고대의 고전주의적 견해에서 경이로운 것의 존재

Laurent Mattiussi, 〈La fonction du merveilleux dans l'historiographie romaine de l'empire〉, *Storia della Storiografia*, 13, Jaca Book, Milan, 1988, p.3-28. 주제에 대한 명쾌한 안내 논문이다. *Storia della Storiografia*, 14집은 역사적 상상력의 세계만을 다룬 특집이다.

Léon Vandermeersch, 〈L'imaginaire divinatoire dans l'histoire en Chine〉.

Michael Edwards, 〈La légende arthurienne et la lecture mythique de l'Histoire〉.

René Pillorget, 〈Le complot papiste dans l'imaginaire anglais au XVIIᵉ siècle〉. 우리가 자주 인용한 인물들이다.

■ 건국 신화

Marcel Détienne, *Tracés de fondation*, Peeters, Louvain-Paris, 1990.

Mircea Eliade, 〈Le prince Dragos et la chasse rituelle〉, le recueil *De Zalmoxis à Gengis-Khan*, Payot, Paris, 1970, p.131-171. 흥미 있는 유형학을 확인하며 건국 원리로서 간주된 동물의 추적을 다루고 있다.

Claude-Gilbert Dubois, *Celtes et Gaulois au XVIᵉ siècle. Le développement littéraire d'un mythe nationaliste*, J. Vrin, Paris, 1972. 르네상스 시대의 건국 신화를 다룬다.

Elise Marienstras, *Les Mythes fondateurs de la nation américaine*, Maspero, Paris, 1976. 미국의 기원에 관한 상상력의 세계를 다룬 기본서이다.

■ 민족주의와 역사

Boyd C. Shafer, *Le Nationlisme. Mythe et réalité*, Payot, Paris, 1964 (édition originelle américaine: *Nationalisme*, 1955). 민족주의와 역사와의 관계를 분명하게 드러낸다.

Dominique Schnapper, *La Communauté des citoyens. Sur l'idée moderne de nation*, Gallimard, Paris, 1994. 민족의 개념 정의와 이 개념을 둘러싼 논쟁에 관해 필수적인 참고서이다.

Mythe et Nation de la revue *Iris*(Centre de recherche sur l'imaginaire, Université de Grenoble III), 15, 1995.

■ 역사와 이데올로기의 관계

Christian Amalvi, *Les Héros de l'Histoire de France. Recherche iconographique sur le panthéon scolaire de la Troisième République*, Phot'oeil, Paris, 1979. 역사와 이데올로기와의 밀접한 관계를 아주 미묘한 점까지 고려하여 분석한다. 영웅의 운명에 대한 특별한 시각을 드러낸다.

Albin Michel, *De l'art et la manière d'accommoder les héros de l'Histoire de France, Essais de mythologie nationale*, Paris, 1988.

Albin Michel, 〈Recherches sur les fondements et les interprétations historiographiques du mythe des deux France〉, dans *Études d'historiographie* (Lucian Boia), Université de Bucarest, 1985, p.193-216.

Jean Tulard, *Mythe de Napoléon*, Arman Colin, Paris, 1971. 우리 시대의 가장 강력한 개인 신화들 가운데 하나를 다룬다.

Marc Ferro, *Comment on raconte l'Histoire aux enfants*, Payot, Paris, 1981. 학교에서 사용하는 교과서를 조사 연구한다.

■ 정치적 상상력의 세계

André Reszler, *Mythes politiques modernes*, PUF, Paris, 1981.

Raoul Girardet, *Mythes et mythologies politiques*, Seuil, Paris, 1986 (nouvelle édition, 1990).

Lucian Sfez, *La Symbolique politique*, PUF, 〈Que sais-je?〉, Paris, 1988.

Jean-Pierre Sironneau, *Sécularisation et religion politiques*, Mouton, Paris-La Haye, 1982. 정치 현상의 종교적 차원을 명확히 드러낸다.

Claude Rivière, *Les Liturgies politiques*, PUF, Paris, 1988. 정치 의식 전반과 종교 의례와의 관계를 다룬다.

Les Cahiers de l'imaginaire, Privat, Toulouse, 2호, 1988. 정치 분야에서 상상력의 세계를 다룬다. 우리가 특히 참고한 논문은 Michel Miranda 의 〈Le politique comme métamorphose du religieux〉(p.89-98), Claude

Rivière의 〈Liturgies politiques〉(p.111-125)이다.

Stéphane Audoin Rouzeau, *La Guerre des enfants, 1914-1918*, Armand Colin, Paris, 1993. 어린아이의 '영웅화'를 다룬다.

Dieter Groh, 〈La tentation des théories de conspiration〉, *Storia della Storiografia*, 14, 1988, p.96-118. 역사-정치에서 음모의 신화를 연구한다.

Alain Duhamel, *La Politique imaginaire. Les Mythes politiques français*, Flammarion, Paris, 1995. '정치적 편견'의 의미에서 신화의 목록을 제시한다.

Cornelius Castoiadis, *L'Institution imaginaire de la société*, Seuil, Paris, 1975. 사회 생활 속에서 상상력의 세계의 역할을 논증한다.

색 인

역자 후기

    상상력의 세계는 인류가 지나온 역사 전체를 아우르는 광대하고 심원한 시공의 세계이다. 인간이 다른 존재와 차별적 존재로서 자신과 우주에 대해 몽상을 시작한 아득한 옛날부터 과학이 종교화되고 있는 현대에 이르기까지, 그것은 지속적으로 우리의 삶 구석구석에 침투하면서 인간과 세계에 대한 인식과 신비를 확장시켜 왔다.

    오늘날 우리는 사이버 공간에서 무한한 상상력의 날개를 펼 수 있는 전자문명시대에 살고 있다. 인류 역사상 처음으로 로고스를 무기로 하는 과학과 기술이 열어 놓은 매혹적인 무대 위에서 미토스의 꿈과 이상이 현란하게 펼쳐지고 있는 것이다. 이처럼 이성과 감성이 조화와 균형 속에서 시너지 효과를 발휘하며, 새로운 차원으로 인류의 역사를 이끌어 간 적이 있었던가? 금세기초까지의 서양문화사만을 고려한다면, 이 두 개의 능력이 리듬 있게 번갈아 지배하면서 인간의 가능성을 실현해 왔다고 말할 수 있다. 그러나 새로운 밀레니엄을 맞이하면서 지금 우리는 그 둘이 폭발적으로 상승작용을 하는 전대미문의 시대에 살고 있다. 이 첨단과학시대에 개성과 감성이 없다면 경쟁에서 살아남을 수 없다는 것을 생각해 보라.

    하지만 이와 같은 역사의 전진이 시작되는 근원에는 상상력의 세계가 자리잡고 있다. 이성과 감성을 포괄하는 상상력의 세계는 인류 역사의 원동력으로서 인간의 정신 속에 프로그램화되어 있다. 저자는 이렇게 믿으며, 프로그램화된 근본적인 상상력의 세계를 여덟 개의 큰 원형적 구조로 제시한다. 이 구조들이 변화하는 다양한 가치 형태 속에 내재하며, 지속적으로 역사를 이끌어 왔다는 것이다. 그것들은 어떤 초월적 실재에 대한 의식, 영혼(분신)과 내세, 이타성(타자와 여타 문명들), 통일성의 추구, 기원의 현재화, 미래의 해독,

탈주, 대립적인 것들의 투쟁과 보완이라는 형태로 나타난다. 바로 이것들이 시공을 뛰어넘으며, 항구적인 인간 정신의 뼈대를 구성하고, 역사의 날줄과 씨줄을 엮어내는 본질적 힘으로 작용한다는 것이다. 그 기나긴 과정을 더듬어 보면서 그것들의 불변성과 변모의 법칙을 도출하고 확인하는 작업, 이것을 시도하는 것이 상상력의 세계사가 수행하여야 할 기본적 사명이라고 저자는 말한다.

20세기에 이루어진 공산주의와 전체주의의 실험과 좌절, 민주주의의 확산, 현대의 첨단과학이 추구하는 꿈, 종말론의 난무, 외계에 대한 꿈, 문명의 충돌과 전쟁 등으로부터 과거의 모든 문명들이 추구했던 이상에 이르기까지, 상상력의 세계가 지닌 원형적 구조들은 어디에나 은밀하게 기능하면서 역사의 공간을 풍요롭게 채색해 왔다. 그것들은 개인의 차원이든 사회 공동체의 차원이든, 자연 앞에서 문화를 일구어 나가는 일상적인 행동의 원초적 원리를 간직하고 있다. 독자는 저자가 전개하는 논리를 따라가다 보면, 오늘날의 다원적이고 풍요로운 사회를 뿌리에서 지탱해 주는 신화적 세계로 자연스럽게 이동할 수 있고, 동시에 인간에 대한 어떤 정체성을 확인할 수 있을 것이다.

역사학자이자 신화학자인 저자가 내세우는 여덟 개의 원형적 구조는, 상상력의 세계사라는 학문 분야를 새롭게 개척한다는 야심 아래 인간 정신의 중추적 여러 구조들 가운데 임의로 선별한 것이다. 모든 창조가 임의적 발상으로부터 비롯된다는 것을 상기한다면, 이러한 선별은 문제가 되지 않을 것이다. 방대하고 모호한 세계를 학문적으로 접근하면서 독립된 분야로 확립하려는 시도는, 출발부터 여러 문제점들과 논란을 불러일으킬 수도 있다. 그러나 저자 자신이 이와 같은 점을 충분히 인식하고 있으며, 상상력의 세계가 부상하는 시점에서 이 세계에 '최소한의 논리정연함을 부여하는 구조와 원리를 확인하려는' 작업은 정당하다고 생각하고 있다. 역자로서도 저자의 주장에 전적으로 동감하며, 인류 역사를 상상력의 세계라는 또 다른 틀로 읽어보는 재미를 독자와 함께 하고자 한다. 물론 이 책에서 다루는 역사가 서양사를 중심으로 이루어져 있지만, 동양과 관련된 부분도 적지않아 잔잔한 흥미를 돋구고 있다.

졸역에 대한 아낌 없는 질책을 바란다.

2000년 2월 김 웅 권

김웅권

한국외국어대학교 불어과 졸업
프랑스 몽펠리에 3대학 불문학박사
현재 한국외국어대학 불어과 강사
프랑스 파리 3대학 누벨 소르본 앙드레 말로 연구소 연구원
저서: 《앙드레 말로-소설 세계와 문화의 창조적 정복》(어문학사)
논문: 〈앙드레 말로의 《왕도》에 나타난 신비주의적 에로티시즘〉
프랑스 《현대문학지》 앙드레 말로 시리즈 10호
〈앙드레 말로의 《인간의 조건》에서 광인 의식〉(미국 《앙드레 말로 학술지》 27권)
역서: 《심층심리학자 니체》(어문학사)
《이별》(해냄출판사) 《순진함의 유혹》(東文選)
《천재와 광기》(東文選) 《니체 읽기》(東文選) 기타 논문 다수

현대신서
28

상상력의 세계사

초판발행 : 2000년 3월 25일

지은이 : 뤼시앵 보이아
옮긴이 : 김웅권
펴낸이 : 辛成大
펴낸곳 : 東文選
제10-64호, 78. 12. 16 등록
서울 종로구 관훈동 74번지
전화 : 737-2795
팩스 : 723-4518

편집설계 : 韓仁淑

ISBN 89-8038-086-0 94900
ISBN 89-8038-050-X (세트)

【東文選 現代新書】

【完譯詳註 漢典大系】

▨ 說 苑·上	林東錫 譯註	30,000원
▨ 說 苑·下	林東錫 譯註	30,000원
▨ 晏子春秋	林東錫 譯註	30,000원
▨ 西京雜記	林東錫 譯註	20,000원
▨ 搜神記·上	林東錫 譯註	30,000원
▨ 搜神記·下	林東錫 譯註	30,000원
▨ 歷代書論	郭魯鳳 譯註	40,000원

【기 타】

■ 경제적 공포	V. 포레스테 / 김주경	7,000원
■ 古陶文字徵	高 明·葛英會	20,000원
■ 古文字類編	高 明	24,000원
■ 古文字學論集(第一輯)	中國古文字學會 편	12,000원
■ 金文編	容 庚	36,000원
■ 딸에게 들려 주는 작은 지혜	N. 레흐레이트너 / 양영란	6,500원
■ 딸에게 들려 주는 작은 철학	R. 시몬 셰퍼 / 안상원	7,000원
■ 미래를 원한다	J. D. 로스네 / 문 선·김덕희	8,500원
■ 산이 높으면 마땅히 우러러볼 일이다	유 향 / 임동석	5,000원
■ 서기 1000년과 서기 2000년 그 두려움의 흔적들	J. 뒤비 / 양영란	8,000원
■ 세계사상·창간호		10,000원
■ 세계사상·제2호		10,000원
■ 세계사상·제3호		10,000원
■ 세계사상·제4호		14,000원
■ 선종이야기	홍 회 편저	8,000원
■ 소림간가권	덕 건 / 홍 회	5,000원
■ 십이속상도안집	편집부	8,000원
■ 어린이 수묵화의 첫걸음(전6권)	조 양	42,000원
■ 原本 武藝圖譜通志	正祖 命撰	60,000원
■ 隸字編	洪鈞陶	40,000원
■ 중국기공체조	중국인민잡지사	3,400원
■ 중국도가비전양생장수술	변치중	5,000원
■ 한글 설원(상·중·하)	임동석 옮김	각권 7,000원
■ 한글 안자춘추	임동석 옮김	8,000원
■ 한글 수신기(상·하)	임동석 옮김	각권 8,000원

東文選 文藝新書 134

전사와 농민

주르주 뒤비 / 최생열 옮김

★폴 발레리상 수상

조르주 뒤비는 아날학파의 제2세대로서 마르크 블로크의 제자이다. 전후 프랑스 중세 사학을 선도한 인물로 연구 분야 전반에 걸쳐 학계에 지대한 영향을 끼쳤다.

뒤비는 7세기를 전환점으로 하여 유럽 경제가 서서히 성장(농업 생산의 진전)하며, 12세기말에 이르러 비약(도시경제가 농촌경제를 압도)하는 것으로 파악하였다. 그는 중세초 제후의 선물, 교회의 장려함, 유력한 자의 묘지에 비장되었던 주화, 희생제의 등 여러 면에서 엿볼 수 있는 장식적 사치에 관심을 기울였다. 뒤비의 이같은 논지는 7,8세기부터 오히려 유럽 경제가 현저히 후퇴했다고 보는 종래의 유력한 견해와는 현저히 대비되고 있다. 또한 중세초를 순례나 기근, 전쟁과 약탈로 점철된 시대로만 보려는 일반인의 생각을 뒤엎는 것이라고 할 수 있다. 이를 증명함에 있어 그는 방대한 통계수치, 이론적 논의를 동원하거나 현대의 경제 모형을 당대에 적용하려는 일반 경제사가들의 연구방식을 취하고 있지 않다. 그는 중세초 유럽인의 경제활동을 당시 경제뿐만 아니라 그들의 심성·종교·생활방식·정치제도·전쟁 등과 관련하여 고려하였다. 저자는 최근의 고전학(古錢學)·화상학·수목학·기후학·고고학 등의 연구성과를 충분히 받아들이고 있다. 또한 인도·중국·러시아 및 여타 원시사회에 대한 인류학적 연구성과물을 이용하였다. 그는 이같은 방법론들에 부가하여 풍부한 역사학적 상상력을 동원하여 사료가 부족한 실정임에도 불구하고, 중세초 경제 성장의 양상을 실감나게 묘사하였다. 그리고 그 업적으로 폴 발레리상을 수상하였다. 평소 오케스트라를 지휘할 정도의 풍부한 감성과 상상력을 겸비했던 필자는, 탁월한 어휘 선택과 문장력으로 자신의 학문적 성과를 더욱 돋보이게 하였다.

東文選 文藝新書 18

신화, 미술, 제사

張光直 지음
李　徹 옮김

신화·예술·정치를 통해서 본 중국 고대 문명의 기원과 그 특징.

아득한 고대로부터 현재에 이르기까지 중국 문명은 전세계 문명의 체계 중 어떠한 지위를 차지하고 있을까? 그것의 가치는 어디에 있으며, 그 특징은 무엇인가? 이 모든 것은 지금도 변화하고 있는 문화환경 속에 처해 있는 사람들이 생각지 않을 수 없는 문제이다. 본서의 저자는 이에 대해 특수한 각도에서 우리에게 명확한 해답을 제시해 준다. 아울러 그는 중국 문명의 기원이 되는 관건은 정치적 권위의 흥기와 발전에 있다고 보면서 이러한 정치 권력은 주로 도덕·종교, 희귀한 자원의 독점 등의 수단으로 취득하는데, 그 중 가장 중요한 것은 하늘과 땅, 인간과 신을 소통시켜 주는 수단의 독점이라고 피력하면서 세심한 논증을 하였다.

저자는 고대 중국에서 정치적 권위를 획득하는 데 있어 필수불가결한 조건들로서 씨족·제사·예술·문자·도덕적 권위·무력·재력 등을 나열하고, 그것들의 내용 및 상관관계를 추적하고 있다. 그 서술방식이 간결명료하고 긴밀히 연결되어 있어 어느 한 구절도 그냥 지나칠 수 없으며, 곳곳에서 저자의 참신한 견해를 만날 수 있게 된다. 특히 제4장에서 청동기 위에 새겨진 동물 문양과 정치 권위 및 종교 행위와의 관계를 설명한 부분은 가히 독보적인 견해라고 할 수 있다.

東文選 文藝新書 136

중세의 지식인들

자크 르 고프 / 최애리 옮김

중세의 문사(文士)는 성직자가 되기 위한 교육을 받기는 했으나 수사와는 구별되어야 할 인물이다. 서양 중세의 도시라는 일터에, 여러 가지 직업들 가운데 한 직업인으로 등장한 그들은 '지식인'의 독창적인 계보를 이룬다. '지식인'이라는 이 현대적인 말은 그를 생각하고 가르치는 것을 생업으로 삼은 자로 정의함으로써, 그의 본령을 확실히 드러내 준다.

그러나 저자는 중세의 '지식인'을 단순히 '교육받는 자'가 아니라 '노동의 분화가 이루어지는 도시에 정착하는 직업인들 중 하나'로, 글을 쓰거나 가르치는 것을 직업으로 삼아 '일하는 자'로 정의한다. 즉 수도원이나 성당 부설학교에서 교육을 받기는 했으되, 성직으로 나아가지 않고 학문 그 자체를 생업으로 추구하는 집단이 등장했다는 말이다. 물론 개중에는 성직이나 관직에 오르는 이들도 적지않았고, 또 중세말로 갈수록 그러한 경향이 짙어진다는 것도 본서의 주요한 논지들 가운데 하나이지만, 어떻든 저자가 애초에 '지식인'으로 정의하는 집단은, 말하자면 유식무산(有識無產)——농민계급 혹은 군소 기사계급 출신이라도 장자로 태어나 가문의 '명예'를 잇지 못하고 성직에도 돌려지는 작은아들들은 무산자였으니까——의 지적 노동자들이다. 그리하여 중세에는 철학자·성직자·교사 등으로 지칭되던 막연한 집단이 '지식인'이라는 이름으로 비로소 그 모습을 드러내게 된다.

자크 르 고프의 이 저서는, 말하자면 '서양 지식인에 관한 역사사회학 입문'에 해당한다. 그러나 그것은 또한 다양하고 개별적인 세부들에도 조명하여, 수세기에 걸친 군상들을 파노라마처럼 그려내고 있다. 일찍이 1957년에 발표된 이래 수많은 연구들에 영감을 제공해 온 이 저서는, 서양 중세사는 물론이고 지식인 연구의 고전으로 꼽힌다.